Julian Nida-Rümelin

Die gefährdete Rationalität der Demokratie

Ein politischer Traktat

Edition
Körber

Bibliografische Information der Deutschen Nationalbibliothek

Die Deutsche Nationalbibliothek verzeichnet diese Publikation
in der Deutschen Nationalbibliografie; detaillierte bibliografische
Daten sind im Internet unter http://dnb.d-nb.de abrufbar.

© Edition Körber, Hamburg 2020

Umschlag: Groothuis, www.groothuis.de
Covergestaltung und Illustration: Ralf Nietmann |
www.ralfnietmann.de
Herstellung: Das Herstellungsbüro, Hamburg |
www.buch-herstellungsbuero.de
Druck und Bindung: CPI – Clausen & Bosse, Leck
Printed in Germany

ISBN 978-3-89684-278-7

www.edition-koerber.de

Inhalt

Vorwort

Die gegenwärtige Krise der *Demokratie* kann schwerlich bezweifelt werden. Jedenfalls der Demokratie, wie wir sie in den westlichen Ländern kennen, charakterisiert durch Rechtsstaatlichkeit, unveräußerliche Grundrechte, institutionelle Stabilität und Gewaltenteilung, gestützt auf eine politische Kultur des öffentlichen Vernunftgebrauchs. Mit ihr steht auch das in Frage, was als *Liberale Weltordnung* gilt: eine regelorientierte, multilaterale, an Freiheit und Wohlstand orientierte internationale Praxis. Und ebenso, wie es darauf ankommt, genauer zu bestimmen, was unter Demokratie zu verstehen ist, um sie fortentwickeln oder revidieren zu können, so gilt auch für die Liberale Weltordnung, dass ihr Inhalt, ihre Erfolge und ihr Versagen analysiert werden müssen, um eine tragfähige globale Perspektive zu entwickeln. Beides soll in diesem Buch geleistet werden.

Manche Intellektuelle – rechts und links im politischen Spektrum – reden von einer Transformation der »westlichen«, »liberalen« Demokratie in eine anders verfasste Volksherrschaft, in der es einen unmittelbaren Durchgriff des Volkswillens, vermittelt durch eine charismatische Führungspersönlichkeit gibt, die sich von institutionellen, rechtlichen und internationalen Bedenken nicht aufhalten lässt. Manche Politiker praktizieren eine »illiberale«, auf ethnische Identität abstellende, Minderheiten unterdrückende Demokratie (von rechts) oder eine Volks-Demokratie als Transformation des postulierten Mehrheitswillens der Unterdrückten gegen die alten Eliten (von links). Das erste Transformationsmodell findet sich in einer der ältesten westlichen Demokratien, in Gestalt der Rhetorik des Wahlkämpfers und Präsidenten Donald Trump, aber auch – in einer intellektuell anspruchsvolleren Form – bei einer Galionsfigur der europäischen Rechten, Victor Orbán, dem ungarischen Staatschef. Und es findet sich in kleineren Größen der europäischen Rechten, wie dem Niederländer Geert Wilders, dem Brexit-Hardliner Nigel Farage oder Matteo Salvini, dem Chef der nationalistischen Lega in Italien, bei Marine Le Pen in Frankreich und, insbesondere im rechten Flügel, bei der AfD. Das linke Transformationsmodell findet sich vor allem in Südamerika, bei Hugo Chávez bis 2013 in Venezuela, bei Evo Morales in Bolivien oder bei Lenín Moreno in Ecuador, aber auch in linkspopulistischen Bewegungen, wie Syriza in Griechenland oder Podemos in Spanien.

Ziel dieses Buches ist es nicht, sich mit den unterschiedlichen Facetten der aktuellen Herausforderungen der Liberalen Weltordnung und der Demokratie als Staats- und Gesellschaftsform auseinanderzusetzen. Das erforderte eine umfangreiche empirische Studie.[1] Vielmehr geht es mir um ein angemessenes Verständnis dessen, was Demokratie ist und was Demokratie folgerichtig nicht ist. Es geht um die spezifische Rationalität der Demokratie und ihre aktuelle Gefährdung.[2]

Meine – vielleicht allzu kühne – Hoffnung ist es, dass eine Klärung dessen, was die Demokratie als Staats- und Gesellschaftsform ausmacht, ein Beitrag zu ihrer Stärkung werden kann, jedenfalls Voraussetzung dafür ist, die aktuellen Herausforderungen der Demokratie als Staats- und Gesellschaftsform zu bewältigen. Dieses Buchprojekt steht also nicht in der Tradition der Eule der Minerva, die erst in der Dämmerung ihren Flug beginnt.[3] Ich beabsichtige keinen Abgesang, kein Katastrophenszenario, ich bin optimistisch, ich glaube an die Demokratie – in den unnachahmlichen Worten des Konservativen Winston Churchill: »No one pretends that democracy is perfect or all-wise. Indeed, it has been said that democracy is the worst form of government except all those other forms that have been tried from time to time.«[4] Ich bin zuversichtlich, dass sich ihre politischen, sozialen und kulturellen Grundlagen so erneuern lassen, dass sie den aktuellen Herausforderungen gewachsen ist.

Mein Buch ist keine Streitschrift, es will zu gedanklicher – philosophischer und politischer – Klarheit beitragen, es bietet Analyse, nicht Polemik. Und es verlangt den Leserinnen und Lesern* einiges ab. Sie müssen sich

---

* Auf Binnen-I und Gendersternchen habe ich in dieser Schrift erneut verzichtet. Die weiblichen und männlichen Formen, das heißt das generische Maskulinum und das generische Femininum, folgen einem Zufallsoperator.

einlassen auf teilweise komplexe philosophische Argumente, um die politischen Schlussfolgerungen nachvollziehen zu können. Nichts ist praktischer als eine gute Theorie.

Diese Analyse erfordert vorurteilsfreies Denken, dennoch kommt sie nicht ohne eine Orientierung an fundamentalen Normen und Werten aus. Sie nimmt auf Parteipositionen und -bindungen keine Rücksicht, aber sie ist parteiisch, insofern sie einem humanistischen Ethos[5] verpflichtet ist und die Demokratie stärken will. Es handelt sich nicht um eine *summa* meiner politischen Philosophie, eher um ein Kondensat aus vielen Jahren des Nachdenkens, geschrieben in Sorge um die Zukunft der Demokratie.[6]

Der sachliche Ton ist als Kontrapunkt zu den aktuellen Aufgeregtheiten der politischen Debatte beabsichtigt.[7] Ziel ist Klarheit im Kopf, damit die Praxis wieder Orientierung findet.

Einführung und Überblick

Vielerorts erstarken antidemokratische Kräfte, in einigen westlichen Ländern stellen sie gar die Regierung oder sind an ihr beteiligt. Der globale Siegeszug der Demokratie, wie er sich zunächst im Sturz europäischer Diktaturen, dann der Militärregime in Südamerika, schließlich im Verfall des Kommunismus und zuletzt in den postkolonialen Staaten Afrikas gezeigt hat[8], ist gestoppt. In einigen Weltregionen ist die Demokratie als Staatsform auf dem Rückzug.[9] Die Entwicklungen in der Türkei, in Russland, Brasilien, auf den Philippinen, aber auch in Ungarn und Polen, zuletzt sogar im EU-Gründerstaat Italien, belegen diese Entwicklung. Die beiden viel gerühmten angelsächsischen Zivilregime[10] erscheinen sogar besonders gefährdet, denn in beiden Staaten – den USA und Großbritannien – ist das Institutionengefüge volatil und muss das Verhältnis der staatlichen Gewalten zueinander immer wieder neu austariert werden. Im Falle Großbritanniens kommt die schwach entwickelte Nationalstaatlichkeit hinzu, die durch das Brexit-Referendum und seine Folgen nun zusätzlich unter Druck gerät. Ein Zerfall des Vereinigten Königreichs ist nicht mehr ausgeschlossen. Amerikanischer Pragmatismus und britischer Common Sense sind einer zunehmenden politischen und kulturellen Spaltung in der Bevölkerung gewichen. In Brasilien regiert ein Präsident, der seine Sympathien für das frühere Militärregime nicht verhehlt und die demokratischen Traditionen des Landes verachtet. Die Türkei scheint nach wie vor[11] auf dem Weg zu einem Sultanat zu sein, mit einer Reislamisierung des öffentlichen Lebens, dem Verlust von Gewaltenteilung und Redefreiheit und einer Erosion der von Atatürk durchgesetzten säkularen Verfassungsordnung.

Die politische Kultur verändert sich aber auch durch die zunehmende Bedeutung der Internet-Kommunikation, insbesondere in den *Social Media*. Dabei sind gegenläufige Tendenzen zu beobachten: zum einen eine *Repolitisierung* durch erleichterte Informationsgewinnung und eine Intensivierung medialer Debatten. Die öffentliche Meinungsbildung ist inklusiver geworden, die Partizipationschancen haben zugenommen. Zum anderen *parzelliert* die politische Öffentlichkeit zunehmend, manche sprechen von Filter-Blasen mit eigenen medialen Plattformen, Weltanschauungen und Gruppenbildungen. Seriöse Medien verlieren an Einfluss.

Als eine, vielleicht *die* zentrale Herausforderung der Demokratie gilt der Populismus, zumal der Rechtspopulismus, aber in südeuropäischen und südamerikanischen Ländern auch der Linkspopulismus. Mit dem Terminus »Populismus« ist erst recht seine Bewertung umstritten. Während die einen jede Form von Populismus als Gefährdung der institutionellen Verfasstheit liberaler Demokratien ansehen, preisen andere ihn als Gegengift gegen Elitenherrschaft und Abgehobenheit. Manchen gilt nicht die Demokratie schlechthin als gefährdet, sondern lediglich eine spezifische Form, nämlich die der liberalen Demokratie, die bereits ihrem Ende entgegengehe. Rechts im politischen Spektrum wird die Volksidentität beschworen und der direkte Durchgriff des Volkswillens auf staatliches Handeln eingefordert. Links im politischen Spektrum wird bezweifelt, dass die Wahrung der individuellen Freiheitsrechte und der Rechtsstaatlichkeit wünschenswert sei.

Manche Beobachter warnen vor einer Wiederholung der Geschichte. Im Jahr 1928, so hatte Erich Kästner diagnostiziert, wäre es noch an der Zeit gewesen, die nationalsozialistische Bewegung zu stoppen, danach sei es zu spät gewesen.[12] 1929 begann die größte Weltwirtschaftskrise der Menschheitsgeschichte und ließ die sozialen und politischen Ordnungen demokratischer Staaten erodieren, am radikalsten die fragile Weimarer Demokratie Deutschlands. Die zweitgrößte Weltwirtschaftskrise im Jahr 2009, ausgelöst durch eine US-amerikanische Hypothekenkrise auf lokalen Immobilienmärkten, hat ökonomische und politische Gewissheiten zweifellos schwer erschüttert, vor allem das Vertrauen darauf, dass die globalen Finanzmärkte stabil und die politische Steuerung der ökonomischen Entwicklung durch Regierungen und Zentralbanken verlässlich seien. Die Ursache der Krise lag in politischen Fehlentscheidungen, insbesondere für jene des billigen Geldes während der Clinton-Präsidentschaft, ermöglicht durch vorausgegangene und fortgesetzte Liberalisierungen, und sie wurde verstärkt durch weitere politische Fehlentscheidungen und institutionelle Schwäche. Zugleich wurde ein konzeptionelles Defizit deutlich: Die Politik hatte sich in Zeiten des Neoliberalismus selbst der Instrumente beraubt, die sie für eine effektive Steuerung der ökonomischen Entwicklung benötigte. Es ist nicht verwunderlich, dass sich jeweils nach beiden Weltwirtschaftskrisen die politischen Formationen veränderten. Aber steht zu befürchten, dass in beiden Fällen die Demokratie am Ende zu den Opfern gehören wird?

Die globale Verrechtlichung und die Globalisierung der Ökonomien schränken die Handlungsmöglichkeiten nationalstaatlich organisierter Demokratien ein – je kleiner und ökonomisch schwächer das Land, desto deutlicher. Es entsteht ein Spannungsverhältnis zwischen einer regelbasierten internationalen Ordnung und den sich globalisierenden Märkten einerseits sowie zwischen einzelstaatlicher Souveränität und demokratischer Kontrolle andererseits. Die Verbindung von Nationalismus und Liberalismus im 19. Jahrhundert in Europa in Gestalt des auf liberalen Freiheitsrechten beruhenden souveränen Nationalstaats wurde im späten 20. und nun im frühen 21. Jahrhundert durch eine Verbindung von Liberalismus und Globalisierung abgelöst. Fällt am Ende dieser Verbindung die liberale und soziale, nationalstaatlich verfasste Demokratie zum Opfer? Erweist sich am Ende die Demokratie als unvereinbar mit weitgehend deregulierten globalen Finanzmärkten und unkontrollierbarer globaler Migration?

Um auf diese Fragen Antworten geben zu können, müssen wir uns von ideologischen Voreingenommenheiten lösen und die Begriffe und Kriterien klären: Was ist unter einer Liberalen Weltordnung, die gegenwärtig so emphatisch beschworen wird, eigentlich zu verstehen? Was ist bewahrenswert, und was sollte überwunden werden? Was genau ist unter Demokratie zu verstehen, welcher Zusammenhang besteht zwischen einer demokratischen Staatsform einerseits und einer demokratischen Gesellschafts- und Lebensform andererseits? Wie verhalten sich individuelle Rechte und kollektive Interessen zueinander? Wie kann man ein hinreichendes Maß kollektiver Rationalität sichern? Welche Rolle spielt die Deliberation, das Abwägen von Argumenten in der Demokratie?

Die ersten vier Kapitel befassen sich kritisch mit dem, was als *Liberale Weltordnung* von den einen angegriffen und den anderen verteidigt wird, das fünfte Kapitel skizziert eine *kosmopolitische Alternative*.[13] Im sechsten Kapitel werden vor dem Hintergrund aktueller Herausforderungen der Demokratie als Staats- und Gesellschaftsform (auf dieses »und« lege ich aus Gründen, die im Laufe des Buches dargelegt werden, Wert) populäre Selbstmissverständnisse der Demokratie aufgeklärt, die nicht nur in der politischen Öffentlichkeit, sondern irritierenderweise auch in der wissenschaftlichen Debatte kursieren. Denn die Demokratie lässt sich nicht durch das *Abstimmungsverfahren*, die Mehrheitswahl, definieren. Dieses spielt eine Rolle, ist aber keineswegs so zentral, wie die meisten annehmen.

Demokratie ist eine besondere Form kollektiver Rationalität (Kap. 6), und daher ist es erforderlich, sich mit der Logik kollektiver Entscheidungen auseinanderzusetzen, die das analytische Instrumentarium bereitstellt, um die verbreiteten und populismusanfälligen Selbstmissverständnisse der Demokratie aufzuklären (Kap. 8, 9, 12 und 15). Sie erlaubt eine Praxis kollektiver Autonomie (Kap. 10). Man muss diese Idee allerdings richtig fassen, um den Fallstricken des Rousseauismus, ja einer (linken) politischen Romantik, zu entgehen.

Insbesondere steht die Idee kollektiver Autonomie in einer engen Beziehung und nicht in einem Gegensatz zu einer anderen, für die Demokratie ebenfalls konstitutiven Idee, nämlich der der *individuellen Autonomie* (Kap. 11 und 12). In der kontraktualistischen Tradition, die alle staatliche Legitimität an einen, zumindest hypothetischen, Vertrag bindet, ist diese der Ausgangspunkt: Alle Herrschaft legitimiert sich dadurch, dass sie gegenüber jedem einzelnen Individuum als rationalem Akteur gerechtfertigt werden kann. Demokratische Herrschaft ist eine selbst auferlegte, und sie ist nur dann legitim, wenn sie mit der individuellen Autonomie der Bürgerinnen und Bürger verträglich ist.

Demokratie beruht im Kern also nicht auf einer Abstimmungsregel, sondern auf einem *Konsens höherer Ordnung* (Kap. 13). Demokratische Legitimität wird erst durch Konsens gestiftet. Und dieser Konsens ist legitimierend, obwohl wir in der politischen Deliberation (Kap. 20) auf normative Tatsachen Bezug nehmen und uns in diesen immer täuschen können. Anders formuliert: Konsens ist kein Ersatz für normative Tatsachen. Eine Demokratie ohne Wahrheitsansprüche ist keine (Kap. 21).

Die linke, »radikale«, Kritik der Demokratie[14] setzt dagegen auf Dissens. Sie setzt dem Konsensmodell der Demokratie ein antagonistisches (marxistisches) oder agonistisches (postmarxistisches) Modell entgegen. Ein angemessenes Verständnis von Dissens ist in der Tat unverzichtbar für die demokratische Praxis und die Theorie der Demokratie (Kap. 14 und 15). Die leitende These meiner Analyse lautet jedoch, dass jeder demokratische Dissens auf einem Konsens höherer Ordnung beruht, zumindest einem Konsens über die Form, in der Meinungs- und Interessenkonflikte auszutragen sind. Tatsächlich aber ist dieser Konsens sehr viel weiter gehend und umfasst empirische und normative Überzeugungen, ja emotive Einstellungen, die eine Lebensform erst konstituieren und damit die Demokratie als Lebensform tragen.[15]

Der normative Grundkonsens der Demokratie hat seinen Ursprung in der wechselseitigen Anerkennung als Freie und Gleiche. Es lohnt sich, diese anthropologische, normative Prämisse der Demokratie in ihrem Gehalt und ihren Implikationen sorgfältig zu analysieren und gegen ihre Kritiker zu verteidigen (Kap. 16, 17 und 18). Gleichheit bedeutet allerdings keineswegs Gleichverteilung. Gerechtigkeit ist die oberste politische Tugend, sie beruht in der Demokratie auf gleicher Freiheit, ist aber mit Ungleichheiten des Einkommens und Vermögens vereinbar (Kap. 19).

Ein essenzieller Bestandteil jeder Demokratie ist der öffentliche Vernunftgebrauch, die Deliberation als Methode demokratischer Entscheidungsfindung (Kap. 20). Diese ist realistisch zu interpretieren, das heißt, wir versuchen in der Praxis des Gebens und Nehmens von Gründen herauszufinden, was gut ist, was unser politisches Handeln leiten sollte (Kap. 21). Die Praxis der Deliberation hat kulturelle Voraussetzungen, die gegenwärtig in vielen Ländern zunehmend erodieren. Dazu gehört die Fähigkeit, abweichende Meinungen zur Kenntnis zu nehmen, ja so weit nachvollziehen zu können, dass ihnen begründet eine andere Meinung entgegengestellt werden kann. Diskursverweigerung führt zur Erosion demokratischer Praxis.

Für die demokratische Praxis ist Kooperation zentral (Kap. 22), Demokratie kann man folglich als eine spezifische Form von *Kooperation* verstehen, und dieses Verständnis ist vereinbar mit dem Anspruch auf Wahrheit und mit dem, was wir als »demokratischen Realismus« bezeichnen (Kap. 21). Demokratie ist also nicht nur eine Staatsform, sondern auch eine Lebensform. Der liberalen Trennungsthese von Kultur und Politik können wir uns nicht anschließen (Kap. 23). Das 24. und letzte Kapitel positioniert die hier entwickelte Demokratie-Konzeption im Spektrum der wichtigsten und nur scheinbar unvereinbaren Paradigmen der Demokratie.

1. Liberale Weltordnung und Demokratie: die interne Dimension

In der gesamten westlichen Welt erstarken seit einigen Jahren die rechtspopulistischen Kräfte. Manche können auf etablierte organisationsstarke, rhetorisch geschulte Parteiformationen zurückgreifen, wie etwa der *Front National* in Frankreich, der sich heute *Rassemblement Nationale* nennt, andere formieren sich aus Euroskepsis und Kritik an der Flüchtlingspolitik Merkels zwischen einer rechtskonservativen, ursprünglich wirtschafts-liberalen AfD und einer offen fremdenfeindlichen und antiislamischen Pegida-Bewegung[16] speziell im Osten der Bundesrepublik Deutschland. In mehreren EU-Mitgliedsländern, so in Polen oder Ungarn, bestimmen rechtspopulistische Parteien die Regierungspolitik. Zudem üben rechtspopulistische Kräfte einen großen Einfluss auf traditionelle konservative Parteien, wie auf die Republikaner in den USA oder auf die *Tories* in Großbritannien, aus. Das Erstarken rechtspopulistischer Kräfte geht teilweise zulasten konservativer, aber, deutlicher noch, zulasten sozialdemokratischer und sozialistischer

Parteien. In Deutschland und Italien haben sich christ-demokratische Kräfte sozialdemokratisiert und damit rechts Spielräume geschaffen, die von der *Lega* in Italien und von der AfD in Deutschland genutzt werden. Dadurch sind christdemokratische Kräfte auf das vormalige Terrain der Sozialdemokratie vorgedrungen, sodass linke Parteien doppelt verloren haben: an »sozialdemokratisierte«, christdemokratische oder liberale, Parteien, wie im Falle von Macrons *En Marche*, und – als direkter Wählerverlust migrationsskeptischer Bürgerinnen und Bürger, insbesondere aus dem kleinbürgerlichen und dem Arbeitermilieu – an die rechten Parteien. In Italien ist das besondere Phänomen zu beobachten, dass der *Partito Democratico*, entstanden aus der postkommunistischen *PDS* und den linken und liberalen Teilen aus der Konkursmasse der *Democrazia Christiana*, vor allem in den Vierteln gewählt wird, die von einem hohen Bildungsniveau und einem vergleichsweise hohen Durchschnittseinkommen geprägt sind. Die Sozialdemokratie ist in Italien zur Partei der *benestanti* geworden und hat ihre ursprüngliche Wählerbasis weitgehend verloren. Die Abspaltung der traditionellen Linken hatte keinen Erfolg und konnte die Abwanderung zu rechtspopulistischen Parteien nicht stoppen.

Die Motivlagen sind teilweise gut untersucht, und es ist hier nicht der Ort, die Ergebnisse der Wählerstromanalysen zu referieren. Interessant ist aber, dass unterschiedliche Aspekte der Globalisierung ausschlaggebend für diese neue Formation der Politik in westlichen Ländern zu sein scheinen: Das gilt ganz besonders für die Migrationsthematik. In der ökonomischen Theorie und von Unternehmensverbänden wird die Öffnung der Grenzen nicht nur für Warenströme, sondern auch für Arbeitskräfte befürwortet. Zusammen mit der linksliberalen Befürwortung einer multikulturellen Gesellschaft haben sich in Reaktion darauf politische Bewegungen unterschiedlicher Schattierungen gebildet, die in Italien als *sovranisti* bezeichnet werden; sie wenden sich gegen den Souveränitätsverlust des Nationalstaates, aber auch gegen kulturelle »Überfremdung«. In ihren extremen Ausformungen bedienen sie sich rassistischer, antisemitischer und antimuslimischer Parolen, der Übergang zu völkischen, identitären Bewegungen ist fließend.

Unter »Populismus« sind politische Bewegungen zu fassen, die sich als Vertreter des (»einfachen«) Volkes gegenüber den (vermeintlichen) Eliten inszenieren, die das, was sie unter dem Volkswillen verstehen, gegen dessen Geringschätzung in der etablierten Politik, aber auch in Wissenschaft und Kultur zu verteidigen vorgeben. Populismus ist eher eine politische Methode als eine inhaltliche Festlegung. Es gibt populistische Strömungen und Parteien, die von ihren Zielsetzungen überwiegend rechts im politischen Spektrum stehen (in Europa die *Rassemblement Nationale,* die *Lega,* UKIP, zunehmend auch die AfD), andere stehen eher links *(Podemos, Syriza),* manche gehören eher der linken Mitte an, wie etwa die *Cinque Stelle* in Italien.

In Europa wendet sich der Rechtspopulismus in besonderer Weise gegen die Politik der Europäischen Kommission, gegen Forderungen nach einer innereuropäischen Solidarität bei den Finanzen und bei der Aufnahme von Flüchtlingen, gegen die gemeinsame Währung des Euro und fordert ein Zurück zu nationalstaatlicher Souveränität mit allenfalls intergouvernementaler europäischer Kooperation. Der Rechtspopulismus der Gegenwart tritt dabei teils regionalistisch, teils nationalistisch auf. Durch seine oft gute lokale Verwurzelung schafft er eine enge Verbindung zu seiner Wählerschaft, die den christdemokratischen und sozialdemokratischen, erst recht den liberalen und grünen Parteien schon länger nicht mehr gelingt. Möglicherweise geht damit die politische Formation, die sich seit dem Zweiten Weltkrieg in fast allen westlichen Ländern unabhängig von ihrem Wahlsystem etabliert hat, zu Ende. Und damit endet auch deren Prägung durch starke Volksparteien der linken und der rechten Mitte und durch die Konkurrenz zwischen Sozial- und Christdemokratie oder in Frankreich zwischen Sozialisten und Gaullisten, in Italien zwischen *PCI* und *Democrazia Christiana*.

Besonders dramatisch ist die Gefährdung der liberalen Ordnung im Inneren westlicher Länder ausgerechnet in den beiden angelsächsischen Vormächten USA und Großbritannien gediehen. Während Eric Voegelin und andere politische Theoretiker sich immer wieder beeindruckt zeigten von der zivilen Kultur der angelsächsischen Demokratien, der amerikanischen und britischen *civil culture*, die auch große politische Konflikte ohne Gefährdung der politischen Institutionen abfedern und die zusammen mit Frankreich auf die längste Geschichte demokratischer Institutionen zurückblicken können, ist gerade dort eine unerwartete Gefährdung der demokratischen Institutionen manifest.

Die Wahl von Donald Trump zum Präsidenten ist ein politisches Phänomen, das von den Beobachtern des demokratischen Spektrums für undenkbar gehalten worden war. Alle seriösen politischen Kommentatoren, Zeitungen und Zeitschriften, sämtliche Forschungsinstitute waren sich einig darin, dass sowohl die Persönlichkeit als auch die inkohärente Programmatik des Kandidaten schon einen Sieg bei den Vorwahlen und erst recht einen Sieg bei den Präsidentschaftswahlen ausschließen würde. Dieses Phänomen ließe sich anhand zahlreicher Details analysieren, etwa wie es dazu kommen konnte, dass die Wahlprognosen und die Umfrageergebnisse offenbar systematisch fehlerhaft waren[17], wie es dazu kommen konnte, dass die aufgrund des besonderen Wahlsystems der USA am Ende ausschlaggebenden Unzufriedenen des sogenannten *Rust Belt*[18] nicht hinreichend berücksichtigt wurden, warum die feministische Botschaft von Hillary Clinton gerade bei den weißen Frauen nicht verfing, warum diese am Ende einer Kampagne, in der dem Kandidaten massive Übergriffe auf Frauen vorgeworfen wurden, mehrheitlich Donald Trump wählten[19], welchen Zusammenhang es zwischen den Anhängern von Bernie Sanders in den demokratischen Vorwahlen und dem späten Erfolg Trumps in den Hauptwahlen gibt etc.

Für uns ist jedoch etwas anderes relevant: die Erosion der liberalen Werte ausgerechnet in dem Land, das sich als Hort und Anführer dieser Werte versteht. Die am

Ende erfolgreiche Wahlkampfrhetorik Donald Trumps, zu großen Teilen rechtspopulistisch ausgerichtet, bedeutete zweifellos einen tiefen Traditionsbruch: Denn sie brach mit den zivilen Werten der amerikanischen Demokratie, mit der engen Beziehung zu Europa, mit der westlichen Verteidigungsgemeinschaft, mit der gleichen Anerkennung unterschiedlicher Kulturen, Ethnien und Religionen im Inneren, sie brach mit der traditionellen Weltoffenheit dieses Landes, mit dem respektvollen Umgang mit Unterschieden, mit der guten Partnerschaft mit dem nördlichen (Kanada) und dem südlichen (Mexiko) Nachbarn. Keiner der früheren Präsidentschaftskandidaten hatte sich je einer solchen Rhetorik bedient.

Im Rückblick sind lange verdrängte Phänomene der US-amerikanischen politischen Kultur ins öffentliche Bewusstsein zurückgeholt worden, wie die McCarthy-Hysterie gegen alles, was links oder auch nur linksliberal war, die Aggressivität der *Rednecks* gegen die *Beatniks* und die aggressive Reaktion auf die Jugendbewegung der 1960er und frühen 1970er Jahre, die immer wieder in Gewalt ausartete, vor allem aber die beschämend lange Frist, die verstrich, bis diese liberale Demokratie das Unrecht der Sklaverei erkannte. Ein Déjà-vu stellt sich ein, im Blick auf die noch frühere Geschichte der USA, als sich der Republikanismus der *Federalist Papers* mit seinen *Grandseigneurs* wie James Madison oder Alexander Hamilton zur Politik Andrew Jacksons wandelte, einem Präsidenten anderen Typus, der sich als *common man* stilisierte und allen Verfeinerungen von Sprache, Auftreten und Intellekt mit Verachtung begegnete. Der zeitweise engste Berater von Donald Trump, Steve Bannon, verkörpert auch im Habitus diese Tradition der amerikanischen Elitenverachtung.

Seine Gegenkandidatin, Hillary Clinton, stand weniger als ihr Gatte, der vormalige Präsident Bill Clinton, in der Tradition einer liberalen Sozialdemokratie, vielmehr war sie stärker feministisch und multikulturalistisch geprägt, mit einer vornehmlich bildungspolitischen Antwort auf die sozialen und kulturellen Verwerfungen. Gerade dies, die Betonung von Bildungsanstrengungen, um tatsächliche oder empfundene Benachteiligungen auszugleichen, kommt erfahrungsgemäß aber generell nicht gut an, und in den USA offenbar besonders schlecht bei den Abgehängten einer globalisierten Ökonomie, die als Arbeiter und Facharbeiter noch vor Jahrzehnten problemlos eine Familie ernähren konnten und sich jetzt mit Jobs über Wasser halten müssen, die nur knapp ein Auskommen sichern.

Dieses Phänomen allerdings beschränkt sich nicht auf die US-Demokraten, sondern hat auch die linksliberalen, sozialdemokratischen und sozialistischen Parteien Europas erfasst: Die Transformation sozialer Fragen in Bildungsfragen mit der Botschaft, dass mit einer zunehmenden Akademisierung alle in die Mittelschichten aufsteigen könnten, wurde von einem Großteil der traditionellen Wählerschaft dieser Parteien als unglaubhaft und diskriminierend empfunden. Auch der fast völlige Austausch des Funktionärskörpers, der einen ersten Schub in den 1970er Jahren als Folge der Studentenbewegung erlebte, spielt dabei eine Rolle. Die Auseinandersetzungen zwischen den linken Intellektuellen, die sich nach dem Verlust ihrer utopischen Hoffnungen nun auf den langen Marsch durch die Institutionen machten, und den »Alteingesessenen«, meist aus der Facharbeiterschaft oder der Kleinbürgerschaft kommenden Funktionären, waren eben nicht in erster Linie ein Links-Rechts-Konflikt, wie er in der Öffentlichkeit wahrgenommen wurde, sondern auch ein Klassenkonflikt zwischen Gebildeten und Jüngeren aus den Mittelschichten, teilweise auch den Oberschichten, mit den formal weniger Gebildeten aus der Facharbeiterschaft mit Gewerkschaftsbindung und Berufserfahrung. Die sozialistische Partei Frankreichs wurde in diesem Prozess zunehmend zu einer Partei der Lehrerinnen und Lehrer sowie der Bildungsinstitutionen, und in Deutschland wurde die SPD zu einer Partei des öffentlichen Dienstes, jedenfalls in den Ländern mit einer über einen längeren Zeitraum bestehenden sozialdemokratischen Regierungsverantwortung. Ein Teil der Arbeiterschaft fühlte sich von und in ihren früheren Parteien marginalisiert, flüchtete in die Wahlenthaltung oder wählte konservative und zuletzt zunehmend rechtspopulistische Parteien.

Die liberale Botschaft, dass jede Person ihr Leben eigenverantwortlich gestalten kann und die staatlichen Bedingungen dies entsprechend ermöglichen, die staatlichen Institutionen sich ansonsten aber große Zurückhaltung auferlegen sollten, was direkte Eingriffe in die Lebensformen und die unterschiedlichen kulturellen Prägungen betrifft, aber auch, was staatliche Interventionen in die Wirtschaft und Transfers von den Wohlhabenderen zu den weniger Begüterten angeht, kommt in einem wachsenden Teil der Bevölkerung in den europäischen und zunehmend auch den nordamerikanischen Demokratien nicht mehr an.

Der Brexit in Großbritannien, also die knappe Mehrheitsentscheidung beim Referendum, die EU zu verlassen, kann als Menetekel der Erosion liberaler Werteorientierung im Inneren gelten. Der Erfolg der Brexit-Kampagne mitsamt seiner Vorgeschichte im Erfolg der rechtspopulistischen UKIP-Bewegung mit Nigel Farage an der Spitze beruhte zweifellos auf einer antiliberalen und nationalistischen Rhetorik. Europa wurde als Moloch karikiert, der die britischen Bürger aussaugt, der den Verlust nationaler Identität durch erzwungene Zuwanderung herbeiführt und die nationale Souveränität bedroht. Diese Kampagne wurde mit einer Vielzahl offenkundig lügnerischer Behauptungen geführt, wie sie in alten, institutionell stabilen und mit einer freien Presse gesegneten Demokratien bislang nicht vorgekommen waren. Das Beunruhigende ist, dass alle Mechanismen, die ein gewisses Maß an öffentlicher Vernunft sichern sollten, in diesem Fall versagten. Selbst die Tatsache, dass schon bald nach dem Brexit-Votum auch öffentlich nicht mehr bestritten wurde, dass die Brexiteers ihren Erfolg lügnerischen Argumenten zu verdanken hatten, änderte nichts daran, dass dieses Votum fortan, befeuert von einer geradezu hetzerischen Yellow Press, als unumstößlich galt. Nicht einmal die sich abzeichnenden massiven ökonomischen Verluste und die Tatsache, dass durch den Austritt finanzielle Nachteile für die Bürgerinnen und Bürger Großbritanniens eintreten werden, änderten die Stimmungslage. Eine Erklärung für dieses ungewöhnliche Phänomen ist, dass es sich nur in zweiter Linie um eine politische Sachfrage handelte, sondern vielmehr darum, dass sich zum ersten Mal seit Langem die Provinz gegen die Metropole, die einfachen Leute gegen die Eliten durchgesetzt hatten.

Die Wahl von Donald Trump zum US-Präsidenten, der Erfolg der Brexiteers, die Übernahme von Regierungsverantwortung durch rechte, Demokratie- und EU-kritische Parteien in europäischen Ländern, die Erosion sozialdemokratischer, teilweise auch christdemokratischer Volksparteien belegen eine architektonische Verschiebung: eine Demokratiekrise, die als die interne Dimension einer erodierenden Liberalen Weltordnung verstanden werden kann.

2. Liberale Weltordnung und Demokratie: die externe Dimension

Mit der internen Erosion der normativen Grundlagen der liberalen Ordnung korrespondiert eine externe Herausforderung ganz neuen Typs. Während der Jahrzehnte der bipolaren Weltordnung standen sich zwei militärisch in etwa gleich starke Systeme gegenüber, die diese Parität in den SALT-Verträgen der 1970er Jahre auch wechselseitig anerkannt hatten. Beide Akteure waren spätestens seit der Kuba-Krise darauf bedacht, Konflikte so zu kontrollieren, dass sie nicht zu einer direkten militärischen Konfrontation der zwei Weltmächte ausarten konnten, jeweils eingesponnen in ein Netz internationaler Beziehungen mit engen Verbündeten, Kooperationspartnern, Abhängigen und Einflusszonen. Kriege erschienen nur an der Peripherie dieser Systeme möglich. Zugleich allerdings tobte ein innergesellschaftlicher Kampf um die intellektuelle Hegemonie. Seit den ersten Jahren nach der Russischen Revolution etablierte sich im Westen ein intellektueller Diskurs, insbesondere in europäischen Ländern wie Frankreich und Italien, teilweise aber auch in Deutschland und England, der bei aller Kritik doch von einer Grundsympathie für die sozialistische Alternative bestimmt war. Ähnliche Entwicklungen in den USA stießen auf massiven Widerstand der politischen Elite, was die liberale Grundordnung dieses Landes im Kalten Krieg einer ernsten Bedrohung aussetzte. Die externe, sozialistische Systemalternative korrespondierte mit einer internen Kritik des liberalen Wirtschafts- und Gesellschaftsmodells.

An dieser Stelle muss die soziale Dimension der liberalen Ordnung in die Betrachtung einbezogen werden. Sozialstaatlichkeit gibt es in ganz unterschiedlichen Formen, eine bedeutende Studie spricht von *Three Worlds of Welfare Capitalism*[20]. Aber gemeinsam ist ihnen, dass die liberale Staatsordnung westlicher Gesellschaften ohne eine sozialstaatliche Komponente nicht (mehr) denkbar erscheint. In Deutschland war es der konservative Staatsmann Bismarck, der mit der Reichsversicherungsordnung das Fundament legte. Er reagierte damit auf das Erstarken der Sozialdemokratie, die als Repräsentanz des Dritten Standes dagegen aufbegehrte, dass die arbeitende Bevölkerung weithin rechtlos blieb und ihnen die gewünschte Anerkennung versagt wurde. Otto von Bismarck entwickelte eine Doppelstrategie aus Verfolgung und Sozialstaatlichkeit (zwölf Jahre Sozialistengesetze) und bewirkte damit etwas, was er wohl gar nicht beabsichtigt hatte: Zum ersten Mal in der deutschen Geschichte entstand so etwas wie eine nationale Identität, spürbar über alle regionalen und landsmannschaftlichen, sprachlichen und kulturellen Identitäten hinweg. Die Reichsgründung 1871 wurde im Süden und im Westen der Republik als preußische Hegemonie nach zahlreichen gewonnenen Kriegen empfunden. Der Aufbau eines gemeinsamen Rechts- und dann Sozialstaates etablierte das, was im Französischen als *citoyenneté* und im Englischen als *citizenship* bezeichnet wird, zu dem es interessanterweise im Deutschen keine Entsprechung gibt (»Bürgerschaft« hat andere Konnotationen).

Den zweiten Entwicklungsschub erfuhr die europäische Sozialstaatlichkeit, auch die US-amerikanische, als Reaktion auf die Erfahrung der Weltwirtschaftskrise 1929 ff. mit Faschismus, Nationalsozialismus und Krieg. Keynesianisch angeleitete wirtschaftliche Globalsteuerung sollte die Krisenanfälligkeit des Kapitalismus dämpfen und über gleiche soziale Anspruchsrechte die Beteiligung aller Bürgerinnen und Bürger am anwachsenden Wohlstand sichern. In Deutschland erfolgte diese zweite Phase des Ausbaus sozialstaatlicher Institutionen ebenfalls unter der Ägide konservativer, wenn auch nun demokratischer Politik unter Konrad Adenauer. Der dritte Entwicklungsschub reagierte auf die Kapitalismuskritik der 1960er und 1970er Jahre unter der kulturellen und politischen Hegemonie sozialdemokratischer Parteien, die erst in den Erdölpreiskrisen angesichts wachsender Massenarbeitslosigkeit und zunehmender Ineffektivität keynesianischer Globalsteuerung in den späten 1970er und Anfang der 1980er Jahre zu Ende geht.

Die Verbindung eines dynamischen Kapitalismus mit sozialer Beteiligung nicht nur der Arbeitnehmerschaft, sondern der Bürgerschaft als ganzer sicherte dem liberalen Ordnungsmodell eine hohe Attraktivität gegenüber dem wirtschaftlich zunehmend ineffizienten zentralstaatlichen Sozialismus der Sowjetunion und ihrer Satellitenstaaten. Weniger eindeutig fällt der Vergleich in der »Dritten Welt« aus: Der Radikalkommunismus chinesischer Prägung kann sich auch ökonomisch gut gegenüber der Demokratie Indien behaupten. Während die Systemkonkurrenz des industrialisierten Ostens mit dem industrialisierten Westen in der Nachkriegszeit immer einseitiger wird, gilt dies nicht in gleichem Maße für den globalen Süden.

Unterdessen sind der Verbindung liberaler Freiheitsrechte mit Kapitalismus und Sozialstaatlichkeit im Westen, insbesondere in Nord- und Mitteleuropa, Konkurrenzmodelle erwachsen, etwa in Gestalt der gelenkten Demokratie Singapurs oder der aufstrebenden Weltmacht China. Singapur hat gezeigt, dass eine effiziente Staatlichkeit auch ohne individuelle Freiheitsrechte möglich ist und dass ein kleines Land ohne Rohstoffe sich mit hohen Bildungsstandards und funktionierender Sozialstaatlichkeit gegenüber allen Konkurrenten der Region hervorragend behaupten kann. Selbst wenn das Bruttosozialprodukt pro Kopf in China immer noch weit hinter dem Europas oder gar der USA zurückliegt, sind doch viele aus dem Westen von der Effizienz staatlichen Handelns und der Dynamik der kapitalistischen Entwicklung in Schanghai oder Peking und anderen chinesischen Metropolen beeindruckt. Jedenfalls scheint der Siegeszug der demokratischen Staatsform zunächst in Europa, dann in Südamerika, schließlich in Teilen Afrikas, gestoppt zu sein. Länder, die auf einem guten Weg zur Demokratie schienen, wie die Türkei, fallen in autokratische Muster zurück, andere, die als Transformationsgesellschaften galten, wie Weißrussland oder Russland und andere vormalige Sowjetrepubliken, versuchen, ökonomische Dynamik ohne liberale Freiheitsrechte zu realisieren, teilweise erfolgreich.

In der islamischen Welt ist die Attraktivität, die das westliche Wirtschafts- und Gesellschaftsmodell zumindest in den Metropolen über Jahrzehnte ausstrahlte, geschwunden. Die Länder schwanken ganz überwiegend zwischen autokratischen Regimen unterschiedlichen Typs (feudalistischen, wie in Saudi-Arabien, oder militaristischen, wie in Ägypten oder Syrien) und islamisch-fundamentalistischen oder technokratischen Regimen. Im sogenannten Arabischen Frühling schien kurzzeitig die Option einer Liberalisierung von Staat und Gesellschaft auf, entpuppte sich dann aber als eine Art Fata Morgana, getragen nur von einem kleinen Teil der Bevölkerung, überwiegend aus der jüngeren Generation und den gebildeten städtischen Mittelschichten. Die Alternative zur Militärdiktatur, über Jahrzehnte mit ruhiger und harter Hand von Mubarak geführt, war dann nicht, wie vom Westen erwartet, eine liberale Demokratie in Ägypten, sondern die Muslimbruderschaft: durch einen überwältigenden Wahlerfolg im Jahr 2012 legitimiert und angeführt von Mohammed Mursi, der bereits ein Jahr später durch einen Militärputsch abgesetzt wurde und 2019 im Gefängnis verstarb. Als sich die ägyptische Militärdiktatur unter Abd al-Fattah al-Sisi neu etablierte, ging ein Aufatmen durch westliche Hauptstädte, obwohl sich die Staatspraxis unter al-Sisi von der Mubaraks nur unwesentlich unterscheidet.

Während der Islamismus in der arabischen, generell in der muslimischen Welt zu einer starken kulturellen und sozialen, zunehmend auch zu einer politischen Kraft geworden ist, hat er in den westlichen Demokratien zum Wiedererstarken von Nationalismus, Antisemitismus und Antiislamismus einen wesentlichen Beitrag geleistet. Die asymmetrischen Kriege, von denen Politikwissenschaftler sprechen, sind in den westlichen Metropolen angekommen und beunruhigen – über Massenmedien verlässlich verstärkt – einen wachsenden Teil der Bevölkerung. Die Tatsache, dass ein Gutteil dieser terroristischen Akte als *home grown terrorism* bezeichnet werden kann, erschwert die Lage, denn damit ist gezeigt, dass die Integrationserwartungen, die an die Einwanderung geknüpft waren, sich zu einem wesentlichen Teil nicht erfüllt haben. Die späte Radikalisierung von Eingewanderten, manchmal auch erst in der zweiten oder gar dritten Generation, zeigt, dass die kulturellen Integrationskräfte der liberalen westlichen Gesellschaft erlahmt sind. Das Anpassungsbedürfnis und die Anpassungsbereitschaft der Eingewanderten war in früheren Jahrzehnten sowohl in Nordamerika als auch in Westeuropa weit stärker ausgeprägt. Oft gibt es daher in den Familien mit Migrationshintergrund einen Generationenkonflikt, bei dem Eltern die Werte und Normen der liberalen Gesellschaft, in die sie einmal eingewandert sind, gegenüber ihren Kindern verteidigen müssen. Diese verschaffen sich ein neues Selbstbewusstsein, indem sie sich von der Umgebungskultur, von der sie sich unzureichend respektiert fühlen, absetzen und oft genug radikalisieren, in seltenen, aber dann umso erschreckenderen Fällen bis hin zu terroristischer Gewaltbereitschaft.

Die erschöpfte Integrationskraft der liberalen westlichen Gesellschaften hat eine kulturelle, aber vor allem auch eine soziale Dimension. Eine kulturelle insofern, als auch die liberalen Gesellschaften des Westens ohne einen zivilen Grundkonsens der alltagskulturellen Praktiken, entgegen einer liberalistischen Illusion, nicht auskommen. Um dies an einem konkreten Beispiel zu illustrieren: Die Gleichberechtigung von Mann und Frau hat in allen westlichen liberalen Gesellschaften Verfassungsrang. Diese Verfassungsnorm schlägt sich in Antidiskriminierungsgesetzen, im Familienrecht, in zahlreichen einzelgesetzlichen Normierungen nieder. Diese sind zweifellos wichtig, um die Gleichberechtigung von Mann und Frau staatlich abzusichern. Zugleich aber kann kein Zweifel darüber bestehen, dass die Realisierung dieser Verfassungsnorm nur möglich ist, wenn sie von einer geteilten kulturellen Praxis und einem normativen Grundkonsens getragen ist. Wenn Mädchen dazu angehalten werden, ihren Brüdern gegenüber unbedingten Gehorsam zu leisten, ihr Gesicht schamhaft zu verhüllen und in Anwesenheit von Männern nicht zu sprechen, dann erfolgt dies in der Regel ohne Gesetzesbruch und ohne strafrechtliche Sanktion. Ja, eine liberale Grundordnung wird sehr zurückhaltend darin sein, Gesetzesnormen zu schaffen, die in diesen Fällen die Intervention des Strafrechts vorsehen. Das Erziehungsrecht der Eltern, die Wahrung der Privatsphäre, die kulturelle Neutralität des Staates und andere Grundnormen der liberalen Ordnung stünden hier im Feuer. Eine derartige Erziehungspraxis ist zweifellos mit der Realisierung der Gleichberechtigung von Mann und Frau unverträglich. Wenn sich die Hoffnung zerschlägt, dass die Anpassung an die kulturellen Praktiken der aufnehmenden Gesellschaft ausreicht, um eine geteilte Alltagskultur und den normativen Grundkonsens der Gleichberechtigung zu realisieren, dann erodiert die liberale Ordnung von innen heraus. Wenn die Zahlen groß genug sind, handelt es sich nicht mehr um marginale Phänomene, sondern um eine Veränderung der kulturellen Verfasstheit der Gesellschaft als ganze. Wenn es die Mädchen in den Schulen vermeiden, sich selbstbewusst und körperbetont zu kleiden, weil sie dann als »Schlampen« von Nachwuchs-Machos herabgewürdigt werden, dann ist die liberale Ordnung im Inneren gefährdet, auch wenn die Rechtsnormen selbst und ihre Durchsetzung unangetastet bleiben.

3. Sieg und Verfall der Liberalen Weltordnung

Francis Fukuyama, der konservative, hegelianisch inspirierte Intellektuelle, hatte nach dem Ende des Kommunismus in Gestalt von Perestroika und Glasnost sowie der Auflösung der Sowjetunion ein Ende der Geschichte ganz in Hegel'schem Stile angekündigt.[21] Die Menschheitsgeschichte sei nach seiner Auffassung nun in Form der Liberalen Weltordnung, einer liberalen Demokratie und eines westlich geprägten Wirtschafts- und Konsumstils an ihr Ende gekommen und habe ihr historisches Telos erreicht: In Zukunft werde es zwar nach wie vor Veränderungen geben, aber keine fundamentalen mehr. Alle Gesellschaften weltweit würden sich früher oder später eine liberale Ordnung geben, sich ihr fügen oder sie sich aneignen. Als ich dieses Buch damals las, hatte ich für diese Einschätzung nur Spott übrig, erschrak aber zugleich über die immense Wirkung in der Öffentlichkeit. Es schien, als sei hier die Selbstüberschätzung des Westens auf den Begriff gebracht worden, als fänden sich die politischen, ökonomischen und kulturellen Eliten in dieser Einschätzung wieder. Und es folgte tatsächlich eine Phase des westlichen Triumphalismus, wie sie noch wenige Jahre zuvor völlig undenkbar schien. Die Probleme, die wir heute erleben, hängen eng mit dieser Phase zusammen.

Es genügt, hier einige wenige Schlaglichter zu werfen: Die ausgestreckte Hand Michael Gorbatschows, nachdem er mit intellektueller Brillanz, aber wohl auch oft genug ohne langfristigen Plan, den weitgehend friedlichen Übergang von einer zentralstaatlichen, sozialistischen Einparteiendiktatur mit totalitären Zügen zu einer liberalen Demokratie mit freien Wahlen organisiert hatte, wurde nur so lange ergriffen, als dies geopolitisch und strategisch hilfreich erschien. Da Gorbatschow an seinen sozialistischen Idealen festhielt und sich der Auflösung aller Staatlichkeit in der vormaligen Sowjetunion entgegenstemmte, schien der robustere, allem Intellektuellen abholde, dem Alkohol dagegen zugetane Boris Jelzin der willkommenere Erfüllungsgehilfe auf dem Wege zur globalen westlichen liberalen Ordnung zu sein. Das Ergebnis war eine Phase des entfesselten Manchester-Kapitalismus, allerdings unter Beteiligung vormaliger, nun zu Milliardären mutierter Mitglieder der Nomenklatura und durchsetzt mit mafiösen und nepotistischen Strukturen. Diese Form der Transformation zerschlug nicht nur die Reste der aus den Zeiten der Sowjetunion hinübergeretteten Staatlichkeit, sondern erlaubte einigen wenigen, auf mehr oder weniger legalem Wege zu immensem Reichtum zu gelangen, während ein Teil der Bevölkerung verarmte. Seitdem wird die Verwestlichung als »Liberalisierung« in den Ländern der vormaligen Sowjetunion weithin mit enthemmtem

Kapitalismus und staatlichem Chaos identifiziert. Dies erklärt den raschen Aufstieg von Putin in der Nach-Jelzin-Ära, der als Ordnungsfaktor wahrgenommen wurde und der einer Mehrheit der Bevölkerung offenbar bis heute unverzichtbar erscheint. Die immense Machtfülle des russischen Präsidenten hängt mit der Verbindung zweier institutioneller Strukturen zusammen, der des *deep state*, wie dies in den USA genannt wird, also der Sicherheitsorgane, des Militärs, der Polizei, des Verfassungsschutzes, paramilitärischer Organisationen einerseits und der orthodoxen Kirche und ihrer Autoritäten andererseits. Es handelt sich um eine Entwicklung nicht nur zur gelenkten Demokratie, sondern auch zur gelenkten Wirtschaft und Kultur. Diese neue, alte Form des Autoritarismus schließt zweifellos an zaristische Traditionen an, wird aber auch als Alternative zur liberalen Gesellschaft und der für sie typischen Multikulturalität und Individualisierung gesehen. Interessanterweise trägt die Entwicklung in der Türkei zur Autokratie unter Erdogan ganz ähnliche Züge: auch dort der Rückgriff auf traditionelle Werte und Religion, die Schwächung des Parlamentarismus und der Meinungsvielfalt, die Beschwörung nationaler Größe. Auch dort eine, wenn auch ganz anders gelagerte, Reaktion auf den Triumphalismus des Westens.

Der humanitäre Interventionismus des Westens, der NATO, der USA, auch Frankreichs und Deutschlands ist der zunächst am sympathischsten erscheinende Zug des westlichen Triumphalismus nach dem Zusammenbruch des sowjetischen Herrschaftssystems. In der Wahrnehmung der ersten Jahre war eine einzige Supermacht nach dem Sieg im Kalten Krieg übrig geblieben, nämlich die USA, die nun in der Lage war, die Welt nach ihren Vorstellungen unter dem Stichwort *New World Order* neu zu ordnen. Der humanitäre Interventionismus wollte dabei nicht die nationalen Interessen der USA, sondern die humanitären der Weltgemeinschaft zugrunde legen. In erster Linie sollten mit unterschiedlichen Formen der Intervention massive Menschenrechtsverletzungen abgestellt und Regime gestürzt werden, die ihre Macht durch Folter und Terror absicherten. Um dieser Politik eine internationale, völkerrechtliche Basis zu verschaffen, mussten die Gewichte innerhalb der Charta der Vereinten Nationen deutlich verschoben werden. Konzipiert war die Charta als ein System kollektiver Sicherheit, das die Souveränität der Nationalstaaten – demokratisch oder undemokratisch verfasst – zum Ausgangspunkt nahm und das die einzelnen Mitgliedsstaaten der Vereinten Nationen vor den Übergriffen anderer bewahren sollte. Akteur war dabei nicht die Generalversammlung, sondern der Sicherheitsrat, der mit seinen ständigen Mitgliedern eine Art globale Weltpolizei installierte, die von den Atommächten dominiert war (jede dieser Atommächte hat eine Veto-Position im Sicherheitsrat), was von vornherein ausschloss, dass Entscheidungen des Sicherheitsrates der Vereinten Nationen in Konflikt mit den Interessenlagen der Atommächte geraten könnten. Die siegreichen Alliierten des Zweiten Weltkrieges, USA, Russland, Großbritannien und Frankreich, ergänzt durch China, bildeten so eine Art Ältestenrat der Weltpolitik, gegen dessen Willen keine militärische Intervention möglich war. Insbesondere war damit ausgeschlossen, dass die Vereinten Nationen in einen offenen Konflikt zwischen den Supermächten hineingezogen werden konnten. Vor allem die USA und die Sowjetunion, später Russland, nutzten ihre Veto-Position, um sich auch in Fällen eklatanter Menschenrechtsverletzungen schützend vor Verbündete zu stellen.[22]

Die *General Declaration of Human Rights* vom 10. Dezember 1948 hatte eine zweite Säule der UN-Normativität eingezogen[23], die Jahrzehnte später zur Grundlage humanitärer Interventionen des Westens, vor allem der USA und der NATO, aber auch einzelner europäischer Staaten, wurde. Erst in den letzten Jahren nähern sich auch Russland und China diesem neuen Modell internationaler Politik an (Russland im Syrienkonflikt, China im Südchinesischen Meer), das sich von der Idee souveräner Nationalstaaten, in deren innere Angelegenheiten man sich nicht einmischt, mehr und mehr verabschiedet. Offen ist allerdings, wie sich die neuen nationalistischen Tendenzen in zahlreichen Staaten weltweit, Demokratien und Diktaturen, in der internationalen Politik bemerkbar machen werden. Zumindest die Außenpolitik der Präsidentschaft Trump scheint eine realistische Wende zu vollziehen, davon ausgehend, dass Staaten jeweils in ihrem eigenen nationalen Interesse handeln und sich selbst die USA vom Interventionismus verabschieden muss, um einem *imperial overstretch* vorzubeugen. Entsprechende Vorstöße des Präsidenten stießen allerdings in der Vergangenheit auf teilweise entschiedenen Widerstand dessen, was man in den USA als *deep state* bezeichnet, also das Pentagon, die CIA, die Sicherheitsdienste, außenpolitische Braintrusts etc.

Noch in den 1950er und 1960er Jahren war die westliche Moderne in den Metropolen der arabischen Welt, auch im Iran oder in der Türkei, hoch angesehen. Dies äußerte sich in einer Orientierung in den urbanen Mittel- und Oberschichten an westlichen Lebensformen, Kleidungsstilen und einer Distanz zu religiösem Fundamentalismus und klerikalen Machtansprüchen. Im Falle der Türkei war diese prowestliche Haltung seit Atatürk zur Staatsdoktrin geworden; die Türkei etablierte, als eine der ersten Nationen der Welt, das Frauenwahlrecht, forcierte das Bildungswesen und die staatliche Infrastruktur, drängte auch in Gestalt von Bekleidungsvorschriften religiöse Sitten und Gebräuche zurück, war allerdings nicht in der Lage, diese neue nationale Identität inklusiv zu gestalten und die große Minderheit der Kurden in dieses Projekt zu integrieren. Dieses Experiment wurde vom Westen in seiner Bedeutung nicht oder jedenfalls zu spät als eine im Ganzen an europäischen Idealen orientierte Staatsverfassung in einem überwiegend muslimisch geprägten, außerhalb der großen Städte stark religiösen Land erkannt. Diese Fehleinschätzung wurde durch die Rolle der AKP und ihrer Sympathisanten im Westen auf die Spitze getrieben. Während in der Türkei allen schon aufgrund einer provokativen Symbolik klar war, dass Erdogan, neben einer politischen und ökonomischen, auch eine kulturelle Agenda verfolgte und die Trennung von Staat und

Religion rückgängig machen wollte, was allerdings nur gelingen konnte, wenn die traditionellen Hüter der Laizität des türkischen Staates, die Richterschaft und das Militär, entmachtet würden, glaubten selbst bedeutende Politiker, wie Gerhard Schröder oder Joschka Fischer, dass sie in Erdogan einen Bündnispartner für eine Liberalisierung und West-Orientierung der Türkei hätten. Zugleich konnten sich die Erdogan-Freunde innerhalb der EU mit einer konsequenten Strategie der EU-Erweiterung nach Südosten nicht durchsetzen, sie scheiterten an christdemokratischem und konservativem Widerstand innerhalb der EU. Zur gleichen Zeit entwickelte sich die säkulare, sozialdemokratisch orientierte Oppositionspartei CHP zunehmend nach rechts, ungehindert von europäischen Schwesterparteien, die dieser Alternative zur AKP Erdogans keinerlei Aufmerksamkeit widmeten. Unterdessen, nach dem vermeintlichen oder tatsächlichen Putschversuch der Gülen-Bewegung, nach den Säuberungsmaßnahmen im öffentlichen Dienst und der rücksichtslosen Verfolgung Andersdenkender, driftet der NATO-Staat Türkei in Richtung sunnitischer Fundamentalismus. Die Außenpolitik der Türkei ist überaus ambivalent geworden, sie zögerte zum Beispiel lange Zeit, gegen den IS auf syrischem Territorium vorzugehen, positionierte sich an der Seite islamistischer Kräfte gegen das Assad-Regime und ließ sich erst durch den drohenden Konflikt mit der militärischen Supermacht Russland zu einer Revision seiner Bündnispolitik im Syrienkonflikt bewegen.

Um eine komplexe Situation zusammenzufassen: In

der gesamten muslimisch geprägten Region scheint es angesichts der verlorenen Attraktivität des liberalen Ordnungsmodells des Westens in den meisten Ländern nur zwei stabile Optionen zu geben: eine islamistische, wie sie die Taliban in Afghanistan, die Mullahs im Iran oder die Muslimbruderschaft in Ägypten realisierten, oder eine antiislamistische, von Militär und Ordnungskräften gestützte diktatorische, wie unter Mubarak und jetzt al-Sisi in Ägypten, unter Assad in Syrien, unter Hussein im Irak. Die leitende Idee westlicher Militärinterventionen, der Sturz von Diktatoren in der MENA-Region[24] würde eine Eigendynamik Richtung liberale Demokratie auslösen, ist jedenfalls so gründlich enttäuscht worden, dass man diese Vorstellung auf absehbare Sicht als unrealistisch aufgeben sollte. Saudi-Arabien und die anderen Golfstaaten, aber auch Marokko, sind ein Sonderfall, da sie, wie früher Persien oder Afghanistan, ein Feudalsystem aufrechterhalten, das über eigene Legitimationsquellen verfügt und sich mit den religiösen Traditionen verbindet.

Auf Betreiben insbesondere Frankreichs intervenierte der Westen gegen das libysche Militärregime von Oberst Gaddafi, und die Prophezeiung des langjährigen Diktators wurde wahr: Der Westen bombte auf diese Weise islamistischen Terroristen wie Al-Quaida und Al-Nusra und anderen nahestehenden Kräften den Weg frei, um in der Region Einfluss zu nehmen. Die bittere, für liberal Gesinnte schwer verdauliche Erkenntnis lautet: Unter den aktuellen kulturellen Bedingungen der MENA-Region führt der Einfluss der Bevölkerungsmehrheit, ungefiltert durch gewachsene demokratische Institutionen und eine freie, differenzierte Presselandschaft, meist zur Vormachtstellung islamisch-fundamentalistischer Bewegungen und Parteien, die das für die liberale Demokratie so zentrale Prinzip der Trennung von Staat und Religion ablehnen. So schwer es fällt, das zu akzeptieren: Die normativen Fundamente der Baath-Regime, auch des Najibullah-Regimes in Afghanistan nach dem erfolglosen Einmarsch der Sowjetunion oder auch der Monarchien in Jordanien oder Marokko stehen den normativen Prinzipien einer liberal verfassten Demokratie weit näher als das Mullah-Regime des Iran, der saudische Feudalismus, die Taliban, von Al-Quaida und Al-Nusra oder Hisbollah ganz zu schweigen. Der Flirt mit dem Islamismus zur Bekämpfung der Sowjetunion zunächst in Afghanistan und dann zur Bekämpfung des sowjetischen Einflusses im gesamten arabischen Raum war und ist ein totaler Fehlschlag. Der Westen hat damit potenzielle Bündnispartner vor den Kopf gestoßen und die Natter genährt, die ihn nun beißt. Selbst das Niederringen des in der Welt arabischer Feudalregime verhassten Saddam Hussein oder Muammar al-Gaddafis hat dem Westen in der Region keinerlei Sympathien eingebracht. Das unausgesprochene Bündnis George W. Bushs mit Saudi-Arabien im Vorfeld des zweiten Irakkrieges hat die radikalisierte Jugend in den arabischen Ländern erst recht gegen den großen Feind aufgebracht. Der kleine Feind vor Ort, die Feudalregime der Golfregion, erscheint seitdem als das kleinere Übel.

Man kann das auch zugespitzter formulieren: Der humanitäre Interventionismus des Westens ist, jedenfalls was die MENA-Region zwischen Libyen und Afghanistan angeht, auf der ganzen Linie gescheitert. Die Chance, liberale Werte in dieser Region zu etablieren, die in den 1950er und 1960er Jahren noch bestand, beschränkt sich unterdessen auf Länder wie Tunesien, vielleicht eines Tages auch wieder auf die Türkei. Kleine Pflänzchen der Hoffnung in einer Wüste des Fundamentalismus, Dschihadismus und Feudalismus. Die MENA-Region ist für die Liberale Weltordnung, was immer man im Detail darunter verstehen mag, auch aufgrund eigenen Verschuldens des Westens, auf absehbare Zeit verloren.

4. Die sozioökonomische Erosion sozialer Marktwirtschaft

Im Rückblick wird zunehmend deutlich, dass die Phase wachsender Prosperität und Stabilität der westlichen Demokratien in der Nachkriegszeit bis in die zweite Hälfte der 1970er Jahre vermutlich keinen allgemeinen Trend markierte, sondern eine historische Episode bleiben wird. Es lohnt sich, die Bedingungen dieser Sonderentwicklungen über rund 30 Jahre vor Augen zu führen.

Beginnen wir mit einem politisch immer noch umkämpften, wissenschaftlich aber kaum bestreitbaren Phänomen, dem der Renationalisierung nach dem Zweiten Weltkrieg. In den großen historischen Linien war die

Weltwirtschaftskrise 1929 ff. eine Zäsur. Die Globalisierung des Kapitalismus, die das gesamte 19. Jahrhundert und die Jahre bis zum Ersten Weltkrieg in Europa, aber auch in Nordamerika prägte, war von der Kriegswirtschaft während des Ersten Weltkriegs unterbrochen worden, nahm danach jedoch rasch wieder Fahrt auf. 1929, also gerade einmal elf Jahre nach dem Ende des Ersten Weltkrieges, kam es zum großen weltwirtschaftlichen Crash, der mit den unmittelbaren Nachfolgekrisen, vor allem aber mit dem dramatisch wachsenden Anstieg der Arbeitslosigkeit und der sozialen Erosion in den europäischen Staaten zu Faschismus und Nationalsozialismus am Ende in den Zweiten Weltkrieg führte. Die theoretischen Grundlagen antizyklischer staatlicher Globalsteuerung hatte John Maynard Keynes[25] schon in den 1920ern gelegt, sie bildeten aber noch eine Minderheitenposition ohne Einfluss auf die politische Agenda. Im Rückblick erscheinen zwar selbst Teile der faschistischen und nationalsozialistischen Wirtschaftspolitik, auch derjenigen in den USA nach der Weltwirtschaftskrise, als keynesianisch, sie waren es allerdings nur intuitiv, ohne wissenschaftliche Fundierung. Erst nach dem Zweiten Weltkrieg sollte sich dies ändern. Nun stand mit dem Keynesianismus eine Theorie zur Verfügung, die eine wirtschaftliche Globalsteuerung anleitete, um einen wachsenden Wohlstand zu ermöglichen und die Krisenanfälligkeit des Kapitalismus zu überwinden. Die Kräfte links der Mitte, von Roosevelt über Wilson bis hin zu Willy Brandt, weiteten das Programm des Keynesianismus, das im Kern lediglich die

Stabilisierung durch eine antizyklische Fiskalpolitik vorsah, zu einem Programm kontinuierlich ansteigender Staatstätigkeit aus. Das antizyklische *deficit spending* wurde nicht mehr aufgewogen durch einen Schuldenrückbau in Phasen boomender Konjunktur, und die entstandenen Institutionen waren zu träge, um sie an die jeweiligen ökonomischen Erfordernisse anzupassen. Allerdings wirkt der ausgebaute Sozialstaat diesseits und jenseits des Atlantiks von sich aus krisendämpfend, da die sozialstaatlichen Ausgaben in Phasen wachsender Arbeitslosigkeit automatisch zunehmen, vorausgesetzt, es wird keine prozyklische Austeritätspolitik wie in der Weimarer Republik betrieben, und in Phasen des Konjunkturaufschwungs wieder zurückgehen und damit den Umfang des staatlichen Haushaltsdefizits beschränken. Als dann in den beiden Erdölpreiskrisen in den 1970er Jahren drastische Maßnahmen erforderlich wurden, um die wachsende Arbeitslosigkeit in den Griff zu bekommen, zeigte sich, dass die Arsenale von staatlichem *deficit spending* schon weitgehend erschöpft waren. Auch der ökonomisch so versierte Bundeskanzler Helmut Schmidt sah sich gezwungen, Inflationsraten in Kauf zu nehmen, die der deutschen Wirtschaftstradition, vor allem aber der deutschen Mentalität, die noch von den Erfahrungen der zwei Hyperinflationen geprägt war, nicht entsprachen. Das konjunkturelle Defizit wurde auf das strukturelle draufgesattelt und verfehlte daher schon angesichts des zu geringen Umfangs und der inflationären Tendenzen, die ohnehin schon bestanden, seine Wirkung. Dies besiegelte in Deutschland, aber deutlicher noch in anderen europäischen Ländern, das vorläufige Ende der Dominanz keynesianisch inspirierter wirtschaftlicher Globalsteuerung mit ausgeweiteter Staatstätigkeit. Auch in Frankreich, nach dem Sieg der Linken und der Regierungsbildung aus Sozialisten und Kommunisten unter Präsident François Mitterrand, währte die Phase keynesianisch inspirierten Überschwangs nur wenige Monate. Mitterrand sah sich gezwungen, eine radikale Kehrtwende einzuleiten, um Frankreich nicht zum Spielball spekulativer Prozesse zu machen, zudem es in der Produktivitätskonkurrenz mit Deutschland dramatisch an Boden verlieren würde.[26]

Das, was sich schon seit den späten 1950er Jahren in der wissenschaftlichen Ökonomie abzeichnete, nämlich die schrittweise Zurückdrängung des (Vulgär-)Keynesianismus und die aggressive Rhetorik der Neoklassik, wurde in den 1980er Jahren und nach den Wahlsiegen von Margret Thatcher in Großbritannien und Ronald Reagan in den USA zum politischen Programm. Was seine Gegner als Neoliberalismus bezeichneten, löste den Sozialliberalismus unter christdemokratischer oder sozialdemokratischer Ägide, der die Nachkriegsjahrzehnte geprägt hatte, ab. Die Gegenwehr aus Europa gegenüber der Reagan'schen Wirtschaftsoffensive fiel zaghaft aus, und das, was man damals als Eurosklerose bezeichnete[27], tat sein Übriges, um alternative Politikmodelle in die Defensive zu treiben. Als sich dann auch noch herausstellte, dass die Aufrüstung unter Ronald Reagan und seine offensive Rhetorik gegenüber der Sowjetunion Früchte trugen und das kommunistische Riesenreich zu wanken begann, stand dem Durchbruch einer anderen, nämlich marktliberal und kulturell neokonservativen Liberalen Ordnung nichts mehr im Wege. Die Rede vom Sieg der Liberalen Weltordnung war in den späten 1980ern und dann in den gesamten 1990ern und ersten Nullerjahren nicht mehr von den Grundgedanken der sozialen Marktwirtschaft, sondern von denjenigen Milton Friedmans und Friedrich August Hayeks, also eines marktradikalen Programms des Staatsabbaus und der Globalisierung, geprägt. Der sogenannte *Washington Consensus*[28] formulierte diese neue Interpretation der Liberalen Weltordnung.

Der Terminus *Washington Consensus* wurde erst seit einer Konferenz in Washington 1990 üblich, und der Ökonom John Williamson, der ihn verwendete, wehrt sich dagegen, ihn als Zusammenfassung einer marktradikalen oder marktfundamentalistischen, neoliberalen Programmatik zu verstehen. Er selbst habe diese Empfehlungen, die die Politik des Internationalen Währungsfonds, der Weltbank, auch der US-Regierungen seit Ronald Reagan sowie zahlreicher amerikanischer Thinktanks und Interessenvertretungen der Wirtschaft prägten, jedenfalls nicht in diesem Sinne gemeint. Der Ökonomie-Nobelpreisträger Joseph Stiglitz kam in seiner Kritik an der Politik des IWF zunächst zu einem differenzierten Urteil, wonach der Fehler nicht so sehr in den Leitlinien gelegen hätte, sondern in ihrem einseitigen Einsatz in den Krisenstaaten Südamerikas und Afrikas.[29] Die Beurteilung fällt jedoch insgesamt sehr kritisch aus. Wie John Williamson klarmacht, war der

Washington Consensus darauf gerichtet, eine Alternative zu staatszentrierten und sozialistischen Politikentwürfen in Lateinamerika zu formulieren. Der *Washington Consensus* versuchte, kurz nachdem Ronald Reagans Präsidentschaft zu Ende gegangen war und George Bush Senior einen stärker konsensorientierten Politikstil praktizierte, die wirtschaftlichen Eliten der USA für die Kooperation mit den lateinamerikanischen Eliten zu gewinnen und zu diesem Zweck gemeinsame Leitlinien zu formulieren, wie fiskalische Disziplin (gegen die wachsenden und teilweise exorbitanten Verschuldungen südamerikanischer Staaten), die Umstellung sozialer Leistungen ganz in der angelsächsischen Tradition auf Armenhilfe und Grundversorgung im Bereich Gesundheit und Bildung, *Flat Tax*, also der Abschied von der Umverteilung durch stark progressive Einkommens- und Vermögensbesteuerung, Handelsliberalisierung, Öffnung für Auslandskapital, Privatisierung staatlicher Leistungen, Deregulierung der Märkte und Garantie von Eigentumsrechten (gegen die Nationalisierung von Unternehmen und die Beschlagnahmung von Privatvermögen). Die leitenden wirtschaftspolitischen Vorstellungen waren also makroökonomische Disziplin, Staatsrückbau und Stärkung der Marktökonomie sowie Öffnung der nationalen Ökonomien gegenüber der Globalisierung.

Sowohl von den Befürwortern des *Washington Consensus* wie von seinen Kritikern wird heute eingeräumt, dass gerade die südamerikanischen Länder, die sich daran orientiert haben, keine der erwarteten entwicklungspolitischen Erfolge aufweisen konnten, ja sogar stärker krisenanfällig wurden. Der für uns interessante Konflikt ist derjenige zwischen den ostasiatischen Entwicklungsstrategien und den lateinamerikanischen. Die Entwicklungsstrategien Chinas, aber auch der sogenannten Tiger-Staaten in Ost- und Südostasien, auch Japans in den Jahrzehnten zuvor, stützten sich auf ein hohes Maß an staatlicher Steuerung und Staatsintervention. Der chinesische Entwicklungsweg ist, anders als der russische, nach dem Ende der Sowjetunion weder von einer generellen Öffnung für ausländisches Kapital noch von Wechselkursfreigabe, noch von einem generellen Staatsabbau geprägt, war aber insgesamt, ökonomisch gesehen, weit erfolgreicher. Das Davos-Bündnis von 2017 zwischen europäischen Freihandelsbefürwortern und China entbehrt jeder ökonomischen Fundierung, und die breite Akzeptanz ist wohl nur darauf zurückzuführen, dass sowohl in den Reihen der Spitzenpolitiker als auch in den Reihen der journalistischen Kommentatoren ökonomischer Sachverstand nicht weit verbreitet ist. Am Ende ging es vielleicht nur um einen politischen Warnschuss dem neu gewählten US-amerikanischen Präsidenten Trump gegenüber, Missverständnisse als Kollateralschaden in Kauf nehmend.

Die neue Programmatik war auch deswegen politisch so erfolgreich, weil der linke Keynesianismus die Stabilitätsorientierung Keynes durch ein Programm des kontinuierlichen Staatsausbaus ersetzt hatte. In extremen Positionierungen wurden gar alle Impulse für Wirtschaftswachstum und Produktivitätszuwachs dem staatlichen *deficit spending* zugeschrieben. Dass damit Staaten, Regierungen und andere staatliche Körperschaften ihre Handlungsfähigkeit über kurz oder lang einbüßen und am Ende angesichts deregulierter Finanzmärkte zum Spielball von Spekulanten werden, wie am Beispiel Griechenlands, Portugals, zeitweise auch Spaniens und Irlands vorexerziert, war den Protagonisten dieses Pseudo-Keynesianismus nicht bewusst. Gegenwärtig sind hohe Staatsverschuldungen deswegen so leicht zu verkraften, weil die Zinslasten nahe null liegen. Wenn sich dies ändert, kann es rasch zu massiven Staatsfinanzierungskrisen kommen, vor allem in Ländern, die nicht die robuste ökonomische Ausstattung aufweisen wie Deutschland.[30] Ich halte den Paradigmenwechsel von der sozialen Marktwirtschaft zum Marktradikalismus für einen Rückfall ins 19. Jahrhundert. Zwar lässt sich damit die Marktdynamik erhöhen, zugleich aber sinkt die Inklusion in doppelter Hinsicht: die Inklusion auf den Arbeitsmärkten und die sozialstaatliche Inklusion.

Die empirischen Daten sind eindeutig: Während in den drei Jahrzehnten nach dem Zweiten Weltkrieg alle, zumal die Arbeitnehmerschaft, vom Wirtschaftswachstum profitierten, ändert sich dies in den USA schon in den 1980er und in Deutschland und Europa in den 1990er Jahren. Die USA liefern die noch weit extremeren Daten mit einer Konzentration auf wenige obere Prozent der Bevölkerung und der Abkopplung von rund der Hälfte der Arbeitnehmerinnen und Arbeitnehmer vom Wirtschaftswachstum seit Ende der 1970er Jahre.[31] In

Deutschland setzt der Trend zu dramatisch wachsender Ungleichheit erst nach der Wiedervereinigung Mitte der 1990er Jahre ein und hält dann rund ein Jahrzehnt an, gestoppt erst durch die Agenda-Reformen 2005 und die Wiedereingliederung in den Arbeitsmarkt eines Großteils der Transferempfänger.[32] Der Gini-Koeffizient ist entgegen den öffentlichen Wahrnehmungen seit Inkrafttreten der Arbeitsmarktreformen nicht mehr gestiegen, die Ungleichheit der Sekundäreinkommen hat also in Deutschland nicht mehr zugenommen.[33] Die insgesamt günstige Entwicklung auf dem Arbeitsmarkt hat einen doppelten Preis, nämlich eine Politik des Forderns und Förderns, also die zum Teil sehr restriktiven Kriterien, was Arbeitsunfähigkeit angeht, und die generelle Lohnzurückhaltung in den Tarifverhandlungen. Die sinkenden Lohnstückkosten in Deutschland setzten die umgebenden Volkswirtschaften Frankreichs, Italiens, zunehmend auch Großbritanniens unter Druck und verschafften im Verein mit dem Euro, der als Währung angesichts der deutschen Produktivitätsentwicklung unterbewertet ist, eine stabile, zunächst überwiegend über Außenhandelserfolge möglich gewordene Entwicklung, die zuletzt auch wieder der Arbeitnehmerschaft in Gestalt von realen Lohnsteigerungen zugutekommt. Deutschland ist vom kranken Mann Europas in den späten 1990ern und in den ersten Nullerjahren zum Stabilitätsanker und ökonomischen Motor des Euroraums geworden.

Interessant ist dabei, dass ganz unterschiedliche Strategien erfolgreich sein konnten: sehr stark marktorientierte in den USA, teilweise auch in Großbritannien, und eine an sozialen Bürgerrechten orientierte wie in Skandinavien wie auch die im Wesentlichen auf Kooperation und eigene vorausgegangene Leistungen gestützten Sozialstaatssysteme Deutschlands und Frankreichs. Jedenfalls erweist sich die Höhe der Staats- und auch der Sozialstaatsquote nicht als Hemmnis für eine gute Produktivitätsentwicklung und außenwirtschaftliche Erfolge. Jenseits des oben beschriebenen Paradigmenwechsels politischer, ökonomischer und sozialstaatlicher Programmatik zeigen sich die realen Stellgrößen als erstaunlich resistent. So ist weder zutreffend, was von Neokonservativen und Wirtschaftsliberalen immer wieder behauptet wird, nämlich, dass eine uferlose Ausweitung der Sozialstaatsquote stattgefunden habe, noch ist die Einschätzung richtig, die von links vorgebracht wird, dass in den letzten Jahrzehnten in Europa der Sozialstaat abgewrackt worden sei.[34]

Wir leben in Europa nicht in einem durch und durch von kapitalistischer Marktwirtschaft geprägten System. Die Staatsquote bewegt sich in den meisten europäischen Ländern oberhalb der 40 Prozent und die Sozialstaatsquote zwischen 20 und 30 Prozent.[35] So wird die Infrastruktur nicht vom Markt, sondern von Seiten des Staates mit Steuern und Abgaben finanziert und verantwortet, und auch das Bildungssystem als Ganzes ist überwiegend staatsfinanziert und staatlich verantwortet. Die Regulierungen auf dem Arbeitsmarkt schränken in Europa eine *Hire and Fire*-Politik stark ein. Die neoliberale Agenda hat in den meisten Ländern des Westens nur mäßig gegriffen, sie wurde nur teilweise in die Realität umgesetzt, anders als in manchen Ländern des globalen Südens, wie zum Beispiel in Chile.

Allerdings hat die Globalisierung, insbesondere der Finanzwirtschaft und der Warenmärkte insgesamt, die sozialen Spannungen in den westlichen, ökonomisch entwickelten Ländern verschärft, und das Programm des Sozialstaatsabbaus hat die Inklusionskraft der sozialen Marktwirtschaft geschwächt. Die Krise der Liberalen Weltordnung hängt auch mit diesem Phänomen zusammen: dem Eindruck eines Gutteils der Bürgerschaft, vom Wachstum weitgehend abgekoppelt zu sein. Steigende Aktienbewertungen von Konzernen, die den Abbau von Arbeitsplätzen ankündigen, die Entwicklung der Managergehälter im Vergleich zu derjenigen der Belegschaften insgesamt, die Willfährigkeit gegenüber großen internationalen Konzernen, die beabsichtigen, Steuern zu sparen, die staatlichen Schutzmaßnahmen, um Steueroasen aufrechtzuerhalten, zuletzt durch die Europäische Kommission, und damit Steuerhinterziehung weiter zuzulassen, aber auch die sozialen Probleme, die mit der Einwanderung in westliche Industrieländer einhergehen, lassen die normative Basis von liberaler Demokratie und Weltordnung erodieren.

Die größte Herausforderung der Liberalen Weltordnung ist der Souveränitätsverlust der Nationalstaaten. Sowohl die wirtschaftliche Globalsteuerung als auch der soziale Ausgleich durch progressive Steuern, soziale Anspruchsrechte und Transferleistungen setzen eine funktionierende Staatlichkeit voraus. Diese legt idealiter die Regeln fest, die auf den ökonomischen Märkten gelten, erhebt Steuern, ohne den Wohlhabendsten Schlupflöcher der Hinterziehung zu bieten, und setzt diese sowohl für kollektive Güter ein, für den sozialen Ausgleich, für Bildung und für Kultur. Die westlichen Staaten waren schon im 19. Jahrhundert in hohem Maße ökonomisch und vor allem finanzwirtschaftlich verflochten. Aus dieser globalen Verflechtung ergab sich gerade die Krisenanfälligkeit, aber auch ein Gutteil der Wohlstandsgewinne, die besonders in der zweiten Hälfte des 19. Jahrhunderts exorbitant ausfielen. Die westlichen Demokratien hatten unter dem Eindruck des Zweiten Weltkrieges und des Niedergangs der Demokratie in Zeiten des Faschismus und Nationalsozialismus eine Renationalisierung durchgesetzt und damit eine Politik der wirtschaftlichen Globalsteuerung begonnen, die die Krisenanfälligkeit mindern und einen sozialen Ausgleich im jeweiligen Land ermöglichen sollte. Damit wurde den Bürgerinnen und Bürgern des Landes das Versprechen gegeben, dass sich eine ähnliche Entwicklung, ein ähnlicher ökonomischer Kontrollverlust, nie mehr einstellen würde. Dieses Vertrauen ist spätestens seit der zweiten Weltwirtschaftskrise 2007 ff. tief erschüttert. Die Zweifel sind seitdem gewachsen, ob die Nationalstaaten überhaupt noch in der Lage sind, die notwendigen Regulierungen der Finanzmärkte und generell der Märkte der Waren und Dienstleistungen durchzusetzen, die verhindern, dass ein entfesselter Kapitalismus zwar zu exorbitantem Reichtum einiger weniger führt, aber einen Großteil zurücklässt und am Ende im großen

Crash untergeht. Dass in der wissenschaftlichen Ökonomie so gut wie niemand vor einer wachsenden Krisenanfälligkeit der Finanzwirtschaft gewarnt hat, verstärkt die Skepsis der Menschen: Sie haben den Eindruck, dass der demokratische Staat gegenwärtig in großem Umfang einen Kontrollverlust erleidet, nicht nur aufgrund der Migrantenströme, die auch für die Zukunft vor allem aus Afrika erwartet werden[36], sondern auch wegen der international agierenden Konzerne und der anonymen Akteure auf den globalen Märkten.

Die allermeisten Menschen sind in ihrer Lebensform keine Globalisten, sie leben nicht einmal hier und einmal dort auf diesem Globus und bedienen sich als Verständigungssprache des globalen Englisch. Vielmehr sind sie, wie zahlreiche soziologische Studien belegen, regional, ja oft genug lokal verwurzelt und erwarten von den staatlichen Institutionen, gegenüber unvorhersehbaren Entwicklungen auf den Weltmärkten geschützt zu werden und als Bürgerinnen und Bürger eines Staates unveräußerliche, auch soziale Rechte zu besitzen. Die gesamteuropäische politische Dimension der Griechenland-Krise bestand nicht so sehr darin, dass ein Mitgliedsstaat massiv ins Straucheln geriet, weil er sich zu hoch verschuldet hatte und die Produktivitätsentwicklung ungünstig war, sondern darin, dass hier in großem Stil Vertrauen und Verlässlichkeit aufs Spiel gesetzt wurden. Bei der Etablierung der gemeinsamen Währung war auch den skeptischen Bürgerinnen und Bürgern der beteiligten EU-Mitgliedsstaaten versichert worden, dass sie für die Misswirtschaft anderer Staaten wegen der gemeinsamen Währung nicht etwa in Zukunft würden mithaften müssen. Unterdessen ist unbestreitbar, dass die griechische Finanzkrise massive Kosten nicht nur in Griechenland, sondern auch in den anderen EU-Mitgliedsländern nach sich zieht. Das *no bail out principle* wurde zwar de jure (weitgehend) eingehalten, de facto aber in diesem und in anderen Fällen zumindest ausgesetzt. Die Wirtschaftskrise im Euroraum, die die südlichen Mitgliedsstaaten nach wie vor belastet, verstärkt diejenigen Kräfte, die sich nach einem starken Nationalstaat mit geringer internationaler Verflechtung und vor allem unabhängig von europäischen Institutionen, die man als intransparent und unkontrolliert empfindet, zurücksehnen.

Der Liberalismus des 19. Jahrhunderts hatte sich mit einem Nationalismus verbunden, um politische Wirksamkeit zu entfalten. Erst viel später, im Laufe des späten 19. und dann vor allem im ersten Drittel des 20. Jahrhunderts, treten diese beiden großen politischen Bewegungen und programmatischen Entwürfe wieder auseinander. Ähnliches wiederholt sich nach dem Zweiten Weltkrieg: Die Renationalisierung erfolgt unter der Ägide eines sozial gebändigten Liberalismus, also unter dem Zeichen sozialer Marktwirtschaft, um dann im Laufe der 1980er Jahre in den angelsächsischen Ländern, in den 1990ern und ersten Nullerjahren in allen westlichen Ländern wieder auseinanderzutreten: in einer globalistischen, wirtschaftsliberalen Programmatik des internationalen (Finanz-)Kapitalismus einerseits und einer nationalistischen Programmatik andererseits, die internationale Organisationen ablehnt, mit dem Austritt aus der Europäischen Union liebäugelt und die Probleme der Migration und Integration für eine populistische Rhetorik nutzt. Oft beginnen die nationalistischen Formationen im Umfeld des Liberalismus, wie etwa bei der FPÖ in Österreich, bei Geert Wilders in den Niederlanden oder bei der AfD unter Lucke in Deutschland, um sich dann vom Liberalismus abzuwenden und die nationalistische Agenda mit einer Verteidigung des Sozialstaats zu verbinden, was unter anderem zur Folge hat, dass die internationalistisch orientierte Linke einen Teil ihrer Wählerbasis einbüßt.

Das programmatische Versagen der Liberalen Weltordnung besteht darin, diesen Widerspruch zwischen einer Globalisierung der Waren- und Dienstleistungsströme, zunehmend auch des Arbeitsmarktes, und der demokratischen Gestaltungskraft von Nationalstaaten kaum thematisiert, jedenfalls nicht in ein kohärentes Gesamtbild überführt zu haben. Der *Washington Consensus* beruht auf einer Agenda des Staatsabbaus und stellt keinen Kompromiss zwischen diesen beiden konstitutiven Elementen der liberalen Weltordnung dar: Liberalität und demokratische Staatlichkeit.

Man kann es auch anders, philosophischer, formulieren: Der im Liberalismus von Anbeginn angelegte Widerspruch zwischen der Befreiung des Individuums und der kollektiven Gestaltung der Lebensbedingungen bricht heute mit Macht auf. Die Befreiung des Einzelnen, einschließlich der einzelnen Produzenten auf globalen Märkten, gerät in Konflikt mit der Idee der demokratischen Gestaltung der wirtschaftlichen und sozialen Verhältnisse. Kollektive und individuelle Autonomie treten auseinander und führen zu einer tiefen Krise der Demokratie.

5. Eine kosmopolitische Alternative

Die Globalisierung, allen voran der Finanzmärkte, hat die Weltwirtschaft krisenanfällig gemacht und zwei neue Formen von Abhängigkeit geschaffen: die der Realwirtschaft von der globalen Finanzwirtschaft und jene staatlicher Politik von den internationalen Finanzmärkten. Beides stellt eine Herausforderung für die Demokratie dar, da sie die Idee kollektiver Autonomie, die für jede demokratische Ordnung zentral ist, in Frage stellt. Die in den vergangenen Dekaden praktizierte Form der Liberalisierung und Globalisierung ist eine der Wurzeln der aktuellen Demokratie-Krise. Wenn unterdessen die AfD unter dem Konterfei Willy Brandts mit dem berühmten Zitat »Mehr Demokratie wagen« Landtagswahlkämpfe bestreitet, wird die neue Konstellation deutlich: Die Identitären verteidigen das, was sie für die Interessen des Volkes halten, gegen Globalisierung, internationale Verrechtlichung und Elitenherrschaft. Es lohnt sich jedoch, eine Liberale Weltordnung zu verteidigen, die zu ihren Wurzeln zurückkehrt. Diese muss sich von Instrumentalisierungen durch wirtschaftliche und geostrategische Interessen lösen, um als normative

Ordnung gegen die neuen Autoritarismen, Nationalismen und Fundamentalismen bestehen zu können. Um uns terminologisch abzugrenzen, bezeichnen wir diese Alternative als eine *kosmopolitische Ordnung*[37].

Der Kosmopolitismus war seit seinen Anfängen im antiken Griechenland mit einer Hypothek belastet, nämlich der der Illoyalität. Die frühen Kosmopoliten, zunächst des Kynismus, dann des Stoizismus, brachten sich in einen Gegensatz zu den Loyalitätsbindungen als Bürger einer *polis*. Sie nutzten die Selbstdefinition als »Kosmopolit«, als Bürger im Kosmos, als Mitglied einer die gesamte Menschheit umfassenden Bürgerschaft, um sich den Verpflichtungen als Bürger ihrer Stadt, ja sogar (bei den Kynikern) als Mitglied sozialer Gemeinschaften generell, zu entziehen. Diese Botschaft des »Ich gehöre nicht zu euch« transformiert sich in der Gegenwart zum Konflikt zwischen den *anywheres* und den *somewheres,* wie es ein britischer Journalist[38] bezeichnet hat: Die *anywheres* sind nirgends verwurzelt, sie fühlen sich überall auf der Welt gleichermaßen zu Hause, teilen eine oberflächliche zivilisatorische Praxis, die die kulturellen Unterschiede verschwinden lässt, zahlen dafür aber den Preis der Entwurzelung und der Atomisierung. Sie nehmen vor Ort, dort, wo sie sich jeweils aufhalten, nicht mehr an den Nachbarschaftsaktivitäten teil, sie kennen möglicherweise ihre Nachbarn kaum, sie sind nicht bereit und meist auch nicht in der Lage, sich längerfristig in, wie auch immer verfassten, sozialen Gemeinschaften, vom Sportverein bis zur freiwilligen Feuerwehr, zu engagieren, sie schätzen Steuersparmodelle unter Einbeziehung von Anlagemöglichkeiten in Steueroasen, sie bedienen sich des globalisierten Englisch als Verkehrssprache, sie sorgen dafür, dass ihre Kinder an englischsprachigen Schulen im In- oder Ausland sozialisiert werden, und bezahlen für den kosmopolitischen Lebensstil mit dem Verlust von Bindungen privater und kommunitärer, auch politischer Art. Kulturelle Identitäten verwandeln sich für diese Form des Kosmopolitismus in ethnische und folkloristische Phänomene. Metropolen der Welt bieten überall vergleichbare Lebens- und Arbeitsbindungen, und die Mehrheit der Menschen und die für diese charakteristischen Lebensformen geraten aus dem Blick. Die *somewheres* sind folglich der Gegenentwurf zum urbanen Kosmopoliten; sie sind regional verwurzelt, sozial wenig bis kaum mobil; leiten ihre Identität nicht aus einem globalistischen beruflich-ökonomischen Gewinnergefühl ab, sondern aus der Zugehörigkeit zu einer lokalen, subkulturellen oder nationalen Gemeinschaft. Die soziale Stellung der *somewheres* eignet sich schlichtweg nicht für eine solche Erfolgsgeschichte, und die lokalen sozialen wie kulturellen Gemeinschaften sind häufig das einzige Rückfallnetz. Anders als die, aufgrund höherer Bildung und größerer Partizipationsmöglichkeiten den öffentlichen Diskurs bestimmenden, *anywheres*, betrachten die *somewheres* jede Art von Veränderung und Wandel als potenzielle Bedrohung oder Demütigung.

Dieser Konflikt zwischen der Praxis des Kosmopolitismus und der Praxis des Kommunitarismus hat eine philosophische Entsprechung in der Auseinandersetzung zwischen Universalismus und Partikularismus. Die universalistische Lebensform der Kosmopoliten stützt sich auf eine dünne, universalistische Moralität. Die dichte, auf Zugehörigkeiten angewiesene, lokal verwurzelte Lebensform der Kommunitaristen erkennt die Prägungen der moralischen Identität durch Gemeinschaftszugehörigkeiten an. Um eine lange Geschichte kurz zu machen: Ein antikommunitaristischer Kosmopolitismus hat weder politisch noch ethisch eine Zukunft.

Der Kosmopolitismus, für den ich plädiere, versteht sich nicht als Programm des Staatsabbaus unter der Ägide des globalisierten Finanzkapitalismus. Seine zentrale Idee ist die einer globalen Rechtsordnung. Diese beruht auf den ethischen Prinzipien der gleichen individuellen menschlichen Würde, des gleichen Respekts und der gleichen Anerkennung. Menschlichen Individuen kommen gleiche fundamentale Rechte, Grund- oder Menschenrechte, zu, unabhängig von Hautfarbe, Herkunft, Religion etc. Die globale Rechtsordnung bindet alle Staatlichkeit, unabhängig von ihrem jeweiligen Umgriff (als Stadtstaat, als Regionalstaat, als Nationalstaat bis zu transnationaler Staatlichkeit, wie etwa der der Europäischen Union). Die kosmopolitische Rechtsordnung stützt sich auf den normativen Konsens der Menschenrechte, der moralischen Erkenntnis, dass Menschen unveräußerliche Rechte haben. Die Weltgemeinschaft ist bei der Kodifizierung dieses normativen Grundkonsenses seit der *General Declaration of Human Rights* vom 10. Dezember 1948 weit vorangeschritten. Die politische und staatliche Praxis allerdings ist in den meisten Regionen der Welt noch nicht auf der Höhe dieser Einsicht angelangt.

Eine kosmopolitische Rechtsordnung bedarf, über einen normativen Grundkonsens hinaus, einer zumindest rudimentären Institutionalisierung, etwa in Gestalt von Weltstrafgerichten oder dem Europäischen Gerichtshof für Menschenrechte. Diese Institutionalisierung ist aber nur universalisierbar, wenn sie nicht die gegebenen globalen Machtverhältnisse widerspiegelt. Das Recht nimmt Schaden, wenn es in Abhängigkeit von politischer, religiöser oder ökonomischer Macht gerät. Die Tatsache, dass sich bislang nur Politiker kleiner oder gescheiterter Staaten vor internationalen Gerichten für ihre Menschenrechtsverletzungen zu verantworten hatten, musste über kurz oder lang zu einer Entsolidarisierung der Weltgesellschaft führen, die unterdessen eingetreten ist. Nicht nur die Vereinigten Staaten von Amerika, China oder Russland, sondern auch afrikanische Staaten entziehen sich der internationalen Gerichtsbarkeit: die USA, weil sie sich keinem internationalen Rechtsregime unterwerfen möchte, und die afrikanischen Staaten, weil sie sich ungerecht behandelt fühlen.

Eine kosmopolitische Rechtsordnung erfordert keine Verfügung über Gewaltmittel zur Rechtsdurchsetzung. Auch der Europäische Gerichtshof für Menschenrechte verfügt darüber nicht, ebenso wenig wie das Bundesverfassungsgericht. Es genügt eine mittelbare Rechtsdurchsetzung, die allerdings von einem umgreifenden normativen Konsens getragen sein muss.

Die vergangenen Jahrzehnte haben gezeigt, dass der

militärische Interventionismus, auch wenn er humanitär motiviert ist, ein stumpfes Schwert zur Etablierung einer kosmopolitischen Rechtsordnung darstellt. Einmal deswegen, weil militärische Gewalt sich von polizeilicher Gewalt fundamental unterscheidet, nicht nur insofern als militärische Gewalt einen Kombattanten-Status voraussetzt, der Menschen als Soldaten, unabhängig davon, ob sie ein Verbrechen begangen haben, tödlicher Gewalt aussetzt, sondern auch, weil zivile Opfer der Kriegslogik und dem Kriegsrecht entsprechen, sofern Verhältnismäßigkeitskriterien eingehalten werden. Die Kriegslogik ist, anders als die zivile Logik der staatlichen Gewalt, kollektivistisch: Sie macht Menschen als Individuen zu Gewaltopfern, deren einziges »Vergehen« darin besteht, zur militärischen Gegenseite zu gehören. Die Kriegslogik setzt individuelle Menschenrechte zu einem Großteil außer Kraft. Sowohl das *ius ad bellum* als auch das *ius in bello* ist mit einer kosmopolitischen, auf individuellen Grundrechten aufbauenden Rechtsordnung unverträglich.

Eine Liberale Weltordnung als Strategie des Staatsabbaus und der finanzwirtschaftlichen Globalisierung muss durch eine kosmopolitische Weltordnung, die auf globale Rechts- und Sozialstaatlichkeit setzt, ersetzt werden. Zunehmend haben das auch die großen internationalen Institutionen, wie die Weltbank, auch der Internationale Währungsfonds, verstanden. Die Ungleichverteilung und die wachsenden sozialen Spannungen in den ökonomisch entwickelten Ländern, aber auch in den Schwellenländern und Teilen des globalen Südens gelten nun als Hemmnis für Produktivitätsentwicklung und Wirtschaftswachstum.

Die ökonomisch entwickelten Nationalstaaten haben in einem langen historischen Prozess ihre je eigene Sozialstaatlichkeit etabliert. Diese spielt für das *nation building*, die Konstitution einer demokratischen Bürgerschaft und die politische Legitimation eine zentrale Rolle. Das gilt auch für die USA, obwohl dort die Marktorientierung von allen westlichen Ländern am stärksten ausgeprägt ist. Eine kosmopolitische Strategie, die die nationalen Sozialstaatlichkeiten durch eine kosmopolitische ersetzen wollte, müsste von vornherein scheitern. Die je national etablierten sozialstaatlichen Strukturen sind nicht nur Formen des Ausgleichs, die man so oder auch anders gestalten könnte, sondern zugleich Ausdruck einer jeweiligen Zivilkultur, die sich von Land zu Land deutlich unterscheidet. Die südeuropäischen Sozialstaaten konzentrieren ihre Mittel ganz überwiegend auf Renten und Pensionen, die ihrerseits eine wichtige Rolle in Gestalt eines innerfamiliären Ausgleichs spielen. Dieses Modell ist auf die skandinavischen Gesellschaften nicht zu übertragen. Jene haben ihre Sozialstaatlichkeit im Wesentlichen auf den Bürgerstatus fokussiert, sodass es den Bürgerinnen und Bürgern möglich ist, soziale Transfers und soziale Dienstleistungen des Staates je nach individueller Lebenslage (Arbeitslosigkeit, Elternschaft, Alter etc.) einzufordern. Diese individuellen sozialen Rechte sind gebunden an den Bürgerstatus und nicht an vorausgegangene eigene Leistungen und Beitragszahlungen. Das Aufkommen des skandinavischen Sozialstaats wird ganz überwiegend über Steuern erbracht. Anders schließlich das deutsche (und französische, das diesem in vielem gleicht) Modell: Es setzt in weit höherem Maße als das skandinavische auf Kooperation und vorausgegangene eigene Leistungen. Es ist allerdings ähnlich wie das skandinavische inklusiv, das heißt, es bezieht den größten Teil der Bürgerschaft ein, es finanziert sich aber zum überwiegenden Teil nicht aus Steuern, sondern aus Abgaben, womit der Umverteilungseffekt des Staates gegenüber dem skandinavischen Modell vermindert ist.

Kosmopolitische Sozialstaatlichkeit kann es nur als Komplement nationaler und regionaler Sozialstaatlichkeit geben. Sie schafft eine temporäre globale Solidargemeinschaft, und in der langfristigen Perspektive besteht die Hoffnung, dass durch eine Verstärkung ihrer Strukturen die Lebensbedingungen so weit konvergieren, dass die Abhängigkeit der Lebenschancen vom Ort der Geburt, die sich in den vergangenen Jahrzehnten vergrößert hat, eine immer geringere Rolle spielt. Dann erst wären die Voraussetzungen erfüllt, die die Durchlässigkeit staatlicher Grenzen im Sinne von Freizügigkeit, dem individuellen Recht auf Mobilität, erlauben.

Die kosmopolitische Weltordnung etabliert das Primat der Politik auch gegenüber ökonomischen Märkten. Das, was dem Nationalstaat in der Einhegung ökonomischer Märkte gelungen ist, durch Regelsetzung, durch staatliche Infrastruktur, auch durch Umverteilung, durch Normierung der Industrieproduktion, etwa in der überaus erfolgreichen Gestaltung der Deutschen Industrienorm (DIN), durch Umweltstandards und Rechte der Arbeitnehmerinnen und Arbeitnehmer, durch Genehmigungsverfahren und staatlich moderierte Risikominimierung, muss nun auch jenseits der Nationalstaaten auf den globalen Finanz- und Gütermärkten durchgesetzt werden. Ohne eine politische Einhegung ökonomischer Märkte bleiben diese chaotisch, sie haben eine Tendenz der Marginalisierung derjenigen, die über eine zu geringe Produktivität verfügen, sie schaffen durch Vermögenskonzentration eine neue Form des kapitalistischen Feudalismus mit großen Einflussmöglichkeiten Einzelner und der Machtlosigkeit der vielen. Und sie generieren Einkommensverteilungen, die nicht nur die individuellen Möglichkeiten und Bedürftigkeiten außer Acht lassen, sondern auch die Grundlage nachhaltigen ökonomischen Wachstums zerstören. Allzu große Ungleichheit der Einkommen führt zu einer Nachfrageschwäche und zu einem Transfer der Vermögen ins Ausland sowie durch das Überangebot an anlagesuchendem Kapital zu instabilen Finanzmärkten. Es ist, so paradox es klingen mag, im Interesse des Kapitalismus, dass er politisch eingehegt wird. Die kosmopolitische Ordnung hat darin eine zentrale Aufgabe.

Eine kosmopolitische Ordnung äußert sich darin, dass eine globale Zivilgesellschaft, eine Weltbürgerschaft entsteht. Den ersten philosophischen Aufschlag dazu formulierte Immanuel Kant 1795 mit seiner kleinen Schrift *Zum ewigen Frieden*. Sie hat die Form eines Vertragsentwurfes, eines *foedus pacificum*, welcher Republiken verpflichtet, keine stehenden Heere zu erhalten, keine geheimen Nebenabsprachen zu treffen, keine Angriffskriege zu führen etc. Vor allem aber beruht diese Form des Weltfriedens auf der Idee, dass Bürgerinnen und Bürger einer Republik, die selbst über die politische Gestaltung ihres Landes entscheiden, die individuelle Würde für sich in Anspruch nehmen, diese auch denjenigen zuschreiben, die in ihren Ländern die Freiheit als Staatsbürger genießen und ebenfalls nicht bereit sind, andere, nur weil sie einem unterschiedlichen Staat angehören, als bloßes Mittel zum Zwecke der eigenen Vorteilsmaximierung oder der Vorteilsmaximierung des eigenen Staates einzusetzen. Die auf Autonomie gegründete Würde der einzelnen menschlichen Person weitet sich zur zivilen Ordnung der Republik und der Friedensordnung der Welt. Sie beruht auf wechselseitigem Respekt, auf gleicher Anerkennung und der Fähigkeit zu autonomer, selbstverantworteter Lebensführung. Die kosmopolitische Ordnung bewahrt das Erbe des philosophischen Liberalismus: Selbstverantwortung, Autonomie und Freiheit des Einzelnen, Einschränkungen staatlicher Willkür, Rechtsordnung sowohl im Inneren als auch im Verhältnis der Staaten zueinander, eine globale Zivilgesellschaft, im Sinne einer weltumspannenden Bürgerschaft, die bei allen Differenzierungen, bei allen Bindungen nationaler, regionaler, kultureller und religiöser Art die Würde jeder einzelnen Person achtet und die globalen politischen Bedingungen verantwortet. Rechts- und Sozialstaatlichkeit sind normativ zwingende Konsequenzen aus der ethischen Erkenntnis, dass jedes Individuum gleichen Respekt verdient und gleichermaßen befähigt ist, ein Leben in eigener Verantwortung zu führen. Die kosmopolitische komplementäre Staatlichkeit schafft die rechtlichen und sozialen Bedingungen dafür, dass Menschen Autorinnen und Autoren ihres Lebens sein können. Sie dehnt die Idee der Demokratie auf die Weltgesellschaft aus, ohne die einzelstaatliche Demokratie ersetzen zu können oder zu wollen.

6. Was Demokratie (nicht) ist

Eine globale kosmopolitische Ordnung, die die Regeln einer Weltbürgerschaft, einer globalen Zivilgesellschaft festlegt und institutionell absichert, ist also kein Ersatz für innerstaatliche Demokratie. Ein Weltstaat, in dem die Einzelstaaten aufgehen, ist, wie schon Immanuel Kant erkannte[39], eine Furcht einflößende Dystopie, selbst wenn er demokratisch verfasst ist: Was wäre, wenn dieser Weltstaat despotisch würde? Es gäbe keinen Akteur mehr, der ihm Einhalt gebieten könnte. Anders als im Zweiten Weltkrieg die Alliierten, die am Ende mit US-amerikanischer Unterstützung die nationalsozialistische Diktatur in Europa niederrangen. Die politische Erfahrung zeigt: Je größer das staatliche Gebilde, desto größer ist auch die Distanz zwischen dem, was die Bürgerinnen und Bürger in ihrem Alltagsleben beschäftigt, zwischen ihren Erfahrungen, Wertungen und Interessen einerseits und den politischen Entscheidungsprozessen der Zentrale andererseits. Die Europäische Kommission in Brüssel ist fern im Vergleich zum örtlichen Bürgermeister der Kommune, in der man lebt. Dem Bürgermeister kann man hoffen einen Brief zu schreiben, der gelesen und nach einiger Zeit vielleicht auch beantwortet wird. Der Europäischen Kommission als betroffener Bürger einen Brief zu schreiben, erscheint völlig sinnlos. Diese Ferne ist keine topologische, es geht nicht primär um die räumliche Distanz, sondern um die Partizipationsmöglichkeit der einzelnen Bürgerinnen und Bürger.

Demokratie ist die höchst entwickelte Form der Partizipation.[40] Ein zentralistischer Weltstaat wäre selbst dann von geringer demokratischer Qualität, wenn die Weltbürgerschaft in regelmäßigen Abständen über die Zusammensetzung der Weltregierung entscheiden könnte. Das spricht im Übrigen auch gegen die Modelle einer europäischen Demokratie, zusammengesetzt aus einer Vielzahl von Regionen, deren Rolle in etwa derjenigen italienischer Provinzen entspricht.[41] Die einzelstaatlichen Demokratien repräsentieren normative Ordnungen, die in historischen Prozessen gewachsen sind, Legitimation stiften und Kooperation ermöglichen. Die institutionelle Verfasstheit dieser Demokratien unterscheidet sich auch innerhalb Europas stark voneinander. Manche dieser Unterschiede mögen zufällig oder auch beliebig erscheinen, andere repräsentieren politische Wertungsdifferenzen, die man ernst nehmen muss. Zugleich gibt es fundamentale Gemeinsamkeiten in allen genuinen Demokratien der Welt, und um diese wird es in den nächsten Kapiteln gehen.

Um eine tiefer gehende Analyse dessen, was Demokratie eigentlich ausmacht, vornehmen zu können,
müssen wir uns zunächst mit dem beschäftigen, was
man als Selbstbild der Demokratie bezeichnen könnte:
die Identifikation mit dem Prinzip *Die Mehrheit entscheidet*. Demokratie erschöpft sich jedoch keineswegs darin, dass die jeweilige Mehrheit entscheidet, ja, wie wir
sehen werden, sind Mehrheitsentscheidungen in der
Demokratie weit weniger zentral, als meist angenommen wird. Die Mehrheitswahlregel, also die Regel, dass
im Falle einer Abstimmung mit Mehrheit[42] entschieden
wird, sichert, auf sich gestellt, keineswegs demokratische Legitimität.

Machen wir uns an einem einfachen Beispiel klar,
dass das Mehrheitsprinzip für demokratische Legitimität unzureichend ist. Stellen wir uns ein Land vor,
das von zwei Sprachgemeinschaften bewohnt wird. Die
eine umfasst etwa 60 % der Bevölkerung, die andere etwa
40 %. Die Unterschiede zwischen diesen beiden Gemeinschaften beschränken sich nicht nur auf sprachliche,
sondern umfassen kulturelle, soziale und ökonomische.
Die eine Gemeinschaft stützt sich vor allem auf die
örtliche Landwirtschaft, die andere treibt Handel und
beherrscht die meisten Unternehmen des Landes. Die
eine ist überwiegend christlich, die andere überwiegend
muslimisch. Die eine hält Polygamie für eine Sünde, die
andere nicht, für die eine stellt Familiensolidarität einen alles überragenden Wert dar, für die andere nicht,
die eine ist international gut vernetzt, die andere nicht.
Die Gemeinschaften unterscheiden sich in ihren morali-

schen Wertungen und alltäglichen Verhaltensregeln, sie besiedeln unterschiedliche Regionen des Landes, weisen eigenständige Traditionen auf, haben weit voneinander abweichende Idealvorstellungen von Bildung und Erziehung, sozialer Solidarität, individueller Freiheit und staatlicher Autorität. Es liegt auf der Hand, dass die schlichte Anwendung des Mehrheitsprinzips, das heißt die immer wieder erneuerte Durchsetzung der Interessen der Mehrheit, ihrer Normen und Werte, gegenüber der Minderheit, bei Letzterer nicht auf Akzeptanz stoßen würde. Der bloße Hinweis, dass es sich um eine Mehrheitsentscheidung handele, würde wirkungslos bleiben. Die Macht der Mehrheit wäre unter diesen Bedingungen eine Form der Unterdrückung einer Minderheit.

In der Geschichte des *nation building* hat es Konstellationen dieser Art häufig gegeben. Oft hat dann die Mehrheit versucht, die Minderheit zu assimilieren, also dadurch zum Verschwinden zu bringen, dass sie sich in ihren Lebensformen, in ihren Normen und Werten der Mehrheit anpasst. Angehörige der jeweiligen Minderheit empfinden eine solche Assimilierungsstrategie oft als Identitätsverlust, und sie schließen sich zu sezessionistischen, also auf staatliche Abspaltung zielenden oder gar terroristischen Vereinigungen zusammen, wie es lange Zeit die Basken in Spanien und Frankreich und die Kurden in der Türkei, auch die Deutschsprachigen in Südtirol getan haben. Auch das jüngste Drama, die Auseinandersetzung zwischen katalanischer Regionalregierung und spanischer Zentralregierung, hatte den Charakter eines solchen Konfliktes, verkompliziert dadurch, dass es sich nicht lediglich um den Wunsch einer Region, einer regional verwurzelten Gemeinschaft handelte, sondern um eine pluralistisch verfasste Bürgerschaft Kataloniens, die in dieser Frage auch intern gespalten schien.

Die skrupellosen Grenzziehungen der Kolonialmächte in Afrika, die auf regionale, kulturelle und sprachliche Gemeinschaftszugehörigkeiten keine Rücksicht nahmen, haben solcherlei Problemlagen für viele Staaten der Welt geschaffen. Die Organisation afrikanischer Staaten hat auf diese Herausforderung unter anderem dadurch reagiert, dass sie – paradoxerweise – die Staatsgrenzen für unantastbar erklärte, wohl in der weisen Voraussicht, dass Streitigkeiten um neue Grenzziehungen in eine endlose Kette von Krieg und Bürgerkrieg münden würden.

Wir halten fest: Das Mehrheitsprinzip sichert unter bestimmten Bedingungen, wie sie hier skizziert wurden, keine politische Legitimität. Unter Demokratie sollten wir jedoch eine Staatsform verstehen, die Legitimität sichert. Das Mehrheitsprinzip reicht also nicht aus, um Demokratie zu charakterisieren.

Von Demokratiefeinden hört man gelegentlich den Spruch »Mehrheit gleich Dummheit«, dem kann man dann entgegenhalten, dass sich auch Minderheiten irren können, aber die Vorstellung, über die Richtigkeit oder Falschheit wissenschaftlicher Theorien über Abstimmung zu entscheiden, kommt uns zu Recht abwegig vor. An dieser Stelle wenden die Verteidiger der Demokratie ein, es gehe ja nicht um Wahrheit oder Begründung, sondern um Interessen, eben um Mehrheitsinteressen. Manche unterlegen diese Sichtweise mit soziologischen Argumenten, etwa, dass die große Mehrheit der Bevölkerung ja dieselben Interessen habe, die allerdings im Konflikt zu bestimmten Eliteninteressen insbesondere in den Führungsetagen der Unternehmen stünden, sodass die konsequente Anwendung des Mehrheitsprinzips und seine Ausweitung in Gestalt direkter Demokratie dem Gemeinwohl dienen würde.

Das obige Beispiel der kulturell gespaltenen Gesellschaft in zwei Gemeinschaften stellt dieses Argument in Frage: Hier geht es offenbar nicht um die Durchsetzung der ganz überwiegenden Mehrheitsinteressen, sondern die einer 60%-Gemeinschaft gegen eine andere. Man stelle sich etwa vor, dass beide Gemeinschaften durch Parteien repräsentiert werden, die die Interessen der jeweiligen Gemeinschaft zu politischen Programmen zusammenführen, sodass die Anwendung des Mehrheitsprinzips dazu führt, dass ein Interessenausgleich innerhalb der Mehrheitsgemeinschaft stattfindet und diese realisiert werden, während die Interessen der Minderheitsgemeinschaft nicht zum Tragen kommen und sich ihre Angehörigen zumindest vernachlässigt, möglicherweise auch unterdrückt fühlen. Die These der Konvergenz von Mehrheitsinteresse und Gemeinwohl, was immer man darunter im Einzelnen versteht, setzt eine weitgehend homogene Gesellschaft voraus.

Diejenigen, die betonen, dass es bei politischen Entscheidungen auch in der Demokratie um richtig und falsch, begründet oder unbegründet gehen müsse, akzeptieren demokratische Wahlen und Abstimmungen allenfalls als letztes Mittel, wenn andere Formen der Konfliktbeilegung nicht gefruchtet haben. Andere, radikale Vertreter einer deliberativen Demokratie plädieren dafür, je nach Kompetenz Wählerstimmen zu gewichten oder Uninformierte von Wahlen und Abstimmungen auszuschließen. Schließlich stellt sich die Frage, welche Rollen Interessen, Werte und Überzeugungen in der politischen Meinungsbildung tatsächlich spielen. Manche haben die Tatsache, dass Donald Trump seinen Wahlsieg über Hillary Clinton den von Globalisierung und Modernisierung frustrierten *Blue-Collar Workers* des sogenannten *Rust Belt* verdankt und dass 53 % aller weißen Frauen nach Umfragen für ihn votiert haben[43], als Beleg dafür interpretiert, dass es zwischen den Interessen, die Menschen haben, und den politischen Präferenzen, die sie zum Beispiel in Wahlen und Abstimmungen zum Ausdruck bringen, keinen direkten Zusammenhang gibt.

Die Vermutung allerdings, die Wählerinnen und Wähler seien zu dumm und zu uninformiert, um ihre eigenen Interessen wahrnehmen zu können, könnte auch Ausdruck einer falschen Theorie sein. Vielleicht haben die *Blue-Collar Workers* sich in so großer Mehrheit für den Kandidaten Trump und gegen die Kandidatin Clinton entschieden, weil sie die Strategie, soziale Probleme in erster Linie über Bildungsanstrengungen zu lösen, ablehnten und stattdessen auf Wirtschaftsstimulation und Protektionismus setzten, um ihre Lage zu verbessern. Manche werden sich nun angesichts der niedrigsten Arbeitslosenrate seit 1969 in ihrer Haltung bestätigt sehen.[44] Auch ist es keineswegs ausgemacht, dass die Realisierung eines feministischen Gesellschaftsideals allen Frauen gleichermaßen zugutekommt. Es mag insbesondere in den *Suburbs* der Metropolen viele weiße Frauen geben, die das traditionelle Modell des männlichen Allein- oder Hauptverdieners mit Spielräumen für Erziehungs- und Familienarbeit für die Frauen dem Familienmodell paritätischer Verantwortung in Beruf und Familie vorziehen. Vermutlich definiert sich nur eine Minderheit von Frauen in den USA als feministisch, während dies für demokratische Kandidatinnen meist Teil ihrer politischen Identität ist.

Auch eine jüngste politische Erfahrung in Europa weist in dieselbe Richtung: Die Erosion sozialdemokratischer und sozialistischer Parteien in einer Reihe europäischer Staaten hängt mit der Abwanderung ihrer Stammwählerschaft aus der Arbeiterschaft unter anderem zu rechten Parteien und in die Stimmenthaltung zusammen, wie Wählerstromanalysen zeigen.[45] Hier kommt die *Irrtumstheorie*, wie wir diesen Interpretationsansatz nennen wollen, zu dem Befund, dass diese Arbeiter ideologisch, zum Beispiel durch ausländerfeindliche Ressentiments, durch Islamophobie oder eine kulturelle Überforderung in Zeiten der Pluralisierung, gegen ihre eigenen Interessen wählen. Aber könnte es nicht sein, dass die Konkurrenz um sozialstaatliche Leistungen, die Tatsache, dass die Zugewanderten in den Vierteln wohnen, in denen auch die einheimischen Geringverdiener leben, die Tatsache, dass in den Schulen solcher Viertel die muttersprachlichen Kinder oft in die Minderheit geraten, für dieses Wahlverhalten ausschlaggebend ist, während in den Vierteln der gehobenen Mittelschichten sich kaum kulturelle Veränderungen zeigen und diese von sozialstaatlichen Leistungen weitgehend unabhängig sind? Für diese Interpretation spricht, dass sich interessanterweise die einheimische Bevölkerung mit Migrationshintergrund in Umfragen sogar migrationsskeptischer äußerte als die einheimische Bevölkerung ohne Migrationshintergrund.[46] Hier liegt die Vermutung nahe, dass es sich um eine durchaus richtige Einschätzung der eigenen sozialen Interessen handelt.

Aber selbst wenn man der Auffassung wäre, dass sich die Interessenlagen im Entscheidungs- und Wahlverhalten der Bürgerinnen und Bürger verlässlich abbilden, bliebe das Problem, warum es denn dann die Mehrheit ist, die Legitimation stiftet. Das Gemeinwohl könnte ja gerade darin bestehen, unterdrückten Minderheiten zu ihrem Recht zu verhelfen, Einwanderer zu integrieren, die noch kein Stimmrecht haben, kulturelle Minderheiten zu integrieren, oder auch, um ein Motiv des Wirtschaftsliberalismus aufzugreifen, leistungsbereiten Eliten größere Entfaltungsmöglichkeiten einzuräumen.

Die Wahlforschung zeigt zweifelsfrei, dass die politischen Präferenzen sich nicht nach sozioökonomischen Interessenlagen sortieren lassen. Vielmehr scheinen sich sozioökonomische Interessen mit kulturellen Prägungen zu überlagern, aber auch das Bildungsniveau scheint eine eigenständige Rolle zu spielen.[47] Manche, die als Gutverdienende viele Steuern zahlen, plädieren für höhere Steuersätze[48], und andere, die von Sozialleistungen abhängig sind, wählen Parteien, zu deren Programmatik der Staatsabbau gehört. Das muss man nicht als Irrtum über die eigene sozioökonomische Interessenlage interpretieren, sondern kann es auch als Ausdruck verantwortlicher politischer Entscheidungsfindung ansehen: Auch diejenigen, die von starker Ungleichheit profitieren, mögen als verantwortliche Bürger der Auffassung sein, dass diese Ungleichheit durch eine höhere Besteuerung der Reichen begrenzt werden sollte. Auch diejenigen, die als Konsumenten und Produzenten in erster Linie ihre eigenen Interessen verfolgen, sind als Bürger in der Lage, aus Verantwortung für das Gemeinwesen zu handeln oder zumindest zu wählen. Jean-Jacques Rousseau hat dafür in seinem *Contrat Social*[49] die Unterscheidung zwischen dem *Bourgeois* und dem *Citoyen* geprägt: Der *Bourgeois* hat seine eigenen Interessen als Eigentümer, als Konsument, als Produzent vor Augen, während der *Citoyen* über Gesetze berät und entscheidet, die dem Gemeinwohl zu dienen haben. Rousseau war der Auffassung, dass unter günstigen kulturellen und politischen Bedingungen jede Person in der Lage ist, beide Rollen auszufüllen. Der *Citoyen* gibt die Regeln vor, die der *Bourgeois* in Verfolgung seines Eigeninteresses zu beachten hat. Die von Rousseau geforderte vollkommene Selbstentäußerung des Einzelnen betrifft den *Bourgeois*, den Untertan, nicht den *Citoyen*, der als Teil der gesetzgebenden Körperschaft souverän ist.

7. Demokratie und kollektive Rationalität

Die Frühdialoge von Platon werden als aporetisch bezeichnet. *Aporia* bezeichnet im Griechischen eine tiefe Ratlosigkeit. Es wird vermutet, dass Platon in diesen Frühdialogen noch ganz unter dem Einfluss seines zum Tode verurteilten Lehrers Sokrates die Art und Weise nachahmte, in der Sokrates Gespräche zu führen pflegte. Er fragte seine Gesprächspartner nach ihren Überzeugungen, bat sie, diese zu begründen, fragte nach, machte die unhaltbaren Konsequenzen deutlich, die diese oder jene Überzeugung mit sich bringt, und erreichte am Ende, dass sein Dialogpartner einsah, nicht länger daran festhalten zu können. Oft verstummen die Dialogpartner im Laufe eines sokratischen Gespräches.

In den vorausgegangenen Kapiteln haben wir uns dieser Methode bedient: Wir referierten verbreitete Überzeugungen darüber, was eine liberale Ordnung und die Demokratie ausmacht, haben Nachfragen gestellt und unhaltbare Konsequenzen deutlich gemacht. Das Ergebnis war eine tiefe Ratlosigkeit: Die Liberale Weltordnung, die gegenwärtig so viele zu verteidigen vorgeben, erweist sich bei genauerer Analyse als ein Komplex von Überzeugungen, die einer kritischen Analyse nicht standhalten. Ähnlich steht es um verbreitete Vorstellungen, was Demokratie ausmache. In den folgenden Kapiteln gehen wir daher Schritt für Schritt in die Tiefe und versuchen, zentrale Eigenschaften einer demokratischen Ordnung herauszudestillieren.

Zu diesem Zweck befassen wir uns zunächst mit dem Verhältnis von Demokratie und kollektiver Rationalität. Um dieses zu verstehen, ist es erforderlich, gedanklich in feudale Zeiten zurückzukehren. Damals war es der jeweilige Fürst, der das Gemeinwesen repräsentierte, der bestimmten Verpflichtungen gegenüber seinen Untertanen nachzukommen hatte, die sich ihrerseits loyal gegenüber ihrem Oberherrn verhalten sollten. Die Fürstenspiegel haben über die Jahrhunderte dieses Verhältnis in immer wieder neuen Varianten beschrieben. Erst in der frühen Neuzeit, zuerst bei Niccolò Machiavelli und dann bei Thomas Hobbes, löst sich diese normative Ordnung auf. Die Schrift *Il Principe* beschreibt Machttechniken, die Machiavelli aus den geschichtlichen Erfahrungen seit der Antike ableitet. Wie erwirbt man und wie sichert man Macht? Es geht nicht mehr um die moralischen Pflichten des Fürsten und der Untertanen, sondern um das Ziel des Machterwerbs und des Machterhalts von Seiten des Fürsten. Die Machtausübung, so könnte man sagen, hat sich normativ verselbstständigt. Die gute Verfassung des Fürstentums ist nicht Ziel, sondern Mittel der Machtsicherung des Fürsten. Man könnte auch sagen: Das Gemeinwesen löst sich von seiner Repräsentanz durch das fürstliche Geschlecht.

Während Niccolò Machiavelli für den Zusammenbruch der alten politischen Ordnung und der im christlichen Gelehrtentum und in kirchlicher Autorität repräsentierten Einheit von Religion, Wissenschaft und Moral steht, kann man den Neuanfang der politischen Theorie mit Thomas Hobbes als ersten Schritt der Rekonstruktion politischer Normativität ansehen. Auch Thomas Hobbes geht es um souveräne Macht, aber diese wird nun nicht als individuelles Streben des Fürsten interpretiert, sondern als Ausdruck eines Ermächtigungsvertrages, den die Untertanen untereinander schließen, um den Souverän erst zu etablieren: Jeder verzichtet auf das Verfügen über Gewaltmittel unter der Bedingung, dass auch jeder andere darauf verzichtet. Sie schließen untereinander den Vertrag, alle Gewaltmittel an eine Zentralinstanz zu übertragen, die damit das staatliche Gewaltmonopol innehat und den zivilen Frieden sichern kann.

Die zivile Ordnung ist identisch mit der Übertragung aller Gewalt an eine zentrale Instanz. Dabei ist es unerheblich, ob diese zentrale Instanz durch einen Fürsten, eine Person, repräsentiert wird oder durch eine Versammlung von Menschen oder eine beliebige Körperschaft. Entscheidend ist im politischen Denken Thomas Hobbes' allein das staatliche Gewaltmonopol, ohne das der zivile Frieden nicht gesichert werden kann. Souveränität ist nun nicht mehr das Ergebnis individueller Strategien, sondern Ausdruck eines Konsenses, nicht zwischen Untertanen und Souverän, sondern zwischen den Untertanen. Sie sind übereingekommen, den Souverän mit dem Gewaltmonopol auszustatten bzw. die vielleicht durch Usurpation gewonnene Macht anzuerkennen. Ohne einen Vertrag einzugehen, repräsentiert der Souverän den politischen Körper, die Gemeinschaft der Bürgerinnen und Bürger als ganze.

Das über die Geschichte uneingelöste Versprechen

des Thomas Hobbes lautet, dass mit der uneingeschränkten Konzentration aller Gewaltmittel in einer Hand der zivile Friede dauerhaft gesichert werden könne und die Gesellschaft sich gedeihlich entwickeln würde. Diese Erwartung hat sich nicht erfüllt. Die Realisierung der natürlichen Gesetze durch staatliche Vernunft in Gestalt weiser Gesetzesentscheidungen des Souveräns ist die seltene Ausnahme geblieben. Ohne Kontrolle staatlicher Gewalt durch die Bürgerschaft gibt es keine stabile zivile Ordnung.

Ein großer Teil der Demokratietheorie hält – bewusst oder unbewusst – an diesem Hobbes'schen Verständnis von Staatlichkeit fest: Es geht um die Etablierung eines kollektiven Akteurs, nun nicht mehr in Gestalt des Fürsten, sondern in Gestalt einer Zentralregierung, die die Interessen der Untertanen repräsentiert. Entscheidend ist der Übergang von den Interessen der Bürgerinnen und Bürger auf der einen Seite zu den Entscheidungen der staatlichen Zentralinstanz auf der anderen. Es geht um die Sicherung der Rationalität des kollektiven Akteurs, beziehungsweise – allgemeiner formuliert – es geht um kollektive Rationalität. Diese, so können wir in erster Näherung sagen, ist dann gegeben, wenn die kollektiven Entscheidungen die individuellen Präferenzen der Mitglieder des Kollektivs in angemessener Weise repräsentieren. Zugleich aber muss sichergestellt sein, dass die kollektiven Entscheidungen in sich stimmig (oder kohärent) sind.

Unterdessen ist eine eigenständige Disziplin entstanden, die sich mit kollektiver Rationalität befasst. Diese

Disziplin verwendet das Instrument der logischen Analyse, nicht das der empirischen Studien: Es geht nicht darum, wie de facto kollektive Entscheidungen zustande kommen, sondern um die Frage, in welcher Weise kollektive Entscheidungen mit individuellen Präferenzen zusammenhängen, welche Regeln dabei zu beachten sind und ob unterschiedliche Regeln miteinander verträglich sind. [50]

Diese Disziplin hat ihren Ursprung in einem Paradoxon, das der Marquis de Condorcet im frühen 19. Jahrhundert entdeckte: Man stelle sich eine Versammlung mit drei Fraktionen oder Parteien vor, von denen jeweils eine einzelne nicht groß genug ist, um die jeweils anderen beiden zu dominieren, aber jeweils zwei ausreichen, um eine Mehrheit in der Versammlung zu sichern. Nehmen wir weiter an, diese Versammlung müsse über drei Alternativen x, y, z entscheiden und die drei Fraktionen A, B, C hätten Präferenzen wie in der folgenden Abbildung dargestellt.[51]

A	B	C
x	z	y
y	x	z
z	y	x

$x > y$ (A & B)

$z > x$ (B & C)

$y > z$ (A & C)

Wenn nun in dieser Versammlung die Mehrheitsregel zur Anwendung kommt, würde bei der Abstimmung x gegenüber y gewinnen, da sich mit den Fraktionen A und B eine Mehrheit für x bildet.

Über die dritte Alternative z wurde noch nicht abgestimmt. Also lassen wir den Sieger x gegen die Alternative z antreten und stellen fest, es gewinnt z durch eine Mehrheit von B und C. Es scheint, dass die Anwendung der Mehrheitswahlregel ein überzeugendes Ergebnis erbracht hat, nämlich den Gewinner z.

Ein Abgeordneter verlangt nun eine Probeabstimmung, nämlich die zwischen y und z, und das Überraschende tritt ein: Es gewinnt nicht, wie zu erwarten wäre, z, sondern y aufgrund einer Koalition von A und C. Denn schnell wird klar, dass für keine der drei Alternativen eine Mehrheit bestand und allein die Reihenfolge der Abstimmung über das Ergebnis entscheidet, sodass jede der drei Alternativen je nach Abstimmungsfolge gewinnen kann. Bei drei Alternativen und drei Entscheidungsbeteiligten bzw. Fraktionen liegt die Wahrscheinlichkeit für eine solche zyklische kollektive Präferenz bei 6 %. Wenn die Anzahl der Entscheidungsbeteiligten wächst, nimmt die Wahrscheinlichkeit einer solchen zyklischen kollektiven Präferenz zu, Gleiches gilt bei wachsender Anzahl von Alternativen. Je mehr Alternativen und je mehr Entscheidungsbeteiligte, desto wahrscheinlicher ist eine kollektive Ratlosigkeit, wenn man sich auf die Mehrheitswahlregel in den Abstimmungen stützt. Individuen haben kohärente Präferenzen, entsprechend interpretieren wir zyklische Präferenzen als Ausdruck von Irrationalität. Es kann ja nicht sein, dass eine Person x besser findet als y und y besser als z, aber z wiederum besser findet als x. Diese sogenannte *Transitivitätsbedingung* ist ein fundamentales

Postulat individueller und kollektiver Rationalität. Im Condorcet-Paradoxon ist diese Bedingung kollektiver Rationalität verletzt. Während die drei Fraktionen jeweils transitive Präferenzen über die drei Alternativen x, y und z haben, gilt dies nicht für den kollektiven Akteur, der seine Präferenzen aus jenen der Mitglieder der Versammlung allein durch Anwendung der Mehrheitswahlregel formt.

Mindestbedingungen der Rationalität, wie wir sie für Individuen fordern, müssen auch für kollektive Akteure, Regierungen, Versammlungen oder Gremien, gelten. Transitivität ist eine solche Minimalbedingung, und diese ist hier verletzt. Von einer demokratischen Ordnung erwarten wir, dass sie zwei Bedingungen erfüllt: die Präferenzen in angemessener Weise zu repräsentieren und zugleich sicherzustellen, dass staatliche Gewalten rationale Präferenzen entwickeln, auf deren Grundlage sie agieren können. Wenn staatliche Instanzen die Transitivitätsbedingung unterlaufen und, wie in diesem Fall, zyklische kollektive Präferenzen aufweisen, ist diese zweite Bedingung verletzt. Demokratie ist eine spezifische Form kollektiver Rationalität.

8. Das Arrow-Theorem

Nun könnte man vermuten, dass das *Condorcet-Parado-xon* Folge dieser spezifischen Entscheidungsregel, nämlich des Mehrheitsprinzips, ist und dass dies daher modifiziert werden sollte. Ein Mehr an Demokratie – im Sinne einer Einbeziehung einer größeren Anzahl von Entscheidenden und einer größeren Alternativenmenge – hat mit zunehmender Wahrscheinlichkeit eine kollektive Entscheidungsunfähigkeit zur Folge, da zyklische Präferenzen entweder eine willkürliche Auflösung zugunsten der einen oder anderen Alternative erfordern oder aber die Realisierung zyklischer Präferenzen die jeweils schon getroffene Entscheidung wieder aufhebt. Die Alternative, undemokratische Willkür oder Entscheidungsblockade, ist aber gleichermaßen inakzeptabel. Tatsächlich haben findige Denker seit der Vorstellung des *Condorcet-Paradoxons* über Verbesserungen der Regeln kollektiver Entscheidungsfindung über die einfache Mehrheitswahlregel hinaus nachgedacht. Jede dieser vorgeschlagenen Verbesserungen war aber mit denselben oder neuen Problemen konfrontiert, die schließlich vermuten ließen, dass auf diesem Wege keine Lösung gefunden werden kann.

Mitte des 20. Jahrhunderts unternimmt der Ökonom Kenneth Arrow den Versuch einer systematischen Klärung der Problematik, indem er eine Reihe von Postulaten formuliert, die für eine vernünftige Form kollektiver Entscheidungsfindung unverzichtbar erscheinen.[52] Dabei geht er davon aus, dass die beteiligten Individuen

Minimalbedingungen der Rationalität erfüllen, zum Beispiel die der oben schon erwähnten Transitivität ihrer Präferenzen. Zudem wird Vollständigkeit gefordert, das heißt die Fähigkeit der Individuen bei einer gegebenen Menge von Alternativen, sich gegenüber jeder beliebigen Wahl zwischen zweien dieser Alternativen eine Meinung zu bilden und im Ergebnis entweder die eine oder die andere Alternative zu bevorzugen oder zwischen beiden indifferent zu sein. Diese Minimalbedingungen der Rationalität werden auch für kollektive Akteure gefordert: Deren Präferenzen sollten vollständig und transitiv sein. Für eine Demokratie stellt sich nun die entscheidende Frage, in welcher Weise diese individuellen Präferenzen zu kollektiven Präferenzen zusammengeführt oder, um den Fachausdruck zu verwenden, *aggregiert* werden. Wenn wir an dieser Stelle nun forderten, dass diese Aggregation über die Mehrheitsregel erfolgen müsse, würden wir im *Condorcet-Paradoxon* stecken bleiben.

Durch die lange und vergebliche Suche nach einer verbesserten Entscheidungsregel vorsichtig geworden, formuliert Arrow möglichst minimale Bedingungen, die man von jeder vernünftigen und erst recht von jeder demokratischen Regel kollektiver Entscheidungsfindung verlangen kann. Er nennt folgende vier Bedingungen:

Erstens, es soll keinen Diktator geben, das heißt, es soll niemanden geben, dessen Präferenzen unabhängig davon zur kollektiven Präferenz werden, was die anderen Individuen präferieren (*Non-Dictatorship* D). Dies ist eine extrem schwache Bedingung, was man daran erkennt, dass reale Diktatoren solch totalitärer Regime keine Diktatoren im Sinne dieses Postulats wären. Es ist kaum vorstellbar, dass sich die Präferenzen eines Stalin, Hitler, Mao oder Pol Pot vollständig unabhängig davon, welche Präferenzen andere Personen in seinem Staat haben, durchsetzen konnten. Die Macht dieser Diktatoren war abhängig von der Zustimmung vieler Personen zu dem, was sie taten.

Zweitens fordert Arrow, dass, wenn alle Personen sich in einer Präferenz zwischen zwei Alternativen einig sind, diese sich dann auch als kollektive Präferenz aufgrund der jeweiligen Regel kollektiver Entscheidungsfindung niederschlägt (*Pareto-Condition* P). Wenn also alle Bürger eine Präferenz für eine Alternative X gegenüber einer Alternative Y haben, dann sollte auch die aus demokratischer Entscheidungsfindung hervorgehende staatliche Entscheidung X gegenüber Y vorgezogen werden.

Drittens fordert Arrow, dass sich die kollektiven Präferenzen zwischen zwei Alternativen nicht dadurch ändern, dass weitere Alternativen hinzutreten (*Irrelevance* I). Wenn aufgrund eines Verfahrens kollektiver Entscheidungsfindung X gegenüber Y vorgezogen wird, und es tritt eine Alternative Z hinzu, dann sollte dies allein nicht dazu führen, dass nun kollektiv Y gegenüber X vorgezogen wird. Unbenommen allerdings darf kollektiv Z gegenüber X und Y vorgezogen werden oder die anderen vier Möglichkeiten gewählt werden. Dies ist eine Bedingung kollektiver Rationalität, die auf Individuen gleichermaßen angewendet werden kann. Individuen sollten ihre Präferenzen nicht allein deswegen zwischen zwei Alternativen ändern, weil eine dritte Alternative hinzutritt. Hier allerdings ist diese Irrelevanzbedingung so zu interpretieren: Sie verlangt, dass das Verfahren kollektiver Entscheidungsfindung es ausschließt, dass bei gegebenen Verteilungen von Präferenzen über die Individuen diese Bedingung durch Anwendung einer Regel kollektiver Entscheidungsfindung verletzt wird.

Viertens, die beteiligten Individuen (oder Fraktionen, Parteien, allgemein: Akteure) sollten frei darin sein, ihre Präferenzen in den Entscheidungsprozess einzuspeisen (*Unrestricted Domain* U). Arrow verlangt mit anderen Worten Präferenzen-Souveränität: Niemand macht den Individuen Vorschriften, welche Präferenzen sie haben sollten. Für eine demokratische Ordnung ist das ein wichtiger Aspekt: Die Individuen sind souverän in ihrem Wahl- und Abstimmungsverhalten. So steht es auch in demokratischen Verfassungen.

In einem durchaus anspruchsvollen, wenn auch nicht ganz lückenlosen Beweis[53] konnte Kenneth Arrow zeigen, dass es keine Regel kollektiver Entscheidungs-findung gibt, die stets, das heißt beim Vorliegen beliebi-ger individueller Präferenzen, alle Bedingungen erfüllt, wobei angenommen wird, dass die Individuen rational sind, das heißt vollständige und transitive Präferenzen haben, und dass die Präferenzen des kollektiven Akteurs diese Bedingungen ebenfalls erfüllen.

Kenneth Arrow wurde aufgrund dieses Theorems und seines Beweises des Ökonomie-Nobelpreises für würdig befunden, dennoch stellt sich für uns die Frage, wie be-deutsam dieses Theorem für unser Verständnis von Demokratie ist. In der Literatur gehen die Meinungen dazu weit auseinander. In der Politikwissenschaft und der politischen Theorie, insbesondere auf dem europäischen Kontinent, ist eine Abwehrhaltung verbreitet. Das hängt einmal mit der Methode zusammen, mit der dieses Ergebnis erarbeitet wurde. Es handelt sich um eine abstrakte, logisch-mathematische Analyse, die zudem von einem Ökonomen vorgelegt wurde. Ohne Kenntnis von Logik und Relationentheorie und ohne sich auf die spezifische Begrifflichkeit von *collective choice* einzulassen, muss eine Beurteilung schwerfallen. Die vorschnelle Reaktion, es als irrelevant abzutun, ist durchaus nachvollziehbar. Wer sich jedoch ernsthaft damit befasst, kommt meines Erachtens nicht umhin, eine fundamentale Herausforderung unseres Demokratieverständnisses anzuerkennen: Seit Condorcet wissen wir, dass die beliebteste Entscheidungsregel in der Demokratie, die einfache Mehrheitswahlregel, unter bestimmten Bedingungen, das heißt bei Vorliegen bestimmter Präferenz-Strukturen unter den Entscheidungsbeteiligten, zu zyklischen, also irrationalen kollektiven Präferenzen führt. Seit Kenneth Arrow wissen wir jedoch auch, dass es überhaupt keine Regel kollektiver Entscheidungsfindung gibt, die Minimalbedingungen kollektiver Rationalität und Demokratie erfüllt. Wem das gleichgültig ist, der hat entweder diesen Befund nicht verstanden, oder er hält das Bemühen um kollektive Rationalität und demokratische Entscheidungsverfahren für abwegig, sei es, weil er generell rationalitätsskeptisch ist oder weil er der Idee der Demokratie nichts abgewinnen kann.

Alle Übrigen aber, die wenigstens an Mindestbedingungen individueller und kollektiver Rationalität festhalten wollen, und speziell alle, die eine demokratische Ordnung befürworten, sollten sich durch dieses Ergebnis herausgefordert fühlen. In erster Lesart scheint es zu zeigen, dass kollektive Rationalität und *a fortiori* Demokratie logisch unmöglich sind.

Wir sollten dieses Theorem ernst nehmen und vorurteilsfrei prüfen, welche Konsequenzen sich daraus ergeben. Die erste und wohl wichtigste Konsequenz ist, dass ein weitverbreitetes Demokratie-Ideal aus logischen Gründen scheitert. Demnach sei es am besten, wenn möglichst viele Personen über möglichst viele Alternativen in Mehrheitsentscheiden befinden könnten. Mit dem *Condorcet-Paradoxon* wissen wir, dass dieses Ideal nicht realisierbar ist. Nicht nur deswegen, weil ihm praktische Hindernisse im Wege stehen, sondern vor allem, weil eine umfassende, direkte Mehrheitsdemokratie mit logischer Notwendigkeit ins Chaos führt. Das Chaos wäre charakterisiert durch immer wieder neu auftretende zyklische Präferenzen und die Willkürlichkeit kollektiver Entscheidungen durch nicht beabsichtigte Ereignisse, den Abbruch von Entscheidungsverfahren oder die Manipulation durch diejenigen, die diese Entscheidungsverfahren anleiten. Diese Erkenntnis ist in Zeiten der digitalen Transformation von großer Bedeutung. Während es früher eine Vielzahl praktischer Hindernisse gab, um intensive Formen direkter Demokratie zu praktizieren, lassen sich heute Softwaresysteme einsetzen, die diese Hindernisse überwinden.

Nun ließe sich einwenden, Staaten mit direktdemokratischen Entscheidungen seien diesen Problemen (zyklische kollektive Präferenzen, Willkürlichkeit, Manipulationsanfälligkeit etc.) nicht ausgesetzt. Tatsächlich sind die gesetzlichen und praktischen Hürden bei Volksentscheiden hinreichend hoch, um diese chaotischen Konsequenzen zu übersehen.[54] Wenn es softwaregesteuert möglich wäre, beliebige Vorschläge durch Einzelpersonen einreichen zu lassen und einem Volksentscheid zuzuführen, der durch Mausklick durchgeführt würde, träten diese prinzipiellen Probleme direkter Demokratie rasch zutage.

Man kann durchaus sagen, dass die unterschiedlichen demokratischen Systeme jeweils Antworten auf die Herausforderung des Arrow-Theorems *avant la lettre* entwickelt haben, also schon bevor es überhaupt bewiesen wurde. So besteht auf dem Papier der Deutsche Bundestag aus über 600 freien, nicht weisungsgebundenen Abgeordneten, die Gesetze entwerfen können und um Unterstützung bei anderen Abgeordneten werben dürfen. Tatsächlich gliedert sich diese große Zahl von Abgeordneten in mehrere Fraktionen, nach dem Krieg waren es über lange Zeit nur drei (Union, SPD, FDP). Unterdessen sind es sechs: Union, SPD, FDP, Grüne, Linke und AfD. Aber selbst dies gibt ein zu vielgestaltiges Bild. Tatsächlich steht die durch den Koalitionsvertrag und die Wahl einer Kanzlerin gebildete Regierung der Opposition gegenüber. Die Abgeordneten der Regierungsfraktionen bilden, solange es nicht zu einer Regierungskrise kommt, einen Block, der einheitlich abstimmt, kritisiert von den Oppositionsabgeordneten unterschiedlicher Fraktionen, die zusammengenommen jedoch keine Mehrheit im Parlament bilden. Es gibt, außer in wenigen Ausnahmefällen, keine wechselnden Mehrheiten, es gibt nicht einmal die Möglichkeit, durch Aufstellung eines Gegenkandidaten bei der Kanzlerwahl Profil zu zeigen. Der Bundespräsident beauftragt eine Abgeordnete mit der Regierungsbildung, die nach Auffassung des Bundespräsidenten gute Chancen hat, eine Mehrheit im Parlament zu finden. Es bestehen nur zwei Entscheidungsoptionen: diesem Vorschlag zu folgen oder ihn abzulehnen.[55] Die alltägliche Parlamentspraxis ist durch Gesetzesvorlagen aus den Ministerien geprägt, die erst dann im Parlament beraten werden, wenn sie von der Regierung insgesamt eingebracht wurden, das heißt nachdem sie einen Abstimmungsprozess zwischen den Ressorts (Ministerien) durchlaufen haben. Solange es zwischen den Ressorts Unstimmigkeiten gibt, wird der entsprechende Gesetzentwurf dem Kabinett vom Kanzleramt noch nicht zur Entscheidung vorgelegt.

Es ist hier nicht der Ort, die Details der Regierungs- und Parlamentsarbeit in Deutschland auszubreiten, aber schon diese wenigen Hinweise genügen, um deutlich zu machen, dass die Institutionen der Demokratie Vorkehrungen treffen, um die Problematik des Arrow-Theorems zu umgehen. So müssen mehr als drei Entscheidungsalternativen und mehr als drei Entscheidungsbeteiligte vorhanden sein, damit es bei Anwendung der einfachen Mehrheitswahlregel zu zyklischen kollektiven Präferenzen kommen kann. Die Gegenüberstellung von Regierungsfraktionen einerseits und Opposition andererseits sichert zusammen mit dem Fraktionszwang, also der Loyalitätsbindung der Mitglieder einer Fraktion an die jeweiligen Fraktionsbeschlüsse und weiterer institutionellen Vorkehrungen, politische Stabilität.

Diese Erkenntnis lässt sich zuspitzen: Erst die Einschränkung demokratischer Mehrheitsentscheidungen auf wenige, übersichtliche Situationen – Volkswahlen in bestimmten zeitlichen Abstimmungen und Parlamentsentscheidungen über Gesetzesentwürfe – sichert die Demokratie. Denn zur Demokratie gehört Kontrolle, und Kontrolle ist nur möglich, wenn bestimmte Amtsträger, zum Beispiel Ministerinnen, Verantwortung für ihre Entscheidungen übernehmen müssen. Demokratische Entscheidungen im Ministerium, Abstimmungen über Sachfragen, an die die Ministerin gebunden wäre, würden demokratische Kontrolle unmöglich machen, ja die politische Verantwortung, die Rechenschaftspflicht einschließlich eines möglichen Rücktritts bei Fehlentscheidungen, unmöglich machen. Die Ministerin könnte sich jeweils hinter den Mehrheitsentscheidungen in ihrem Haus verstecken, ja bei geheimer Abstimmung darauf hinweisen, dass ihre eigene Präferenz ja gar nicht bekannt sei. Politische Kontrolle durch das Parlament und im Weiteren durch die politische Öffentlichkeit setzt Weisungsgebundenheit in den Ministerien voraus. Was auf den ersten Blick undemokratisch erscheinen mag und der Praxis einer Diktatur im Arrow'schen Sinne zu entsprechen scheint, ist vielmehr Voraussetzung einer funktionierenden Demokratie.

9. Lehren aus dem Arrow-Theorem

Welche Aussagekraft hat das Arrow-Theorem für unser Verständnis von Demokratie? Die vier Postulate sind jedenfalls weder einzeln noch zusammengenommen ausreichend, um Demokratie zu charakterisieren. Das erste Postulat schließt die Existenz eines Diktators aus, das zweite fordert, dass einhellige Präferenzen sich auch in den kollektiven Präferenzen niederschlagen, das dritte, die Irrelevanzbedingung, ist ein minimales Postulat kollektiver individueller Rationalität, und das vierte verlangt, dass jede Person beliebige Präferenzen in den Abstimmungsprozess einspeisen darf.

Pseudodemokratien, im sowjetischen Einflussbereich als »Volksdemokratien« bezeichnet, versuchen, das Prinzip der Präferenzensouveränität dadurch zu unterlaufen, dass die Bevölkerung von Informationen ferngehalten wird und in den staatlich gelenkten Medien und in den Bildungseinrichtungen ideologische Indoktrinationen stattfinden. Eine andere Methode besteht darin, dass die Kandidatenlisten nicht offen sind, sondern von oben festgelegt werden. Dieses Modell des sogenannten demokratischen Zentralismus wurde irritierenderweise in manchen Landeshochschulgesetzen im Zuge der Bologna-Reformen weitgehend übernommen, um die demokratische Entscheidungsfindung in den Universitäten einzuschränken.[56] Die Einschränkung des Prinzips der Präferenzensouveränität wird nicht sichtbar, weil die Beschränkung der Alternativen den Interessen der Herrschenden folgt. Und weder die ideologische Indoktrination noch die interessengeleitete Manipulation der Alternativenmenge legen die Verletzung des Souveränitätsprinzips offen. Das Postulat selbst müsste also gegen diese Unzulässigkeiten verstärkt werden. Ähnliches gilt, wie wir schon im letzten Kapitel bemerkt haben, für das Verbot der Diktatur.

Es wäre jedoch ein Denkfehler anzunehmen, das Arrow-Theorem, also die Unmöglichkeit der simultanen Erfüllung dieser Postulate, wäre irrelevant, weil diese Postulate unzureichend und zu schwach sind, um kollektive Rationalität und Demokratie zu charakterisieren. Das Gegenteil ist zutreffend: Wenn diese schwachen Postulate schon nicht simultan erfüllbar sind, dann sind Postulate mit stärkeren Forderungen an demokratische Entscheidungsprozesse erst recht nicht erfüllbar. Kurz: Die Schwäche der Postulate offenbart die Stärke des Theorems.

Es hat innerhalb der Disziplin, die sich mit dem Übergang von individuellen Präferenzen zu kollektiven Präferenzen und Entscheidungen befasst, Versuche gegeben, das Theorem zu entkräften[57] oder abzuschwächen[58]. Diese waren nicht erfolgreich.[59]

Wer mit der logisch-mathematischen Methode der *Collective Choice*-Theorie nicht vertraut ist, stößt nicht selten auf Schwierigkeiten, die Theoreme und Postulate richtig zu interpretieren und ihre Konsequenzen abzuschätzen. Selbst in der kontinentaleuropäischen politischen Theorie spielen bis heute die oft bahnbrechenden Resultate nur eine geringe Rolle. Ich halte das für eine Fehlentwicklung, denn sie verbaut tiefere Einsichten in die Möglichkeiten und Grenzen demokratischer Entscheidungsfindung.

Die Konsequenzen aus dem Arrow-Theorem lassen sich in drei Thesen zusammenfassen:

1. Der Idealtypus direkter und partizipatorischer Demokratie lässt sich nicht realisieren.
2. Demokratie besteht nicht in der Etablierung eines kollektiven Akteurs, der die Präferenzen der Bürgerinnen und Bürger repräsentiert.
3. Die politische Praxis in rechtsstaatlich verfassten, parlamentarischen Demokratien kann den Herausforderungen des Arrow-Theorems gerecht werden.

In den modernen, demokratisch verfassten Staaten gibt es das beständige Unbehagen, dass der Volkswille nur mittelbar zur Geltung kommt. Die Parlamente bezeichnen sich als »Volksvertretungen«, ihre Mitglieder werden mit Volkswahlen jeweils zu Beginn einer Legislaturperiode gewählt, aber die Zusammensetzung der Parlamente ist keineswegs repräsentativ. Fast überall sind es weit mehr Männer als Frauen, die als Abgeordnete das Volk vertreten[60], manche Berufe, wie etwa der der Juristen, sind weit überrepräsentiert, andere wie Arbeiter oder Handwerker nur selten vertreten.[61] Nicht-Akademiker sind in den Parlamenten weit unterrepräsentiert, ebenso jüngere Altersgruppen unter 30 und ältere über 70. Zugleich wird von den Abgeordneten ein hohes Maß an Professionalität erwartet, also die Fähigkeit, Gesetzentwürfe wenn nicht selbst zu verfassen, so jedenfalls zu beurteilen und zu beraten. Sie sollten sich in mehreren Politikbereichen gut auskennen und über genügend politische Urteilskraft verfügen. Den meisten Menschen erschiene daher die Auswahl der Volksrepräsentanten durch Los, wie es teilweise die antiken Stadtdemokratien praktizierten, abwegig. Eine durch Losentscheid zustande gekommene Zusammensetzung der Parlamente könnte die notwendige Kompetenz nicht garantieren.

Dem Ideal einer repräsentativen Demokratie steht das einer direkten Demokratie gegenüber. In ihr würden die Bürger selbst über Gesetzentwürfe oder auch politische Einzelfragen entscheiden: Volksentscheide statt Parlamentsentscheide prägen in einer direkten Demokratie die politische Agenda. Die praktischen Probleme direkter Demokratie liegen auf der Hand: Wie kann sich das Volk in Flächenstaaten mit Millionen von Bürgern zur Beratung und Entscheidung versammeln? Wie lässt sich sicherstellen, dass alle die notwendigen Informationen haben, die am Ende über Schicksalsfragen abstimmen? Wer ist berechtigt, Vorschläge einzubringen, über die dann zu beraten und zu entscheiden ist? Direkte Demokratie, so attraktiv sie vielen erscheint, gilt als nicht praktikabel.

Mit dem *Arrow-Theorem* muss die Beurteilung direkter Demokratie jedoch verändert werden: Da direkte Demokratie logisch unmöglich ist, wäre sie auch unter idealen Bedingungen nicht wünschenswert. Dies ist eine sehr weitreichende Schlussfolgerung, die begründet werden muss. Inwiefern spricht das Arrow-Theorem gegen die Möglichkeit der direkten Demokratie?

Eine direkte Demokratie ist durch eine sehr große Anzahl von Entscheidungsbeteiligten charakterisiert, im Idealfall durch die Gesamtheit der wahlberechtigten Bürger eines Staates. Zugleich sind die Alternativen, die in die politischen Entscheidungsprozesse eingespeist werden können, grundsätzlich unbegrenzt, denn direkte Demokratie ist gerade dadurch charakterisiert, dass Vorschläge aus der Bürgerschaft gemacht werden können. Das praktizierte Ideal direkter Demokratie mit einer großen Menge an Entscheidungsbeteiligten und Entscheidungsalternativen führt also mit an Sicherheit grenzender Wahrscheinlichkeit zu zyklischen kollektiven Präferenzen, was bedeutet, dass politische Entscheidungen entweder willkürlich oder manipuliert sind. Kurz: Die Realisierung des Ideals direkter Demokratie führt ins politische Chaos.

Nun könnte man einwenden, dass es doch Staaten gibt, in denen in unterschiedlichem Ausmaß direkte Demokratie praktiziert wird. Das weltweit berühmteste Beispiel ist die Schweiz, aber auch die deutschen Bundesländer sehen Volksentscheide vor. Diese hatten oft politisch heilsame Wirkung, zum Beispiel bei der Einführung der Gemeinschaftsschulen durch Volksentscheid, die die staatlichen Konfessionsschulen ablösten, oder – zuletzt – indem sie staatliche Maßnahmen gegen das Artensterben erzwangen. In der Tat, gegen die Möglichkeit von Volksbegehren und Volksentscheiden, auch zur Korrektur von Fehlentwicklungen der parlamentarischen Demokratie, ist nichts einzuwenden. Man sollte Argumente ernst nehmen, die für Volksentscheide auch auf der nationalen Ebene vorgebracht werden, um der populistischen Kritik an der parlamentarischen Demokratie entgegenzutreten. Die Möglichkeit, durch Volksentscheid unmittelbar in das politische Geschehen einzugreifen und in einzelnen Fällen die politische Agenda grundlegend zu ändern, wirkt dem Eindruck der Machtlosigkeit der Bürgerschaft entgegen.

Das ändert aber nichts an der grundsätzlichen Problematik von Modellen direkter Demokratie. Diese Erkenntnis ist auch deswegen von großer aktueller Bedeutung, weil die praktischen Hindernisse direktdemokratischer Entscheidungsfindung durch die Digitalisierung weitgehend entfallen sind. Beispielsweise kommt im Zuge der zunehmenden Möglichkeiten, die sich durch den vermehrten Einsatz von digitalen Technologien bieten, immer wieder die Idee einer *liquid democracy* auf. Diese Idee zielt im Kern auf die Substitution etablierter Strukturen und Institutionen der demokratischen Willensbildung, wie Parlamente, Regierungen oder turnusgemäßer Wahlen im Sinne einer vierjährigen Willensbekundung des Volkes, ab. Die etablierten Institutionen sollen der Vorstellung nach – bei allen Unterschieden im Detail, die unter diesem Schlagwort diskutiert werden – durch eine Mischform indirekter und direkter Demokratie ersetzt werden. Zum einen könnten die eigenen Interessen, mittels softwaregestützter Stimmabgabe, selbst vertreten werden, was Repräsentationsinstanzen wie Parlamente, Vorstände oder sonstige gewählte Vertreter unnötig machen würde. Zum anderen könnten die einzelnen Mitglieder bzw. Herrschaftsunterworfenen aber auch lediglich bestimmen, welche konkreten Interessen, Themengebiete oder Initiativen sie zunächst vertreten haben möchten und welche nicht – in dieser Form soll also nicht die politische Repräsentation insgesamt, sondern lediglich das Agenda-Setting direkt demokratisiert werden. Der Übergang von indirekter und direkter Demokratie ist in all den Konzepten, die unter diesem Schlagwort diskutiert werden, folglich meist fließend und auch nicht notwendigerweise im Vorhinein festgelegt, sodass die Intensität der Partizipation individuell festgelegt werden kann. Softwaresysteme – so die Hoffnung – würden nun eine solche praktische Umsetzung von *liquid democracy* ermöglichen. Mittels einer algorithmisch gesteuerten kollektiven Entscheidungsfindung unter Einbeziehung unbegrenzt vieler Teilnehmerinnen und Teilnehmer wird die Realisierbarkeit direkter, partizipatorischer Demokratie als möglich vorgestellt. Hierbei ist es auch nicht entscheidend, ob *liquid democracy* innerhalb einer Gesamtgesellschaft zur Anwendung kommen soll oder innerhalb einer Organisation. Letzteres war gerade die Motivation der Piratenpartei, um die Freiheit der Internet-Nutzer zu verteidigen und eine digitale Demokratie zu fördern. Sie hatte für ihre internen Meinungsbildungs- und Entscheidungsverfahren auf die Idee einer *liquid democracy* zurückgegriffen – mit geringem Erfolg. Unterdessen praktiziert nur noch ein einziger Landesverband, der Berliner, diese Form der Meinungsbildung und Entscheidungsfindung.[62] Vor dem

Hintergrund der Ergebnisse des Arrow-Theorems verwundern die mäßigen Erfolge der Piratenpartei nicht. Für die theoretische bzw. logische Realisierbarkeit von direkter Demokratie, egal ob digital oder analog, ob auf Postwegen oder mittels *Liquid democracy*-Vorstellungen: Die Idee der direkten und vollständigen Aggregation aller individuellen Präferenzen zu einem gesamten und eindeutig identifizierbaren Volkswillen ist und bleibt logisch unmöglich. Demokratie ist mehr als nur ein Abstimmungsverfahren, und Parlamente, Repräsentanten und Parteien können nicht durch eine Software- bzw. Onlineabstimmung substituiert werden.

Wir sollten uns also vom Ideal der direkten Demokratie ohne parlamentarische Beratung von Gesetzen, ohne Repräsentationsprinzip, ohne Gewaltenteilung und institutionelle Absicherung, man kann auch sagen vom Rousseau'schen Modell kollektiver Autonomie, verabschieden. Das heißt jedoch keineswegs, dass man nicht die Möglichkeiten der Digitalisierung nutzen sollte, um die repräsentative Demokratie zu stärken. Diese Stärkung sollte nicht auf einer Ersetzung des parlamentarischen Beratungs- und Entscheidungssystems beruhen, sondern auf einer Ergänzung der politischen Meinungsbildung. Die Partizipation der Bürgerinnen und Bürger, besonders in denjenigen Bereichen, die sie selbst aus ihrer Lebens- und Berufswelt gut beurteilen können, ist dringend erforderlich, um die in den staatlichen Institutionen vorhandenen Kompetenzen um lebensweltliche und berufliche Erfahrungen zu ergänzen und sachgerechte Entscheidungen sicherzustellen.[63]

Interessanterweise hat sich in vielen Volksbegehren herausgestellt, dass allein die Tatsache, dass die Bürgerinnen und Bürger selbst entscheiden müssen, dazu führt, dass diese sich gründlicher informieren. Je lokaler und lebensnäher die Problemstellung ist, desto wahrscheinlicher sind sachgerechte Entscheidungen. Je abstrakter und komplexer eine Problemstellung ist, desto weniger lässt sie sich durch Volksentscheid klären. Über die Notwendigkeit einer zusätzlichen Schule, einer Untertunnelung oder einer Umgehungsstraße, selbst der lokalen Unterbringung von Flüchtlingen lässt sich durch den Sachverstand, den die Bürgerschaft lebensweltlich hat, oft gut entscheiden. Die komplexen europa- und weltpolitischen Implikationen des Austritts Großbritanniens aus der Europäischen Union jedoch waren für ein Referendum, wie es David Cameron zur Befriedung seiner eigenen Partei ansetzte, ungeeignet. Der aktuelle Schlamassel der britischen Politik ist eine Folge dieser Überforderung direkter Demokratie.

Eine noch größere und grundsätzliche Herausforderung des *Arrow-Theorems* stellt die Problematik eines kollektiven demokratischen Akteurs dar. Die Vorstellung, dass sich unter günstigen Bedingungen die individuellen Präferenzen der Bürgerschaft zu den Präferenzen des kollektiven Akteurs zusammenführen lassen, ist durch das *Arrow-Theorem* widerlegt. Eine solche Zusammenführung ist schon dann nicht möglich, wenn man minimale Forderungen an Rationalität und Demokratie stellt. Die Postulate des *Arrow-Theorems* formulieren vier solcher minimalen Bedingungen der Rationalität und der Demokratie. Das Theorem besagt, dass diese zugleich nicht erfüllbar sind. Die Überführung von individuellen Präferenzen in kollektive Präferenzen, die auch nur diese minimalen Bedingungen, geschweige denn stärkere, die man sich natürlich wünschen würde, erfüllen, ist damit als logisch unmöglich bewiesen. Wir müssen uns also nicht nur von dem Ideal direkter partizipatorischer Demokratie lösen, sondern auch vom Ideal eines rationalen demokratischen Akteurs, der die Wünsche und Interessen der Bürgerschaft in rationaler und demokratischer Weise repräsentiert. Man kann diese Konsequenz auch anders formulieren: Den Hobbes'schen Souverän gibt es nicht in der Demokratie. Thomas Hobbes verfolgte die Idee, dass sich alle Bürger im absolutistischen Staat in der Gestalt des Fürsten gemeinsam wiedererkennen. Die Französische Revolution und diejenigen, die ihr folgten, haben gezeigt, dass dieses Ideal schon im Absolutismus nicht realisierbar war. Mit dem Arrow-Theorem wissen wir, dass dessen Realisierung in demokratischer Form (logisch) ausgeschlossen ist.

10. Kollektive Autonomie

Auch wenn sowohl das Ideal der direkten Demokratie als auch das des Souveräns, der die Präferenzen der Bürgerschaft in der Demokratie repräsentiert, problematisch sind, so bleibt doch das demokratische Ideal kollektiver Autonomie unverzichtbar. Individuelle Autonomie ist dann realisiert, wenn ein Individuum sich selbst die Gesetze gibt, nach denen es handelt. Die Idee der individuellen Autonomie steht im Mittelpunkt der praktischen Philosophie Immanuel Kants. Kollektive Autonomie ist realisiert, wenn ein Kollektiv, eine Bürgerschaft, sich selbst die Gesetze gibt, nach denen es handelt. Diese Idee steht im Zentrum der politischen Philosophie von Jean-Jacques Rousseau. Beide Autonomie-Konzeptionen sind nicht unabhängig voneinander.

Die ursprünglichere ist die der individuellen Autonomie. Sie hat eine lange Vorgeschichte, die man in unserem Kulturkreis bis auf die politischen Ideale der griechischen Klassik, ja weiter zurück bis auf die großen Epen der *Ilias* und *Odyssee* zurückverfolgen kann. In ihrem Ursprung geht es um Autarkie des Fürsten und später des Bürgers als Selbst-Herrscher, der keine Herrschaft über sich duldet. In den feudalen Ordnungen wird die Fürstenherrschaft durch die Loyalität der Untertanen gesichert – in den Stadtdemokratien der griechischen Klassik geht es um den beständigen Konflikt zwischen der Autarkie als Bürgerideal einerseits und der Verantwortung für die Stadt und deren Wohl andererseits. In der *Nikomachischen Ethik* des Aristoteles ist dieses Spannungsfeld Ausgangspunkt des bedeutendsten Gründungsdokumentes der politischen Wissenschaft, und so endet dort der erste Abschnitt mit der These, es sei einfacher, das Gute für den Einzelnen zu bestimmen, das ihm erst ermöglicht, ein gelungenes Leben zu realisieren, wenn das Gute für die *polis*, die Gemeinschaft in der Stadt, die politische Gemeinschaft, geklärt ist. Der

Vollbürger ist bereit, sich für das Gemeinwesen zu engagieren, und das heißt, ein politisches Leben zu praktizieren, das auf das Gute der Stadt als ganze gerichtet ist.

Rousseau greift diesen Gedanken wieder auf und möchte die ursprüngliche Freiheit des Menschen im Urzustand, also vor aller Zivilisation und Staatlichkeit, dadurch wiederherstellen, dass in der Republik die Versammlung aller Bürger über die Gesetze entscheidet, nach denen dann die Einzelnen in der Republik zu leben haben. Diese entäußern sich vollständig an die Republik und sind als Privatpersonen, als *bourgeois*, Untertanen und als Bürger, als *citoyens*, Gesetzgeber und damit souverän, kollektiv autonom. Dabei muss das Kollektiv der Bürgerschaft gewahrt bleiben, es darf nicht zerfallen in einzelne Akteure, Parteiungen, Interessenverbände, Religionsgemeinschaften oder Weltanschauungsgruppen, das Ganze der Bürgerschaft wird Realität durch die einstimmigen Entscheidungen über die Gesetze, nach denen die Republik organisiert wird. Es ist der politische Akt der Gesetzgebung in der Versammlung, ein sittlicher Akt, der die Republik erst schafft. Es ist keine vorpolitische Gemeinschaft der Sprache oder der Kultur, die sich eine staatliche Ordnung gibt.

Im Rousseau'schen Sinne lautet der Grundgedanke des Republikanismus: Politik und Staatlichkeit sind Ausdruck kollektiver Autonomie, der Fähigkeit, gemeinsam über die eigenen Geschicke zu entscheiden. Die Gemeinschaft wird gestiftet durch die politische Praxis der sich kollektiv selbst bindenden Bürgerschaft in der Gesetzgebung. Daher betont ein republikanisches

Verständnis von Demokratie die Rolle der politischen Praxis, der Partizipation. Die Bürgerschaft ist Ausdruck einer sittlichen Ordnung, an der die Einzelnen dadurch teilhaben, dass sie als *citoyens* die Regeln bestimmen, die alle, einschließlich der eigenen Person, binden. Gemeinsamkeiten der Sprache und der Kultur mögen für eine demokratische Praxis im republikanischen Sinne hilfreich sein, sie sind aber nicht ausschlaggebend. Die politische Ordnung überwölbt Differenzen der Sprache, der Kultur, auch der sozioökonomischen Interessen. Die politische Gemeinschaft ist *sui generis*, sie ist nicht eine besondere Form kultureller oder sprachlicher Gemeinschaft und erst recht nicht eine solche der Klassenidentität, wie marxistische Theoretiker postulierten.

Ich glaube nicht, dass diese republikanische Idee der Demokratie angesichts der Pluralisierung von Lebensstilen und der multikulturellen Verfasstheit der meisten demokratischen Gesellschaften weltweit obsolet ist. Im Gegenteil scheint mir die Idee der kollektiven Autonomie für jede demokratische Ordnung unverzichtbar, und ihre republikanische Interpretation fügt hinzu, dass es der gemeinsamen politischen Praxis bedarf, um diese politische Identität zu stiften.

Aber ist das republikanische Verständnis von Demokratie widerlegt? Wenn wir wissen, dass Partizipation in Gestalt direkter Demokratie nicht möglich ist, können wir dann an einem republikanischen Ideal kollektiver Autonomie festhalten? Oder etwas vorsichtiger formuliert: Wie muss dieses republikanische Ideal, wie es Rousseau in seinem *Contrat Social* so eindrücklich geschildert hat, transformiert werden, damit es für Demokratien Orientierung bieten kann?

Rousseau hat behauptet, dass er mit seinem *Contrat Social* eine Antwort auf die Frage gibt, wie der Mensch seine ursprüngliche Freiheit zurückgewinnen kann, ohne in den Urzustand des frei umherschweifenden Waldmenschen zurückzufallen. Die Antwort, die Rousseau in dieser kleinen Schrift gibt, von der er behauptet, sie sei nur der Nukleus einer größeren, unterdessen vernichteten gewesen, ist die Idee der Republik als sittlicher Körperschaft. Die Menschen überwinden als *citoyens* ihren eigeninteressierten, nur auf eigene Interessen gerichteten Standpunkt, indem sie über Gesetze, die alle binden, beraten. Die republikanische Versammlung ist so konzipiert, dass Eigeninteressen nur schwerlich eine Rolle spielen können, da es keine Möglichkeit gibt, diese durch Interessengruppen zu bündeln und gegen andere Interessenlagen durchzusetzen. Jeder Bürger ist in der Versammlung auf sich selbst gestellt, es bleibt ihm gewissermaßen gar nichts anderes übrig, als Argumente vorzubringen, die von allen Interessenstandpunkten aus betrachtet überzeugen können, und das heißt: die sich am Gemeinwohl der Republik als ganzer orientieren.

Ich glaube, dass Rousseau in diesem Punkt recht hat: Das Politische ist durch Gemeinwohlorientierung konstituiert. Argumente, die nur auf partikulare Interessen Bezug nehmen, sind keine politischen Argumente, sondern lediglich Hinweise auf eigene Interessenlagen. Sie benutzen gewissermaßen die Form eines politischen Arguments, ohne ein solches zu sein. Wenn in Tarifverhandlungen die eine Seite dafür argumentiert, dass die Mitglieder der verhandelnden Gewerkschaft ein Interesse daran haben, dass die Löhne deutlich stärker ansteigen als die Inflation, und die Gegenseite des verhandelnden Arbeitgeberverbandes deutlich macht, dass für diese nur ein Abschluss akzeptabel sei, der jedem Mitglied des Unternehmensverbandes auch in Zukunft das Überleben auf dem Markt sichert, dann handelt es sich nicht um politische Argumente. Hier werden Interessenlagen abgesteckt, um in folgenden Verhandlungsrunden die Möglichkeiten eines Kompromisses in Gestalt eines Tarifvertrages auszuloten. Wenn im Parlament eine Abgeordnete darauf hinweist, dass sie im Folgenden die Interessen des deutschen Buchhandels darlegt und in die Beratungen um ein Buchpreisbindungsgesetz einbringen möchte, dann spricht sie streng genommen nicht mehr als Politikerin, sondern als Lobbyistin. Erst wenn sie ein gemeinwohlorientiertes Argument etwa der Art vorträgt, dass es ein gemeinsames Interesse an einer starken Buchhandelsbranche in Deutschland gäbe und dass dieses das gemeinsame Interesse der Bürgerschaft, im Speziellen der Leserinnen und Leser, auch der Autorinnen und Autoren, aber auch der Bildungsinstitutionen sei, dann transformiert sich der Hinweis auf den Interessenstandpunkt der Buchhandelsbranche in ein politisches Argument. Auch der Hinweis auf Klassen- oder Genderinteressen ist für sich genommen noch kein politisches Argument.

Mit diesem republikanischen Verständnis von Demokratie stellen wir uns sowohl gegen »linke«[64], marxistische oder multikulturalistische Konzeptionen wie gegen rechte[65], identitäre[66], die die Interessen der jeweiligen Kultur oder Volksgemeinschaft betonen. Der Rückfall auf den eigenen individuellen Interessenstandpunkt bedeutet den Ausstieg aus demokratischer Politik. Aber auch dann, wenn man daran festhält, dass Demokratie eine Form kollektiver Autonomie sei, sind wir gezwungen das Rousseau'sche Ideal der Selbstgesetzgebung in der Volksversammlung aufzugeben. Zwei der Gründe, die uns zur Aufgabe dieses Ideals zwingen, wurden im vorausgegangenen Kapitel erörtert:

1. Direkte Demokratie führt, wenn sie in idealer Weise realisiert wird, zwangsläufig entweder in die Unentscheidbarkeit oder zu willkürlichen beziehungsweise manipulierten kollektiven Entscheidungen.
2. Der demokratische Akteur ergibt sich nicht aus der Zusammenführung (Aggregation) individueller Präferenzen zu kollektiven Entscheidungen. Diese Aggregation scheitert an Bedingungen der Rationalität und der Demokratie. Damit ist nicht nur die demokratische Transformation des Hobbes'schen Ideals absolutistischer Souveränität gescheitert, sondern auch das Rousseau'sche Ideal einer durch die Bürger direkt bestimmten Republik. Kollektive Autonomie realisiert sich weder in der demokratischen Repräsentation des Volkswillens noch in einer Folge von Kollektiventscheidungen der gesamten Bürgerschaft. Kollektive Autonomie muss in anderer Weise realisiert werden.

Doch wie sind nun kollektive Entscheidungen überhaupt möglich? Nehmen wir ein Beispiel außerhalb des Politischen: Stellen wir uns eine Gruppe von Menschen vor, die eine gemeinsame Bergwanderung unternehmen wollen. Sie haben in der Vorbereitung gelernt, dass sie in den Bergen zusammenbleiben sollten und während der Tour nicht jeder so entscheiden kann, wie es ihm oder ihr beliebt. Ein Teil der vorgesehenen Wanderroute führt über den einen oder anderen Grat, wo die Gruppe eine Seilschaft bilden wird, die im Falle, dass ein einzelnes Mitglied stürzt, den anderen erlaubt, den Absturz dieser Person in die Tiefe aufzuhalten. Je größer die Gruppe ist, desto verlässlicher ist diese Absicherung. Da sich nicht sicher voraussagen lässt, wie sich mikroklimatisch die Bedingungen entwickeln, kann auch nicht vorab festgelegt werden, welche Route während der fünf vorgesehenen Tage im Einzelnen gewählt wird. Bei einem raschen, im Hochgebirge durchaus auch im Hochsommer vorkommenden Wetterumschlag gibt es von daher auch die Option, in einer der Hütten auf dem Wege auszuharren, bis sich die Wetterbedingungen verbessert haben. Es wird also damit gerechnet, dass im Laufe dieser Bergwanderung Gruppenentscheidungen (Kollektiventscheidungen) getroffen werden müssen, und die Frage stellt sich, in welcher Form dies geschehen soll.

Es sind ganz unterschiedliche Formen denkbar. Zum Beispiel diejenige, dass die Gruppe übereinkommt, dass die erfahrenste Person, die zudem in den Alpen aufgewachsen ist, im Zweifelsfall die Entscheidungen trifft, an die sich dann alle halten. Es könnte auch sein, die Gruppe legt fest, dass im Falle unterschiedlicher Auffassungen die Mehrheit entscheidet. Vielleicht verbindet sie diese Festlegung mit Veto-Optionen für körperlich schwächere Mitglieder, die dann mit ihrem Veto eine anstrengendere Route unterbinden können. Vielleicht verbindet sie alle drei Elemente, nämlich das Entscheidungsrecht des erfahrensten Mitglieds unter Normalbedingungen, also die operative Planung und das Anführen der Gruppe im Gelände, mit der Mehrheitsentscheidung beim Auftreten größerer Herausforderungen und der Veto-Option für körperlich schwächere Mitglieder der Gruppe. Wenn dann im Verlauf der fünftägigen Wanderung entsprechend verfahren wird, kann man durchaus von einer kollektiven Autonomie der Gruppe sprechen. Was im Einzelnen getan wird, muss nicht immer den Präferenzen jedes einzelnen Gruppenmitglieds entsprechen, aber es entspricht einem Entscheidungsverfahren, auf das sich die Gruppe geeinigt hat.

Hier tritt ein Paradoxon kollektiver Autonomie auf, nämlich das des Konflikts zwischen konkreter Einzelbeurteilung und individueller Gruppenloyalität. Es mag durchaus sein, dass ein Mitglied der Gruppe die Entscheidung der erfahrensten Person für falsch hält, den linken und nicht den rechten Aufstieg zu nehmen, dasselbe Mitglied aber dennoch überzeugt ist, dass der linke Aufstieg genommen werden sollte, weil diese Entscheidung im Einklang mit dem zuvor einhellig festgelegten Entscheidungsverfahren ist. Das Mitglied vertritt dann – das macht das Paradoxon aus – zugleich die Meinung, dass es besser gewesen wäre, den rechten Aufstieg zu nehmen, und die Auffassung, dass die Gruppe den linken Aufstieg gehen sollte, angesichts der Tatsache, dass die zuvor mit dieser operativen Autorität ausgestattete erfahrenste Person in solchen Situationen entscheiden sollte. Wenn immer wieder die Überzeugungen einzelner Gruppenmitglieder für die jeweils getroffene Gruppenentscheidung auf der Wanderung keine Rolle spielen, spricht das nicht dagegen, dass die Gruppe kollektiv autonom handelt. Es waren ja die Gruppenmitglieder selbst, die dieses Entscheidungsverfahren festgelegt haben und sich nun loyal daran halten.

Sollte die Loyalität im Laufe der Wanderung erodieren, zum Beispiel, weil sich immer wieder die Entscheidungen der erfahrensten Person als falsch herausstellen, dann kann das entweder in die Festlegung eines neuen Entscheidungsverfahrens münden oder in eine Konfliktsituation, die unter Umständen den Abbruch des ganzen Unternehmens bedeutet. An diesem Beispiel wird klar, dass Demokratie bzw. kollektive Entscheidungen wesentlich auf einem *Konsens höherer Ordnung* beruhen, der sich auf Verfahren, die Art und Weise oder auf die Methode der kollektiven Entscheidungsfindung bezieht. Wenn es keinen Konsens über das kollektive Entscheidungsverfahren gibt, dann sollte es einen Konsens darüber geben, wie ein solcher Dissens zu beheben ist. Ohne einen Konsens höherer Ordnung, und sei es erst auf dritter oder höherer Stufe, gibt es keine kollektive Autonomie. Und da Demokratie hier als eine Form kollektiver Autonomie verstanden wird, beruht sie auf einem Konsens höherer Ordnung. Ohne Konsens keine kollektive Autonomie, ohne kollektive Autonomie keine Demokratie.[67]

11. Individuelle Autonomie

Die Wandergruppe aus dem vorherigen Kapitel bestand aus einzelnen Personen, die als Erwachsene über sich selbst bestimmen. Niemand ist einem anderen aus der Gruppe unterstellt. Es ist erst die Annahme individueller Autonomie, die den Konsens erforderlich macht, um kollektives Handeln und kollektive Selbstbestimmung zu ermöglichen. Wenn sich in der Wandergruppe auch Kinder befänden, so wäre deren Zustimmung nicht erforderlich, um die kollektive Handlungsfähigkeit sicherzustellen. Es würde dann ausreichen, dass deren Eltern zustimmen. Es geht uns hier aber nicht um empirische, sondern um normative Fragen: Es geht uns auch nicht darum, festzustellen, ob Zustimmung sich als günstig erweist, um die Handlungsfähigkeit einer Gruppe zu sichern, vielmehr geht es uns um die Frage, was kollektive Entscheidungen rechtfertigt.

Unter der Annahme, dass sich die Gruppe aus je individuell autonomen Individuen zusammensetzt, ist ein kollektives Handeln nur zulässig, wenn es auf einem Konsens beruht, auch wenn dieser, wie wir im vorausgegangenen Kapitel gesehen haben, sich auf Verfahren der Entscheidungsfindung beschränkt. Wir haben es dann mit einem *Konsens höherer Ordnung* zu tun. Ohne einen solchen Konsens aber kann niemand gezwungen werden, sich am Verfahren der kollektiven Entscheidungsfindung zu beteiligen, um kollektive Handlungsfähigkeit zu sichern – er ist also konstitutiv für kollektive Selbstbestimmung.

Wir sind hier am Kern einer epochalen politischen Auseinandersetzung, die sich seit der Antike bis in die Gegenwart zieht. Gibt es eine Herrschaftsordnung von Natur, eine Unterordnung des einen unter den anderen, oder nicht? Robert Filmer, der Apologet des englischen Gottesgnadentums, verteidigte den Feudalismus mit dem Argument, es gebe eine natürliche Herrschaft des Vaters über seine Frau und seine Kinder in der Familie und ebenso eine natürliche Herrschaft des Fürsten, die sich von einer Generation auf die nächste überträgt.[68] John Locke wandte demgegenüber ein, dass jeder Mensch über individuelle Rechte verfüge, die ihm niemand nehmen kann. Diese individuellen Rechte sah er als Ausdruck der Tatsache an, dass Menschen Eigentum Gottes seien und man das Eigentum Gottes beschädigen würde, wenn man die Rechte von Menschen verletzte. John Locke sprach von drei Rechten: dem Recht auf Leben, auf körperliche Unversehrtheit und auf rechtmäßig erworbenes Eigentum. Zeitgenössische Libertäre halten daran fest und fassen diese und andere Individualrechte unter dem Begriff der *self-ownership*, des Phänomens, dass jedes einzelne menschliche Individuum über sich selbst, auch über das eigene Leben, den eigenen Körper und den rechtmäßig erworbenen Besitz, frei verfügen kann.[69]

Im engeren Sinne verstehen wir aber unter individueller Autonomie die Fähigkeit und das Recht Einzelner,
nach eigenen Regeln zu leben, sich selbst die Gesetze zu
geben, nach denen man handelt. In dieser Fassung – der
Fassung Immanuel Kants – hat individuelle Autonomie
eine Voraussetzung in individueller Vernunft. Und folgerichtig gilt für Kant, dass es die Fähigkeit des Menschen ist, vernünftig zu handeln, sich vom Sittengesetz,
dem Kategorischen Imperativ leiten zu lassen, der seine
spezifische Würde ausmacht.

Man kann es durchaus als Signum der politischen
Moderne bezeichnen, dass Menschen als frei und gleich
gelten. Diese Annahme eint die modernen Klassiker, von
Thomas Hobbes über John Locke, Jean-Jacques Rousseau
bis zu Immanuel Kant. »Menschen sind frei und gleich«
meint nicht, dass es keine Abhängigkeiten gebe oder
dass Menschen in ihren Fähigkeiten gleich seien, sondern lediglich, dass es keine Herrschaftsordnung von
Natur (oder von Gott) gibt, die das eine menschliche
Individuum dem anderen unterstellt. Nein, Menschen
treten sich als Freie und Gleiche gegenüber, und das
heißt, dass sie die politische Ordnung, unter der sie leben, selbst bestimmen. Es ist ihre individuelle Autonomie, ihre Entscheidungsfreiheit über die Art und Weise,
wie sie zusammenleben wollen, die die Zustimmungsfähigkeit zum zentralen Kriterium einer legitimen politischen Ordnung macht.

Diese Annahme erklärt, dass in der Neuzeit das sogenannte vertragstheoretische Denken aufblüht, also die
Vorstellung, dass die politische Ordnung auf einen Ver-

trag gegründet sein sollte und es erst die Zustimmung aller ist, die eine zivile Ordnung begründen kann. Dabei sind im Laufe der Zeit ganz unterschiedliche Modelle einer derart vertragstheoretischen Begründung entstanden, die wie bei Thomas Hobbes den Vertrag als einen Unterwerfungsvertrag konzipierten, in dem alle zukünftigen Untertanen übereinkommen, sich einem Oberherrn durch Abtretung aller Gewaltmittel an diesen zu unterwerfen. Eine solche Unterwerfung kommt für John Locke nicht in Frage, da die Menschen ja schon außerhalb des Staates über Rechte verfügen. Der Staat hat für Lockeaner die Aufgabe, ihre individuellen Rechte, die sie schon vor aller Staatlichkeit haben, zu sichern. Der zivile Friede wird bei Thomas Hobbes durch Unterwerfung im eigenen Interesse gesichert. Bei John Locke werden die individuellen Rechte durch die Etablierung eines Rechtsstaates mit Gewaltenteilung gesichert. Bei Hobbes ist es das Interesse am Überleben, bei Locke das Interesse an individueller Freiheit und dem Schutz des Privateigentums. Bei Rousseau wird die individuelle Freiheit durch kollektive Selbstbestimmung gewahrt und bei Immanuel Kant die individuelle Würde in einer Rechtsordnung, die die Willkür des einen mit der Willkür der anderen verträglich macht. Jedes dieser vier Grundmodelle politischer Legitimität beruht auf der Prämisse individueller Freiheit und Gleichheit. Etwas vereinfacht könnte man sagen, es geht um die Sicherstellung kollektiver Autonomie in einer Weise, die mit individueller Autonomie verträglich ist. Dies ist die große Herausforderung moderner Politik: die Vereinbarkeit kollektiver und individueller Autonomie. Die Demokratie ist die Antwort.

Man nehme als Kontrast die klassische politische Theorie des Aristoteles[70]: Für ihn sind Menschen nicht gleich und frei, sondern von Natur aus in die Herrschaftsordnung der Hausgemeinschaft eingebunden. Die Herrschaft der Freien über die Sklaven entsprach einer natürlichen Ordnung, ebenso wie die Herrschaft der Männer über die Frauen oder die der Eltern über die Kinder. Zwei dieser drei Herrschaftsbeziehungen werden im Interesse der Beherrschten praktiziert. Es handelt sich um *archai kyriakai*, königliche Herrschaftsformen. Die Herrschaft der Freien über die Sklaven ist dagegen eine despotische, sie erfolgt im Interesse der Herrschenden, nicht der Beherrschten. Im Unterschied zu den Ideologen des Feudalismus stellt Aristoteles aber keine Analogie zwischen der Herrschaftsordnung des Hauses und jener des Staates bzw. der Stadtgemeinschaft her. Die politische Gemeinschaft ist auch bei ihm eine der Freien und Gleichen, die auf ihre individuelle Autonomie als männliche Bürger, die in der Hausgemeinschaft Herrschaftsverantwortung tragen, Wert legen und nicht bereit sind, sich anderen unterzuordnen. Die einzige Form der politischen Praxis ist daher die der Kooperation bzw. der *philia politike*, gegründet auf einer gemeinsamen Vorstellung des Guten für die Stadt, aber auch geteilten Werten und Normen. Insofern nimmt Aristoteles, so überholt seine Anthropologie erscheint, ein modernes Motiv vorweg, nämlich das der politischen Ordnung, gestiftet von Personen, die sich als

Gleiche und Freie begegnen. Das Gute für die *polis* ergibt sich aus gemeinsamen Vorstellungen, das Gute für den Menschen betreffend, es hat ein anthropologisches Fundament, aber auch aus den kulturellen Besonderheiten der jeweiligen Stadt. So vertraut Aristoteles auf die Vernunftfähigkeit des Menschen *(zoon nous echon)*, aber auch auf seine Fähigkeiten, eine politische Gemeinschaft zu bilden. Denn der Mensch ist von Natur aus auf Gemeinschaft angelegt, meint Aristoteles.[71] Diese muss nicht erst gestiftet werden, wie es die modernen Politiktheorien beschreiben. Die Freiheit und Gleichheit der einzelnen Bürger schlägt bei Aristoteles nicht in eine natürliche Unfähigkeit um, sich in Gemeinschaften zu organisieren und kooperativ zu handeln, wie Thomas Hobbes annahm. Für die modernen Konzeptionen kollektiver Autonomie muss das Politische erst durch einen Stiftungsakt gegründet werden, für die klassischen politischen Theorien gehört das Politische zur Natur des Menschen.

Aber auch dann, wenn man, wie ich, in diesem Punkt den antiken und nicht den modernen Politikkonzeptionen zuneigt, stellt sich die Frage, wie die politische Ordnung generell und politisches Handeln speziell möglich ist. Anarchisten sind der Auffassung, dass individuelle Autonomie mit einer mit Sanktionsgewalt ausgestatteten politischen Ordnung unvereinbar ist. Eine zeitgenössische Variante des Anarchismus setzt auf den Markt als eine Alternative zur politischen Ordnung. Marktradikale gehen so weit, anzunehmen, dass die Regeln, die auch auf Märkten unverzichtbar sind, sich durch das Marktgeschehen selbst und durch die Eigeninteressen der Beteiligten einspielen und permanent fortentwickeln. Marktradikale, die irreführenderweise gelegentlich auch als Neoliberale bezeichnet werden, erkennen oft nicht, dass ihre Konzeptionen eine Variante des Anarchismus darstellen, im Gegensatz zu dem portugiesischen Autor Fernando Pessoa, der diesen Zusammenhang in einer spannenden Erzählung thematisiert.[72]

Libertäre politische Philosophen, wie etwa Robert Nozick, versuchen aufzuzeigen, dass sich selbst unter anarchistischen Prämissen ein Minimalstaat rechtfertigen lässt, und zwar als Ergebnis der Marktdynamik. Es würden Unternehmen entstehen, die Sicherheit gegen Bezahlung anböten, und diese wären umso erfolgreicher, je größer sie seien; so sei zu erwarten, dass sich eine Monopolstruktur ausbilden würde. Unternehmen, die Sicherheit nach außen und nach innen anbieten, indem sie Regeln des Konfliktaustrags festlegen, gleichen in der Tat dem, was im 19. Jahrhundert als *Nachtwächterstaat* bezeichnet wurde, also ein Staat, der sich darauf beschränkt, seinen Bürgern Sicherheit zu gewähren, der aber nicht als Produzent kollektiver Güter, wie Bildung oder Umweltschutz, auftritt und erst recht nicht über Steuern für mehr Gleichheit sorgt. Aber warum sollten sich die freien und gleichen Bürger ausschließlich für das kollektive Gut Sicherheit interessieren und nicht ebenfalls für Bildung oder soziale Absicherung? Warum sollten nicht, um im Modell der libertären Theorie von Robert Nozick zu bleiben, Unternehmen auch Bildung gegen Bezahlung anbieten, und warum sollte nicht ebenso für Bildung gelten, dass größere Bildungsgemeinschaften effizienter zu organisieren sind als kleinere? Aus der Annahme individueller Autonomie, verbunden mit Freiheit und Gleichheit sowie individueller Rationalität, ergäbe sich dann nicht nur der minimalistische Staat, der Sicherheit garantiert, sondern auch ein Bildungs- und Sozialstaat. Wie umfangreich dieser Staat ausfiele, hinge dann von den Bewertungen und Interessen der Einzelnen ab. Eine solche Form der Staatlichkeit wäre abgeleitet aus individuellen Interessen und der Annahme individueller Autonomie der Freien und Gleichen.

Das eigentliche Defizit des libertären Staates besteht nicht darin, dass dieser über eine minimale Staatlichkeit nicht hinausgehen könnte, sondern in der Reduktion auf das menschliche Eigeninteresse. Die politische Ordnung repräsentiert nicht nur individuelle Interessen, sie ist nicht lediglich ein Instrument zur eigenen Interessenverfolgung, vielmehr ist sie auch Ausdruck gemeinsamer (empirischer und normativer) Überzeugungen. Diese Gemeinsamkeit beschränkt die staatliche Ordnung nicht auf Regeln, Institutionen und Entscheidungen, die im jeweiligen Interesse jeder einzelnen Person sind, sondern ermöglicht eine kollektive Autonomie auf der Grundlage dessen, was das Gute der politischen Gemeinschaft ausmacht. Das Politische ist nicht nur durch Interessen, sondern auch durch geteilte Moralität konstituiert. Wir partizipieren an einer politischen Ordnung, indem wir in öffentlichen Diskursen klären, was für unsere politische Gemeinschaft gut ist. Unsere individuelle Autonomie ist mit kollektiver Autonomie, mit demokratischen Institutionen und demokratischer Praxis vereinbar, und nicht erst dann, wenn wir jedem einzelnen Element der demokratischen Ordnung oder jeder einzelnen kollektiven Entscheidung zustimmen können, sondern schon dann, wenn die Art und Weise, wie diese Institutionen konstruiert werden, und die Form der Entscheidungsfindung zustimmungsfähig sind. Individuelle Autonomie und kollektive Autonomie manifestieren sich in der Demokratie durch einen *Konsens höherer Ordnung*.

12. Das Sen-Paradoxon

Viele Verfassungen demokratischer Staaten postulieren individuelle Rechte – meist zu Beginn. Erst darauf folgen die Verfahren politischer Entscheidungsfindung und die Institutionen der Demokratie. Individuelle Autonomie ist der Ausgangspunkt einer demokratischen politischen Ordnung. Bis in die Formulierungen hinein gibt es dabei eine große Übereinstimmung zwischen den Menschenrechten, wie sie die Generalversammlung der Vereinten Nationen am 10. Dezember 1948 beschlossen hat und wie sie später in die beiden fundamentalen völkerrechtlichen Verträge von 1965 überführt wurden, und dem Verständnis individueller Rechte, wie sie in den Verfassungen demokratischer Staaten zum Ausdruck kommen.[73] In beiden Fällen handelt es sich nicht lediglich um Abwehrrechte, also Rechte, die das Individuum vor staatlichen Übergriffen schützen, sondern auch um Rechte der politischen, sozialen und kulturellen Teilhabe. Die Tatsache, dass die Weltgemeinschaft als ganze mit wenigen Ausnahmen an den Menschenrechtsdiskursen teilnimmt und sich prinzipiell zur staatlichen Pflicht bekennt, diese Menschenrechte zu schützen, zeigt, dass es über alle kulturellen und politischen Differenzen hinweg ein hohes Maß an Konsens gibt, wenn es um die Grundlagen eines humanen Umgangs geht. Die Genese der *General Declaration* zeigt zudem, dass es sich keineswegs um einen Oktroi des Westens gegenüber dem Rest der Welt handelt. Treibende Kräfte für diese zweite Säule der Völkergemeinschaft neben dem System kollektiver Sicherheit, wie es in den Kapiteln 5 und 6 der Charta der Vereinten Nationen beschrieben wird, waren die jüdischen Organisationen in den USA und weltweit, die südamerikanischen Staaten, aber auch Kolonialländer wie Indien. Dagegen organisierten sowohl das Pentagon wie auch die zweitwichtigste westliche Macht, Großbritannien, gegen eine solche Deklaration hinhaltenden Widerstand, im amerikanischen Fall, weil die Militärexperten eine zu deutliche Beschränkung von Kriegsführungsoptionen befürchteten, und im britischen Fall, weil sie – wie sich später herausstellen sollte, nicht zu Unrecht – befürchteten, ihr Kolonialreich einzubüßen.[74]

Angesichts dieser großen Übereinstimmung zwischen den Verfassungsordnungen demokratischer Staaten und den Menschenrechten kann man Demokratie als diejenige Staatsform bezeichnen, die sich zum Ziel setzt, die Menschenrechte zu realisieren. In den demokratischen Verfassungsordnungen wird sowohl das Selbstbestimmungsrecht der Völker, eine menschenrechtliche Fundamentalnorm, als auch die Zuschreibung individueller Rechte konkretisiert und in der demokratischen Praxis fortgeschrieben.

Das Spannungsverhältnis zwischen individuellen Rechten einerseits und staatlicher Autorität und politischer Gestaltung andererseits ist dabei keineswegs ein Grundkonflikt zwischen den individualistischen Normen, die in der Europäischen Aufklärung ihre Wurzeln haben, und eher kommunitaristischen Vorstellungen politischer Gemeinschaften in anderen Teilen der Welt, sondern prägt auch die politische Philosophie des sogenannten Westens und in besonderer Weise die angelsächsische. Der britische Liberalismus des 19. Jahrhunderts ist früh eine Verbindung mit dem Utilitarismus als ethischer Doktrin eingegangen. Die zentrale intellektuelle Figur dieser Verbindung ist John Stuart Mill.[75] In einer bis heute programmatischen Schrift hat er einen im Vergleich zu früheren Entwürfen[76] differenzierteren, menschenfreundlicheren Utilitarismus entworfen und zugleich als durch und durch liberaler Denker für individuelle Freiheiten argumentiert. Der Utilitarismus war der Versuch, die politische Praxis auf eine rationale Grundlage zu stellen und von überkommenen Moralvorstellungen und Autoritäten, insbesondere der Kirchen, abzulösen. Als Ziel wurde nun das Gute, verstanden als die Maximierung des Wohlergehens aller, formuliert. Somit war das utilitaristische Reformprogramm auf die

Verbesserung der Lage der Armen und sozial Benachteiligten gerichtet, da im 19. Jahrhundert die Mehrheit der Bürger teilweise unter miserablen Bedingungen lebte; sie mussten Ausbeutung und Arbeitszeiten von täglich bis zu 16 Stunden ertragen und waren zudem ihrer traditionellen Solidaritätsstrukturen der dörflichen Gemeinschaften im Zuge der Urbanisierung durch die Industrialisierung und das Aufbrechen von feudalen Strukturen verlustig geworden. Der Liberalismus war in seiner Entstehungszeit im 19. Jahrhundert nicht von sozialer Kälte geprägt, er predigte nicht die freie Bahn für die Tüchtigen und fürchtete sich nicht vor wohlfahrtsstaatlichen Maßnahmen. Es ist kein Zufall, dass die deutsche Arbeiterbewegung des 19. Jahrhunderts aus liberalen Bildungsvereinen hervorgegangen ist. Interessanterweise hat sich diese Verbindung von Sozial- und Bildungsstaatlichkeit und Liberalismus im angelsächsischen Raum erhalten, was erklärt, dass unter *liberalism* politische Strömungen links von der Mitte verstanden werden. Die Verbindung von Liberalismus und Utilitarismus, der Betonung individueller Freiheiten und Rechte einerseits und der Wohlfahrtsorientierung in Politik und Ökonomie andererseits, beruht auf der These, dass individuelle Freiheit zu mehr Wohlstand führt bzw. dass sich ohne Freiheit der Wohlstand nicht sichern und ausbauen lässt.

Zum Krisenpanorama der Demokratie in der Gegenwart zählt die Erkenntnis, dass dieser Zusammenhang nicht zwingend ist. China und, in kleinerem Umfang, Singapur scheinen aller Welt zu zeigen, dass eine politische Diktatur und eine staatlich kontrollierte Wirtschaft mit Wohlstandsmehrung bei hohen Wachstumsraten durchaus vereinbar sind, während die oft langwierigen rechtsstaatlichen Prozesse in westlichen Demokratien wirtschaftliche Innovationen und generell eine dynamische Entwicklung zu behindern scheinen. Der große Systemkonflikt zwischen marktwirtschaftlich orientierten westlichen und staatswirtschaftlich orientierten östlichen Ländern, der vor allem aus ökonomischen Gründen zugunsten der westlichen Interpretation des Zusammenspiels von Staat und Markt aufgelöst schien, wird nun neu analysiert und abgeschwächt: Die Einschätzung, dass ökonomischer Erfolg zahlreiche, auch kulturelle Bedingungen hat, aber nicht zwingend von Bürgerrechten und individuellen Freiheiten abhängt, ist nun *en vogue*. Ja, manche Staaten, die in der Transformationsphase nach dem Ende des Staatssozialismus einen raschen Systemwechsel im Übergang zu marktwirtschaftlichen Strukturen vollzogen haben, sind angesichts der negativen Erfahrungen aus dieser Zeit[77] zu autoritäreren Strukturen, einschließlich staatlicher Wirtschaftssteuerung, zurückgekehrt.

Schon 1970 hatte der indische Ökonom und Nobelpreisträger des Jahres 1998, Amartya Sen, mit dem *Liberalen Paradoxon* ein Theorem bewiesen, das einen fundamentalen Konflikt zwischen individueller Freiheit und kollektiver Wohlfahrt aufzeigt.[78] Amartya Sen konnte beweisen, dass es unmöglich ist, individuelle Präferenzen in einer Weise zu aggregieren, dass sowohl Liberalität gesichert ist als auch alle Möglichkeiten zur Steigerung der allgemeinen Wohlfahrt wahrgenommen werden. Ähnlich wie im Arrow-Theorem werden die beiden Prinzipien (Liberalität und Wohlfahrt) minimalistisch formuliert: Es wird lediglich gefordert, dass jede Person bei der kollektiven Entscheidung über mindestens eine Alternative individuell frei entscheiden kann, unabhängig davon, wie andere diese Alternativen beurteilen. Liberale Rechtsordnungen räumen jedem Individuum die Möglichkeit ein, in bestimmten Bereichen eigenständig, ohne Rücksicht auf die Präferenzen anderer zu entscheiden. Das, was wir als Privatsphäre bezeichnen, ist nicht nur dadurch charakterisiert, dass es auch vor den neugierigen Augen anderer geschützt ist, sondern vor allem dadurch, dass in dieser Sphäre die Person auf Präferenzen anderer keine Rücksicht nehmen muss. Der Schutz der Wohnung und der Familie gehört zu den rechtlichen Institutionen, Liberalität in diesem Sinne zu sichern. Die Wohlfahrt wird gesteigert, wenn ein Zustand realisiert wird, der von allen Beteiligten präferiert wird. Der überraschende Inhalt des Theorems ist, dass sich beide Prinzipien nicht simultan erfüllen lassen. Damit markiert es auch einen grundsätzlichen Konflikt zwischen Liberalismus und Utilitarismus.[79]

Der Konflikt lässt sich auflösen, indem man den individuellen Freiheiten Vorrang einräumt und damit das Wohlfahrtsprinzip opfert, oder indem man das Freiheitsprinzip opfert, um die Wohlfahrtsorientierung aufrechtzuerhalten. Ich plädiere nachdrücklich für die erste Variante: Nur diese ist mit unserem Demokratieverständnis verträglich. Demnach sind im Zweifelsfall individuelle Rechte gegenüber kollektiven Ansprüchen vorrangig.

Auch wenn in einer homophoben Gesellschaft viele Dorfmitglieder eine starke Präferenz haben, dass in ihrem Ort keine gleichgeschlechtlichen Paare leben sollen, so sollten wir darauf keine Rücksicht nehmen. Jeder Mensch sollte selbst entscheiden können, mit wem er oder sie zusammenlebt. Das gilt auch für den Fall, dass andere dieses Zusammenleben beurteilen, ja sogar dann, wenn deren Wohlergehen von einer bestimmten Form des Zusammenlebens beeinträchtigt würde. Diese Intuition, dass im Zweifelsfall kollektive Wohlfahrt gegenüber individuellen Rechten zurückzustehen habe, sollte radikalisiert werden und in der These münden, dass individuelle Rechte auch dann Vorrang haben, wenn alle eine andere Alternative gegenüber derjenigen vorziehen, die realisiert wird, wenn jede Person ihre individuellen Rechte wahrnimmt.[80] Diese Vorrangstellung individueller Rechte vor kollektiver Wohlfahrt ist damit vereinbar, dass man individuelle Rechte in Fällen, in denen deren Realisierung zu dramatisch negativen Konsequenzen für die Allgemeinheit führt, einschränkt, wie es etwa das Grundgesetz in Gestalt der entschädigungspflichtigen Enteignung für Gemeinwohlprojekte vorsieht.[81]

Die Versöhnung zwischen Liberalität und Wohlfahrt liegt auf der Hand, wenn wir auf unsere Analyse zur individuellen und kollektiven Autonomie zurückgreifen: Kollektive Autonomie kommt nur in einer Form in Frage, in der sie mit individueller Autonomie vereinbar ist, ja, das Konsensprinzip politischer Legitimation räumt jedem einzelnen Mitglied der politischen Gemeinschaft ein Veto-Recht ein. Eine aufgeklärte Bürgerschaft wird daher den Rechten und Freiheiten, die die je individuelle Autonomie sichern, Vorrang gegenüber Wohlfahrtsgewinnen einräumen. Sie wird daher Institutionen etablieren, die diese individuellen Rechte und Freiheiten sichern und Wohlfahrtsorientierung nur in den Grenzen zu lassen, in denen diese nicht mit individuellen Rechten und Freiheiten kollidiert.

Demokratische Rechtsordnungen berücksichtigen diese Vorordnung individueller Autonomie: Eine Abwägung zwischen Vorteilen für die Entwicklung des Bruttosozialprodukts gegen individuelle Rechte darf es nicht geben. Wenn es etwa um die Entscheidung geht, ob eine großtechnische Anlage zulässig ist, dann erfolgt die gerichtliche Entscheidung nicht auf der Grundlage der Abwägung möglicher ökonomischer Vorteile gegen die individuellen Rechte der Personen, die Einwände vorgebracht haben.

Vielmehr wird geprüft, ob diese Einwände berechtigt sind. Wenn sich zum Beispiel herausstellt, dass die Gesundheit der Anwohner durch Emissionen gravierend beeinträchtigt würde, dann erfolgt keine Abwägung mehr zwischen den ökonomischen Kosten, die diese gesundheitlichen Beeinträchtigungen nach sich ziehen, und der Förderung des Bruttosozialproduktes durch diese großtechnische Einrichtung. Vielmehr wird geprüft, ob diese gesundheitliche Beeinträchtigung ein Individualrecht verletzt oder nicht. Typischerweise werden in

Verwaltungsverfahren Schwellenwerte festgelegt, unter denen ein gewisses gesundheitliches Risiko zulässig ist und nicht als Verletzung eines Individualrechts interpretiert wird.

Die Zustimmung zu einer politischen Ordnung werden Freie und Gleiche nur dann geben, wenn ihre individuelle Autonomie gesichert ist. Sie werden daher auf der Etablierung einer verlässlichen Rechtsordnung bestehen, die im Zweifelsfall selbst dann die individuelle Autonomie jeder einzelnen Person sichert, wenn dies im konkreten Einzelfall nicht im kollektiven Interesse ist. Diese Argumentation hat es in sich, denn in der konkreten Abwägung zwischen Kollektiv- und Einzelinteresse ist immer die Gefahr gegeben, dass das Kollektivinteresse sich durchsetzt. Es ist daher erst die Etablierung einer Rechtsordnung, die individuelle Rechte garantiert, die eine demokratische Ordnung für alle akzeptabel macht. So paradox es klingen mag: Es ist die Einschränkung von Kollektiventscheidungen, sei es bei Einstimmigkeit, wie im Sen-Theorem, oder im Falle des Konflikts zwischen Mehrheitsentscheidungen und Individual- bzw. Minderheitenrechten, die die Zustimmungsfähigkeit einer demokratischen Ordnung sichert. Eine demokratische Ordnung ist nur dann legitim, wenn in ihr die Individualrechte aller garantiert sind. Kollektive Autonomie darf nicht in einen Gegensatz zu individueller Autonomie geraten.

13. Konsens in der Demokratie

In den vorausgegangenen Kapiteln haben wir uns schrittweise einem vertieften (Selbst-)Verständnis von Demokratie genähert. Dabei ist deutlich geworden, dass es einen engen Zusammenhang zwischen der Annahme individueller Autonomie und der demokratisch verfassten kollektiven Autonomie gibt. Unter der Voraussetzung je individueller Autonomie sind nur solche kollektiven Entscheidungen und staatlichen Institutionen zulässig, die auf einem Konsens beruhen. Dabei haben wir unter Konsens nicht die jeweilige konkrete Zustimmung zu einer Entscheidung oder einer staatlichen Institution verstanden, sondern in aller Regel lediglich einen Konsens höherer Ordnung, der sich auf die Verfahren bezieht, die eine politische Entscheidung oder eine staatliche Institution legitimieren.

Unser Verständnis von individueller Autonomie ist dabei nichts anderes als eine bestimmte Lesart der *Freiheit und Gleichheit* aller Menschen, die von den modernen politischen Theoretikern, beginnend mit Thomas Hobbes, postuliert wurde.[82] Es ist die Idee, dass Menschen gleichermaßen befähigt und berechtigt sind, ein Leben nach eigenen Vorstellungen zu leben, verbunden mit der Forderung, jedem menschlichen Individuum den notwendigen gleichen Respekt entgegenzubringen, damit sich diese Fähigkeit entfalten kann und das individuelle Recht auf Selbstbestimmung nicht verletzt wird. »Die Würde des Menschen ist unantastbar« (GG Art. I) meint nichts anderes als: Niemand darf einem menschlichen Individuum den Respekt versagen, insbesondere darf kein Individuum in seiner Selbstachtung existenziell beschädigt werden, weil dies hieße, dass sich die Fähigkeit zu selbstbestimmtem Leben und Handeln nicht entfalten könnte und damit das je individuelle Recht auf Selbstbestimmung verletzt würde.[83]

Die normative Prämisse gleicher Freiheit, die die gesamte moderne politische Theorie durchzieht, würde natürlich in geradezu grotesker Weise missverstanden, wenn man sie als eine empirische These interpretiert. Natürlich sind Menschen nicht gleich, und sie sind auch nicht gleichermaßen frei. Die normative Prämisse der gleichen Würde aller Menschen verlangt, dass menschlichen Individuen der gleiche Respekt entgegengebracht werden sollte, unabhängig von allen empirischen Unterschieden.

Die gleiche menschliche Würde beinhaltet das Gebot der Gleichbehandlung, das sich in demokratischen Rechtsordnungen niederschlägt: Jede Person ist gleich vor dem Gesetz, es gibt keine Privilegien nach Stand, Herkunft, Religion, Geschlecht etc. Seit Immanuel Kant hat sich zudem eine radikale Interpretation dieser Gleichheit durchgesetzt, die man gelegentlich in der juristischen Literatur als »Verrechnungsverbot« bezeichnet: Es sei mit der individuellen Menschenwürde unvereinbar, dass das Leben, die körperliche Unversehrtheit, das Wohlbefinden einer Person für andere Menschen, und seien es noch so viele, geopfert würden, es sei mit ihrer Würde unvereinbar, dass sie als bloßes Mittel zu anderen Zwecken, so wichtig diese Zwecke auch seien, behandelt würden. Die gleiche Würde oder das gleiche Recht auf Leben darf nicht so interpretiert werden, dass man die eine individuelle Würde oder das eine individuelle Leben opfern dürfe, um die Würde oder das Leben von vielen zu wahren. Diese Gleichheit ist nicht verrechenbar. In utilitaristischen Theorien wird die Gleichheit dagegen quantitativ verstanden, das heißt, jeder Person wird eine Nutzenfunktion zugeschrieben, und das Prinzip aller Moralität besteht darin, die Addition dieser individuellen Nutzenfunktionen zu einer kollektiven Nutzenfunktion zu maximieren. Damit wird das verletzt, was der Gerechtigkeitstheoretiker John Rawls als *separateness of persons* bezeichnet: Jede Person kann zwar für sich entscheiden, heute bestimmte Nachteile in Kauf zu nehmen, um in Zukunft Vorteile zu genießen, aber die Vorteile anderer rechtfertigen es nicht, dem einen Nachteile aufzuerlegen. Die Verrechnung funktioniert allenfalls diachron in einer Person (intrapersonell), aber nicht interpersonell, es darf zwischen unterschiedlichen Personen keine solchen Verrechnungen geben. Jeder Einzelne kann auf eigene Vorteile verzichten, um anderen etwas Gutes zu tun, aber die einzelne Person ist dazu nicht schon dann verpflichtet, wenn das Gute, das sie anderen bereiten kann, den eigenen Nachteil überwiegt. Ja, selbst dann, wenn das Leben einer anderen Person davon abhängt, eigene Nachteile in Kauf zu nehmen, kann niemand dazu gezwungen werden.[84]

Wenn also die normative Prämisse der Demokratie, die der gleichen Freiheit und Gleichheit aller Menschen, nicht auf Erfahrung beruht, dann stellt sich dennoch die

Frage: Welche empirischen Bedingungen müssen erfüllt sein, um eine Politik der gleichen individuellen Würde praktizieren zu können? Im 19. Jahrhundert entwickelt sich aus dem Kantianismus ein ethischer Sozialismus, der den Staat in die Pflicht nimmt, die Voraussetzungen dafür zu schaffen, dass Menschen real ein Leben gleicher Würde und gleichen Respekts führen können, und das heißt, die dazu erforderliche Bildung und soziale Sicherheit bereitzustellen.[85] Manche politischen Theoretiker meinen aus der normativen Prämisse von Gleichheit und Freiheit Gebote der Gleichverteilung ableiten zu können. Das aber ist ein Irrtum. Die gleiche je individuelle Freiheit, der gleiche Respekt, beinhaltet auch, Differenzen aushalten zu können, zuzulassen, dass sich ganz unterschiedliche Lebensformen in der Gesellschaft entwickeln, dass die Bürger einer Demokratie ihre Vorstellungen unbeeinflusst von anderen und ohne Zwang realisieren können. Es mag Menschen geben, die auf ein hohes Konsumniveau gesteigerten Wert legen, für manche steht die berufliche Karriere im Mittelpunkt, andere wollen hinreichend Zeit für Familie und Freunde haben oder sich kulturellen und sozialen Projekten widmen. Diese Unterschiedlichkeit der Präferenzen führt zu unterschiedlichen Verteilungen, selbst dann, wenn sich die Fähigkeiten der Menschen nicht voneinander unterscheiden würden und Chancengleichheit herrschte. Auch die unterschiedliche Repräsentanz von Berufen und Geschlechtern in den parlamentarischen Vertretungen verletzten nicht zwingend die normative Prämisse von Freiheit und Gleichheit aller. Aber wenn die Gesellschaft in Kasten zerfiele, zwischen denen es wenig Verbindung gäbe, wenn Heiraten nur innerhalb einer Kaste möglich wäre, wenn eine der Kasten alle wirtschaftlichen und politischen Führungspositionen besetzte, wenn sich Ungleichheit über die Generationen hinweg verfestigte, dann ist anzunehmen, dass am Ende die Strukturen einer hierarchischen Gesellschaft mit dem Postulat von Freiheit und Gleichheit kollidierten.

Es kann keine stabile demokratische Ordnung geben ohne einen normativen Minimalkonsens, in dessen Zentrum das wechselseitige Verständnis als Freie und Gleiche steht. Dieser Minimalkonsens formt nicht nur die Verfassung und die Rechtsordnung, die Institutionen der Demokratie, sondern muss auch die zivilgesellschaftliche Praxis prägen. Eine Gesellschaft, in der Weiße sich in öffentlichen Verkehrsmitteln andere Sitzplätze suchen, wenn sich neben sie ein Schwarzer setzt, ist nicht demokratiefähig. Ohne wechselseitige Anerkennung von Gleichheit und Freiheit keine Demokratie als Staatsform. Die Demokratie hat ein zivilgesellschaftliches Fundament, ohne dieses erodiert sie. Hier hat die These des philosophischen und politischen Liberalismus, dass sich zwischen Politik und Kultur säuberlich scheiden ließe, dass Letzteres in die partikularen Lebensformen falle, während die Politik auf geteilten und von ihrem Anspruch her universellen Normen beruhen müsse, ihre Grenzen. Zwar muss die politische Ordnung mit einer Vielfalt unterschiedlicher Lebensformen und partikularer Kulturen verträglich sein, aber sie bedarf selber eines kulturellen beziehungsweise eines zivilgesellschaftlichen Fundamentes. Der normative Konsens weitet sich über die politische Sphäre auf die gesellschaftliche aus. Und umgekehrt gilt, wenn dieser Konsens gesellschaftlich gefährdet ist, lässt er sich auch politisch nicht mehr halten.[86]

Konsens stiftet Legitimität. Wenn zwei Menschen übereinkommen, in einer bestimmten Form zusammenzuleben, dann haben Außenstehende keine Rechtfertigung, sich einzumischen, vorausgesetzt, minimale Rechtsnormen werden eingehalten. Der liberale Staat lässt jeden »nach seiner Fasson selig werden«, er hält seine Institutionen entweder frei von allen religiösen Symbolen und Überzeugungen, oder er verhält sich gegenüber diesen neutral. Er verdrängt das Religiöse aus dem öffentlichen Raum oder neutralisiert es. Diese Formen der Domestizierung des Religiösen stehen am Beginn aller modernen Staatlichkeit, nicht erst der demokratischen. Die Säkularisierung ist Voraussetzung der Befriedung durch staatliche Sanktionsgewalt und rechtsstaatliche Zivilisierung von Konflikten. Die Idee moderner, auf einem Konsens beruhender Staatlichkeit und ihre Ausgestaltung in den demokratischen Verfassungsordnungen der Gegenwart sind die historische Antwort auf die traumatische Erfahrung der europäischen Religionskriege. Die zunächst harmlos erscheinende Rede vom postsäkularen Staat, vor allem aber die neuen politischen Machtansprüche religiöser Gemeinschaften unterschiedlichster Provenienz, nicht nur islamischer, sondern auch hinduistischer, christlicher, sogar buddhistischer Gemeinschaften, gefährden diese historische Errungenschaft des Liberalismus. Säkularisierung heißt nicht, Religionen zu bekämpfen, Religionsgemeinschaften zu enteignen oder atheistische Weltanschauungen zu predigen. Säkularisierung im wohlverstandenen Sinne ist die Bedingung des zivilen, demokratischen Friedens. Säkularisierung heißt, dass die Legitimationsquellen staatlicher Institutionen und politischen Handelns sich nicht auf religiöses Offenbarungswissen und die Autoritäten religiöser Gemeinschaften berufen können. Säkularisierung ist die Antwort auf die Religionskriege des 17. ebenso wie auf die Religionskriege des 21. Jahrhunderts. Sie ist unverzichtbar für die moderne, multikulturell verfasste Demokratie.

Der kulturelle Minimalismus liberaler politischer Theorie und politischer Praxis hat aber, so könnte man sagen, das Kind mit dem Bade ausgeschüttet, denn er hat übersehen, dass es auch für liberale demokratische Ordnungen eines kulturellen Fundaments bedarf. Vor über zehn Jahren habe ich in Reaktion auf die damalige Leitkultur-Debatte für eine Leitkultur des Humanismus[87] plädiert und mich gewundert, dass es so schwer war, sich damit verständlich zu machen. Für Liberale, für Sozialdemokraten, für Grüne und Linke war der Leitkultur-Begriff kontaminiert und, selbst in Verbindung mit dem Humanismus, inakzeptabel. Die politische Ordnung, so lautete die Antwort, darf keine kulturellen Voraussetzungen haben. Auch die beiden bedeutendsten liberalen politischen Theoretiker der Gegenwart, John Rawls und Jürgen Habermas, unterschätzen das kulturelle Fundament der Demokratie, die Rolle einer zivilgesellschaftlichen Praxis, John Rawls in Gestalt seiner Konzeption der *comprehensive moral doctrines*, die für die gerechte Ordnung nicht relevant sein dürften, und Jürgen Habermas in seiner Unterscheidung universeller Moralität und partikularer Ethik.[88] Moralität ist bei Habermas das, was sich in einem rationalen Diskurs öffentlich und allgemeingültig begründen lässt, und Ethik ist das, was mit partikularen Praktiken und Gemeinschaftszugehörigkeiten, sprich mit kulturellen Bindungen, einhergeht. Diese Trennung funktioniert weder lebensweltlich noch politisch. Lebensweltlich nicht, weil es eine Illusion der Rawls'schen Theorie darstellt, dass unterschiedliche, umfassende und in sich stimmige Moraldoktrinen die kulturellen und religiösen Gemeinschaften prägten, das ist allenfalls für kleine fundamentalistische Sonderformen zutreffend. Vor allem aber deswegen nicht, weil sich die zivilgesellschaftliche Praxis, der Umgang der Bürgerinnen und Bürger miteinander im Alltag nicht von der politischen Praxis und der Beteiligung an öffentlichen Diskursen trennen lässt. Wer im Alltag füreinander keinen Respekt aufbringt, der wird dies auch in der politischen Sphäre nicht tun. Die Demokratie ist auch ein zivilisatorisches Projekt, sie hat kulturelle Voraussetzungen, und wenn diese erodieren, lässt sich auch die demokratische Staatlichkeit nicht bewahren. Der normative Konsens, der eine demokratische Ordnung trägt, beschränkt sich nicht auf einen *Verfassungspatriotismus*[89], auf eine Hochschätzung der Normen der jeweiligen Verfassungsordnung, sondern dehnt sich auf den alltäglichen Umgang der Bürgerinnen und

Bürger miteinander aus, er hat eine lebensweltliche Dimension.[90]

14. Dissens in der Demokratie

Individuelle Autonomie lässt sich in der demokratischen Ordnung nur bewahren, wenn diese auf einem Konsens (höherer Ordnung) beruht.[91] Kollektives Handeln generell wird erst durch die Zustimmung aller, die an der kollektiven Handlung beteiligt sind, konstituiert. Eine demokratische kollektive Praxis unterscheidet sich von anderen lediglich dahingehend, dass sie auf der Annahme der Gleichheit und Freiheit aller Individuen beruht und alle staatliche Gewalt vom Volke ausgehen lässt, wie es im Grundgesetz heißt.[92] Der Konsens ist also kein beliebiger, sondern ein spezifischer. Allerdings können die institutionellen Formen, zu denen demokratische Ordnungen gerinnen, extrem unterschiedlich sein, sie können föderalistisch oder zentralistisch verfasst sein, sie können die demokratische Repräsentation in einer Zentralinstanz, etwa nach dem Modell der französischen Präsidialverfassung, zusammenfassen oder eine Mehrebenen-Demokratie vorsehen, wie die Europäische Union.

Die Kontrolle der Regierenden und die Richtungsentscheidungen durch Volkswahlen, aber auch die Garantie individueller Rechte und die Beschränkung der öffentlichen Sphäre, die Gewaltenteilung als institutionalisierte

Form der wechselseitigen Kontrolle, Meinungs-, Assoziationsfreiheit und eine freie Presse sind gemeinsame Elemente aller demokratischen Ordnungen. Der normative Grundkonsens, das Verständnis von Bürgerschaft als einer Gemeinschaft der Freien und Gleichen, ist mit dem Austrag von Interessen- und Weltanschauungskonflikten nicht nur vereinbar, sondern dessen Voraussetzung. So, wie das gemeinsame Sprechen einer Sprache einen großen Bestand gemeinsamer Überzeugungen und Wertungen voraussetzt, und so, wie der Streit über die Richtigkeit oder die Falschheit der einen oder anderen Behauptung nur möglich ist, wenn sich die Streitenden in den allermeisten übrigen Fragen einig sind, so gilt auch für die Demokratie: Erst der Konsens erlaubt Dissens und das Austragen von Konflikten in einer zivilen Form.

Antagonistische und agonistische, marxistische und konstruktivistische Politiktheorien bestreiten das.[93] Sie werfen den Konsensus-Theorien der Demokratie vor, dass sie dem Interessenkonflikt zwischen sozioökonomischen Klassen oder der Unvereinbarkeit differierender kultureller Praktiken und Wertungen nicht gerecht werden. Liberale Konsensus-Theorien des Rawls'schen oder Habermas'schen Typus können dem entgegnen, dass es um eine ganz spezifische Sphäre, nämlich die des *public reasoning* (Rawls), beziehungsweise die der öffentlichen Geltung verbindlicher Normen, gehe. Die liberale Trennungsthese ermöglicht es, sich gewissermaßen zurückzuziehen und die Klassen- oder Kulturkonflikte außerhalb der demokratischen Sphäre, außerhalb der institutionell verfassten politischen Ordnung zu verorten. Der Konsensus-Theorie der Demokratie jedoch ist diese Rücksichtsmöglichkeit verbaut. Wie wir im vorausgegangenen Kapitel argumentiert haben, dehnt sich die Normativität der Demokratie auf die zivile Sphäre aus, Demokratie ist auf eine zivilgesellschaftliche Ordnung und die sie tragenden humanistischen Wertorientierungen angewiesen.

Antagonistische und agonistische Politikkonzeptionen stellen gerade diese normative Orientierung der Demokratie und der demokratischen Zivilgesellschaft in Frage. Sie verstehen die gesellschaftliche Dynamik als Ausdruck unversöhnlicher Klassen- und Kulturkonflikte. Zwischen den Interessenvertretern kann es keinen Ausgleich durch Kompromiss, durch politisch legitime Entscheidungen, im Rahmen demokratischer Institutionen, geben. Die konstruktivistische Interpretation von Kulturkonflikten schließt sogar aus, dass die Repräsentanten unterschiedlicher Kulturen eine gemeinsame Sprache sprechen, in der sie sich verständigen können, selbst dann, wenn sie alle des Englischen oder Deutschen oder Französischen oder Italienischen etc. mächtig sind. Die Positionen-Theorie des Konstruktivismus, also die These, dass die Richtigkeit oder Falschheit einer These vom Standpunkt der Person abhängt, schließt eine Verständigung mit einem für alle gleichermaßen akzeptablen Ergebnis ebenso aus wie eine für alle gleichermaßen legitime demokratische Entscheidung.[94] Die liberale und soziale Demokratie wird zum Firnis, unter dem sich die Dämonen des Konfliktes nur mühsam verbergen lassen. Demokratie erscheint aus marxistischer und konstruktivistischer Sicht als Illusionstheater, das die wahren Konflikte verbirgt oder zumindest entstellt. Der gemeinsame Feind von antagonistischen und agonistischen Politikkonzeptionen ist nun nicht mehr lediglich das liberale Vernunftvertrauen, spezieller die liberale Idee der individuell verantwortlichen Person, die politische Ethik individueller Rechte und universeller Normen, sondern generell die humanistische Idee der Möglichkeit einer vernünftigen politischen Ordnung.[95] Die Verhöhnung des Wahren, Guten und Schönen, die in bestimmten ideologischen Milieus der Rechten wie der Linken verbreitet ist, offenbart den Zynismus, der meist nur mühsam von Beschwichtigungsformeln gegenüber der Demokratie verdeckt wird. Hier zeigt sich die Gemeinsamkeit mit der Demokratiekritik von rechts, auch dort wird die Demokratie als Staatsordnung durchaus akzeptiert, solange sie dem eigenen ideologischen Zerstörungswerk hinreichend Raum gibt. Auch Fundamentalisten unterschiedlicher religiöser und weltanschaulicher Provenienz können sich hier einreihen: Alle plädieren für den Erhalt der demokratischen Ordnung, aber lediglich als Instrument der Verfolgung einer eigenen, undemokratischen, Agenda.[96]

Die liberale Demokratie ist nur so lange lebensfähig und vital, als sie ein zivilgesellschaftliches und kulturelles Fundament hat. Sobald die demokratische Ordnung für wachsende Teile der Gesellschaft und der Politik lediglich zum Mittel der Verfolgung eigener, nicht demokratischer Agenden wird, ist sie aufs Höchste gefährdet, wie die Geschichte zeigt. In der Weimarer Republik ver folgten nicht einmal die Nationalsozialisten eine offen antidemokratische Zielsetzung. Sie beteiligten sich an Wahlen und behaupteten, politische und soziale Probleme des Landes, wie sie insbesondere seit der großen Weltwirtschaftskrise 1929 ff. zutage getreten waren, kraftvoll angehen zu wollen. Aber die *hidden agenda* war offenkundig, und sie war auf die Abschaffung der Demokratie gerichtet. Ganz Ähnliches gilt für die damalige kommunistische Partei, und selbst das Zentrum machte immer wieder deutlich, dass seine primäre Loyalität transmontan war und nicht der säkularen, freiheitlichen und demokratischen Ordnung der ersten deutschen Demokratie galt. Unter solchen Bedingungen ist der Zusammenbruch einer Demokratie nur eine Frage der Zeit. Die Geschichte wiederholt sich nicht, aber man darf dennoch aus der Geschichte lernen und Warnzeichen ernst nehmen, die auf einen schrittweisen Zerfall der Demokratie hinweisen. Die politische Gegenwart ist leider geprägt durch solche Warnzeichen, und zwar in zunehmendem Maße.

Der Dissens gehört zur Demokratie, und der Konflikt wird ausgetragen vor dem Hintergrund eines normativen, demokratischen Grundkonsenses. Dissens und Konflikt gehören schon deswegen zur Demokratie, weil ansonsten das zentrale Element demokratischer Ordnung, nämlich die öffentliche Kontrolle der Regierenden, nicht möglich wäre. Nur dann, wenn den jeweiligen Regierungsvorschlägen Gegenvorschläge der Opposition gegenübergestellt werden und über sie abgestimmt und gestritten wird, können sich die Bürgerinnen und

Bürger eine Meinung bilden. Nur dann, wenn es Alternativen gibt, können sie über die Grundrichtung der Politik entscheiden. Dies spricht gegen sogenannte große Koalitionen, weil dies der Bürgerschaft die Wahlmöglichkeiten nimmt. Dabei kommt es gar nicht darauf an, ob diese großen Koalitionen größer oder kleiner ausfallen, sondern wesentlich ist, dass die Alternativen verloren gehen. In demokratischen Staaten mit Mehrheitswahlrecht ist normalerweise dafür gesorgt, dass es zwei dominierende Kräfte gibt. In den USA sind dies die republikanische und die demokratische Partei, in Großbritannien über lange Zeit unangefochten die Konservativen und die Labour Party. Der Nachteil von Demokratien mit Mehrheitswahlrecht besteht darin, dass es um die Repräsentation unterschiedlicher politischer Strömungen in den Parlamenten meist schlecht bestellt ist. Stimmen, die in einem Wahlkreis in der Minderheit bleiben, finden im Parlament keinen Niederschlag. Der Vorteil ist, dass sich in der Regel Alternativen herausbilden.

Demokratien mit Verhältniswahlrecht haben dagegen den Vorteil, dass sich unterschiedliche Strömungen in den Parlamenten besser abbilden. Oft mit der Tendenz einer immer stärkeren Aufsplitterung des Parteiensystems und damit einer zunehmenden Unübersichtlichkeit. Der Vorteil der verbesserten Repräsentanz korrespondiert allerdings mit dem Nachteil, dass oft nach Auszählung der Stimmen einer Volkswahl nicht klar ist, wie dieses Land regiert werden wird. Mühsame Koalitionsverhandlungen beginnen, die auch nach Monaten scheitern können, sodass der Bürgerschaft vor Augen geführt wird, dass sie nicht die letzte Entscheidung hat, sondern die Repräsentanten politischer Parteien. Wenn diejenigen Parteien, denen man grundsätzlich zutraut, die politische Führung im Land für eine Legislaturperiode zu übernehmen, sprich in Systemen wie dem deutschen oder dem österreichischen, mit Abstrichen auch dem italienischen, den Kanzler beziehungsweise die Ministerpräsidentin zu stellen, miteinander koalieren, dann geht diese Form des Konfliktaustrages zwischen einer die Regierung bestimmenden politischen Kraft und einer die Regierung potenziell bestimmenden Kraft in der Opposition verloren. Ein wesentliches Element jeder demokratischen Ordnung, nämlich die Kontrolle der Regierenden und die Möglichkeit einer Richtungsentscheidung durch Volkswahlen, entfällt dadurch. Typischerweise, das zeigt die Erfahrung mit sogenannten großen Koalitionen in der Vergangenheit in Demokratien mit Verhältniswahlrecht, werden dann Parteien von den Bürgerinnen und Bürgern gestärkt, die dieser großen Koalition nicht angehören. Extreme Parteien, wie die NPD während der großen Koalition 1966 bis 1969, kommen in die Landesparlamente, Themenparteien, wie die Grünen in Deutschland, werden – zumindest in den Umfragen – kanzlerfähig.

Große Koalitionen beenden den Konflikt zwischen zwei (Volks-)Parteien, die für sich jeweils in Anspruch nehmen, gemeinwohlorientiert die Geschicke des Landes zu gestalten. Die Konfliktminimierung durch solche Koalitionen schwächt die Demokratie, daher kommen sie nur für eine Übergangszeit in Frage. Wiederholte gro-

ße Koalitionen gefährden die Demokratie, wie das öster-
reichische und später auch das deutsche Beispiel gezeigt
haben. Das Gegenbeispiel Schweiz ist meines Erachtens
nicht aussagekräftig, da dort die zentralen Konflikte in
Volksentscheiden ausgetragen werden. Die traditionelle
Allparteienregierung auf Bundesebene sorgt für eine kohärente Gesetzgebung, die den kulturell und sprachlich
zerklüfteten Staat zusammenhält.

Der demokratische Konflikt hat die Form eines Dissenses[97]: Unterschiedliche Personen, Parteien, politische
Bewegungen, Initiativen etc. haben unterschiedliche
Auffassungen, was im Interesse der politischen Gemeinschaft als ganzer geboten ist. Die bloße Repräsentanz
von Interessen ist unpolitisch. Erst die Transformation
in unterschiedliche Überzeugungen darüber, was politisch getan werden sollte, macht den Konflikt in der
Demokratie aus. Paradoxerweise ist dieser Konflikt gerade dann besonders heftig und politisch ertragreich,
wenn er zwischen politischen Kräften ausgetragen wird,
die nah genug an der politischen Mitte stehen, um eine
Regierungsoption zu haben. Konflikte mit extremen
Positionen, die keinerlei Chance auf mehrheitliche Zustimmung haben, führen dagegen zu einer dauerhaften
Majorisierung, was bei den Unterlegenen zur Abwen-
dung von der demokratischen Form des Konfliktaustrags führen kann, in extremen Fällen zum Einsatz von
Gewalt, wie sie zahlreiche separatistische Bewegungen
wenigstens zeitweise einsetzten und politische Kräfte
am Rande des Spektrums zumindest in Erwähnung ziehen. Inklusion und Partizipation heißt also keineswegs,

Konflikte zuzukleistern, sondern diese in einer demokratischen Form auszutragen. Erst die grundsätzliche Chance, selbst mit seinen Vorschlägen politisch (mit) gestalten zu können, erlaubt den zivilen, für die Demokratie geeigneten Konfliktaustrag.

Dies macht die Abstoßungsreaktionen gegenüber neuen politischen Kräften – in den 1980er Jahren die Grünen, in den 1990er Jahren die PDS beziehungsweise später Linkspartei, heute die AfD – so problematisch. Die Weigerung, abweichende, aber noch innerhalb des demokratischen Spektrums vertretbare Positionen auszudiskutieren, die Absage von Spitzenpolitikern noch vor wenigen Jahren, wenn sich auf dem Podium ein AfD-Vertreter befand, unterminiert die Vitalität einer demokratischen Ordnung. Diskursverweigerung und Ausgrenzung darf in der Demokratie nur das allerletzte Mittel sein, um Gefahren für die Demokratie als ganze abzuwehren. Auch dann stellt sich die Frage, ob dieses Mittel effektiv ist. Im Streit um den Umgang mit ehemaligen RAF-Aktivisten wurde diese Problematik deutlich. Selbst diejenigen, die das normative Fundament der Demokratie nicht akzeptieren, sollten nicht von vornherein aus den politischen Diskursen ausgegrenzt werden. Als Teilnehmer an politischen Diskursen allerdings müssen sie sich im Rahmen des Zulässigen bewegen, und das heißt, die normative Grundordnung der Demokratie, etwa in Gestalt einer Praxis des gleichen Respekts, zu akzeptieren.

Die Demokratie lebt also vom Konflikt, der Konsens bezieht sich auf die Grundnormen der Gleichheit und

Freiheit sowie den Realitätsbezug. Erst der Konflikt, zumal zwischen politischen Kräften, die für sich in Anspruch nehmen, die Politik eines Landes gestalten zu können, ermöglicht demokratische Kontrolle. Der für eine demokratische Ordnung konstitutive Konsens erlaubt erst den für eine demokratische Ordnung, speziell für die Kontrolle der Regierenden durch die Bürgerinnen und Bürger, notwendigen Konflikt. Der normative Grundkonsens stiftet die Legitimität in der Demokratie und erlaubt das Austragen politischer Konflikte. Diese werden nicht durch Konsense beerdigt, sondern zivilisiert.

15. Das Gibbard-Theorem

Der US-amerikanische Philosoph Allan Gibbard konnte 1976 beweisen[98], dass es kein Verfahren kollektiver Entscheidungsfindung gibt, das minimale Rationalitätsbedingungen erfüllt und zugleich manipulationsfrei ist. Was verbirgt sich hinter diesen Begriffen?

Manipulationsfrei ist ein Verfahren kollektiver Entscheidungsfindung, wenn das Ergebnis unabhängig davon ist, in welcher Abfolge über welche Alternativen abgestimmt wird.[99] Strategiefrei wird ein Verfahren kollektiver Entscheidungsfindung genannt, wenn es für niemanden vorteilhaft ist, andere Präferenzen als seine tatsächlichen einzuspeisen, um das präferierte Resultat zu erreichen. Strategiefrei sind Entscheidungsverfahren also dann, wenn das Ergebnis der Abstimmung aus der Sicht keiner der beteiligten Personen besser wird, wenn sie andere als ihre tatsächlichen Präferenzen zur Grundlage ihrer Wahlbeteiligung machen.

Das Gibbard-Theorem zeigt zunächst, dass Manipulationsfreiheit und Strategiefreiheit logisch äquivalent sind: Alle Verfahren kollektiver Entscheidungsfindung, die manipulationsfrei sind, sind auch strategiefrei und umgekehrt. Das gilt nicht nur für alle praktizierten, sondern für alle nur denkbaren Verfahren kollektiver Entscheidungsfindung. Wenn ein Entscheidungsverfahren manipulierbar ist, dann heißt dies nicht, dass es die Möglichkeit gibt, zum Beispiel durch einen Versammlungsleiter das Ergebnis der kollektiven Entscheidung zu manipulieren, indem zunächst über diese und nicht über jene Alternative abgestimmt wird, sondern es bedeutet erst einmal, dass es Verteilungen von individuellen Präferenzen gibt, bei denen das Wahlergebnis von der Reihenfolge der Abstimmung über individuelle Präferenzen abhängt. In der Eigenschaft der Manipulations- bzw. Strategiefreiheit verbirgt sich also eine Existenzbehauptung: Es gibt mindestens eine Präferenzstruktur, bei der das Ergebnis von der Reihenfolge der Abstimmungen abhängt bzw. bei der das Ergebnis zugunsten der Präferenzen mindestens einer Person dadurch verändert werden kann, dass sie andere Präferenzen angibt, als sie hat.

Für die Demokratie-Theorie ist das Gibbard-Theorem eine Herausforderung. Denn wenn wir im Einklang mit dem Mainstream der Ökonomie und der Sozialwissenschaften davon ausgehen, dass Individuen eigeninteressiert handeln, dann müssen wir permanent mit Manipulationen und strategischen Verfälschungen rechnen. An dieser Stelle könnte man einwenden, dass dies doch selbstverständlich sei, so funktioniere eben Politik, auch in der Demokratie. Aber so einfach sollten wir es uns nicht machen.

Zunächst darf das Problem der Manipulations- und Strategieanfälligkeit nicht unterschätzt werden. Wenn ich weiß, dass andere Personen bei der Abstimmung Grund haben, Präferenzen anzugeben, die sie gar nicht haben, dann kann ich, vorausgesetzt, ich kalkuliere deren Interessenlagen richtig ein, dem wiederum begegnen, indem ich auf die zu vermutenden strategischen Verfälschungen meinerseits mit strategischen Verfälschungen reagiere. Nennen wir dieses Phänomen *Replikation*: Ich repliziere auf die strategische Verfälschung anderer, indem ich selbst strategisch verfälsche, auch wenn ich ursprünglich, d.h., wenn jede Person sich an ihre eigenen Präferenzen gehalten hätte, keinen Grund gehabt hätte, andere als meine tatsächlichen Präferenzen in das Entscheidungsverfahren einzuspeisen. Andere Personen könnten nun wieder, wohlwissend, dass ich in dieser Weise repliziere, auf meine zu erwartende Replikation replizieren (mit einer Replikation zweiter Stufe) und so weiter und so fort. Die Willkürlichkeit, einen solchen Prozess wechselseitiger Replikationen auf irgendeiner Stufe abzubrechen, mündet in einer Aporie: Bei zyklischen kollektiven Präferenzen bestimmt Willkür oder Zufall das Abstimmungsergebnis.[100]

Wenn die ökonomische Theorie recht hat und rationale Individuen immer so handeln, dass sie ihre Präferenzen optimal erfüllen, und wenn wir zusätzlich annehmen, dass Menschen bei der Verfolgung ihrer Interessen die zu erwartenden Ergebnisse der Interessenverfolgung anderer berücksichtigen, wenn sie sich also in die anderen Personen hineinversetzen und entsprechend ihre Strategien anpassen, dann stehen wir vor einem weiteren fundamentalen Problem kollektiver Entscheidungsfindung, der Strategie- und Manipulationsanfälligkeit. Wir wissen, dass jede Regel kollektiver Entscheidungsfindung strategie- und manipulationsanfällig ist, was zusammen mit wechselseitigen Replikationen zu chaotischen Entscheidungsprozessen führt. Die Frage, die sich hier stellt: Müssen wir das achselzuckend hinnehmen? Manche sind vielleicht versucht zu sagen, sie hätten nichts anderes erwartet, kollektive Entscheidungsverfahren seien eben in der Regel von Manipulationen und taktischem Entscheidungsverhalten geprägt.[101]

Wenn wir uns die Bürgerschaft eines demokratischen Staates als individuelle Nutzenoptimierer vorstellen, die unter den Bedingungen kollektiver Entscheidungsverfahren ihre Interessen einbringen, dann garantiert das Gibbard-Theorem eine chaotische Aporie. Die Bürgerschaft zerfiele in zahlreiche punktuelle Optimierer, deren Präferenzen sich in stabiler Weise nicht aggregieren ließen. Ähnlich wie beim Arrow-Theorem kann man dies als Argument *gegen die Möglichkeit kollektiver Rationalität und demokratischer Entscheidungsfindung* interpretieren. Ich schlage dagegen vor, einen genaueren Blick auf die Bürgerinnen zu richten, die sich an kollektiven Entscheidungsverfahren beteiligen. Wir erinnern uns an Jean-Jacques Rousseaus Unterscheidung zwischen einem *citoyen* und einem *bourgeois*, wohlgemerkt in einer Person. Er hat großen Wert darauf gelegt, dass in der Versammlung nicht die *bourgeois*, sondern die *citoyens* entscheiden. Die *citoyens* orientieren sich in ihren Entscheidungen über Gesetzentwürfe am Gemeinwohl *(volonté générale)* und nicht an ihren Privatinteressen. Sie werden daher auch nicht strategisch wählen, sondern sich die Argumente für und wider einen Gesetzesvorschlag anhören, eigene Argumente vorbringen und am Ende so abstimmen, wie sie es zuvor in der Verhandlung begründet haben. Die Rousseau'sche Republik ist eine sittliche Körperschaft, das heißt, sie verlangt von den *citoyens*, dass sie sich von ihren eigenen Individualinteressen so weit distanzieren können, dass sie politisch urteilsfähig werden, und einschätzen können, welche Gesetzesvorlage dem Gemeinwohl am dienlichsten ist. Politische Urteilskraft hat eine sittliche Voraussetzung, nämlich die Fähigkeit, sich vom Eigeninteresse zu distanzieren, welches man als *bourgeois* außerhalb der politischen Versammlung verfolgen darf, das aber nicht Richtschnur der politischen Entscheidung sein kann.

Bürgerinnen und Bürger sind auch jenseits der Rousseau'schen Versammlung keine Nutzen optimierenden Akteure. Ihre politischen Entscheidungen sind von politischen Gründen geleitet, das heißt, sie sind in der Lage, ihre Entscheidung gegenüber anderen zu rechtfertigen. Diese Fähigkeit zur Begründung eigener politischer Stellungnahmen bedeutet keineswegs, dass nach Austausch dieser Begründung Konsens herrscht. Es mag sogar sein, dass der Austausch von Begründungen die Unterschiede erst deutlicher werden lässt und sich dadurch sogar Konflikte vertiefen und Konsense blockiert werden.[102]

In der Tat kann die Transformation eines politischen Überzeugungskonfliktes in bloße Interessenstandpunkte, über die man verhandeln kann, auch in verfahrenen Situationen den Weg zum Kompromiss weisen. Typischerweise werden dann lediglich Positionen vorgebracht, die in unterschiedlicher Weise für die verhandelnden Parteien relevant sind, um gerade durch den Verzicht auf weiter gehende Begründungen einen Konsens zu ermöglichen. In manchen politischen Konstellationen zwischen Parteien mit konvergierenden Auffassungen wird die Verantwortung für bestimmte Politikbereiche aufgeteilt, sodass sich weitere konfliktträchtige Erörterungen erübrigen: Die einen, zum Beispiel die Grünen im rot-grünen Stadtbündnis in München 2008 bis 2014, sind für Bereiche zuständig, die ihnen besonders am Herzen liegen, und die Sozialdemokraten haben dafür freie Hand in wirtschafts- und sozialpolitischen Bereichen. Man darf diese Transformation nicht missverstehen, damit wird nicht suggeriert, dass die einzelnen Parteien keine wohlbegründeten Positionen hätten, vielmehr wird die Konfliktlösung über den Austausch von Argumenten durch diese Transformation ersetzt durch einen Konsens zweiter Ordnung, nämlich den über Zuständigkeiten.

Eine andere Form einer solchen Transformation besteht darin, wohlbegründete Projekte vorzuschlagen, die weitere Abwägung des Für und Wider dieser Projekte aber zu unterlassen, um die Gegensätze nicht zu vertiefen, stattdessen aber einen Kompromiss anzustreben, der darin besteht, dass jede Seite bereit ist, auf das eine oder andere Projekt zu verzichten, um andere durchzubringen. Dieser permanente Zwang in der Demokratie, Kompromisse zwischen unvereinbaren politischen Positionen zu finden, prägt die politischen Diskurse: Über die Begründung einzelner Zielsetzungen und Projekte hinaus ist jeweils auch zu begründen, warum bestimmte Projekte nicht weiterverfolgt werden können und was einen Kompromiss rechtfertigt. Dies ist nicht immer einfach, weil zwei Zielsetzungen politischer Praxis dabei kollidieren: zum einen die klare Unterscheidbarkeit der eigenen Positionierung, um Wählerschaften zu binden und kollektive Identitäten zu stabilisieren, und andererseits die Fähigkeit zum Ausgleich, der erforderlich ist, um kollektive Handlungsfähigkeit in der Demokratie zu sichern.

Die Diskursfähigkeit, also die Fähigkeit, die eigene Position, gegebenenfalls auch den erreichten Kompromiss, öffentlich zu begründen, ohne die eigene politische Identität zu gefährden, schränkt die Spielräume taktischen Entscheidens ein. Anders formuliert: Es ist das deliberative Element der Demokratie, das eine Antwort auf die Herausforderungen des Gibbard-Theorems bereithält. Deliberation zwingt die Akteure zum einen, ihre jeweiligen politischen Ziele und Projekte in einen kohärenten Zusammenhang zu stellen, der öffentlich begründbar ist, und blockiert zum anderen Differenzen zwischen dem öffentlich Begründeten und dem dann in der politischen Entscheidung Gewählten. Wenn zwischen der eingespeisten Präferenz und den öffentlichen Begründungen keine Kohärenz besteht, werden die betreffenden Akteure unglaubwürdig und büßen an Vertrauen ein. Das, was in italienischen Debatten als *tatticismo* gebrandmarkt wird, zerstört die Grundlagen demokratischer Meinungsbildung und Entscheidungsfindung. Je stärker das deliberative Moment in der Demokratie, desto irrelevanter wird der Befund des Gibbard-Theorems. Eine dezisionistische Praxis gefährdet die demokratische Ordnung. Das Gibbard-Theorem macht das Ausmaß dieser Gefährdung deutlich. Je individuell optimierende politische Akteure würden die demokratische Ordnung ruinieren. Die Antwort auf das Gibbard-Theorem ist eine deliberativ verfasste Demokratie.

16. Fünf Formen der Demokratiekritik

Freiheit und Gleichheit sind die Grundnormen der modernen Demokratie, sie sind uns so selbstverständlich geworden, dass wir ihre Besonderheit leicht verkennen. Immanuel Kant hat dieses normative Fundament in seiner praktischen Philosophie präzisiert.[103] Freiheit ist nicht lediglich Willkür, Freiheit erschöpft sich auch nicht in Autarkie, also darin, keine Herrschaft über sich zu dulden. Menschen sind frei, insofern sie sich von Gründen – Gründen zu urteilen und Gründen zu handeln – leiten lassen. Freiheit ist in diesem Sinne als Autonomie zu verstehen.[104]

Gleich sind wir als Vernunftwesen. Als solche, die sich wechselseitig die Fähigkeit, nach Gründen zu handeln und zu urteilen, zuerkennen. Unabhängig vom jeweiligen sozialen Stand und von politischer oder ökonomischer Macht, erkennen wir uns als Gleiche an. Wir bringen Gründe vor – Gründe, etwas zu glauben, und Gründe, etwas zu tun –, wenn wir mit anderen human, wie es dem Menschen als Vernunftwesen gemäß ist, interagieren.

Die Menschenwürde ist zunächst eine individuelle. Menschen haben eine spezifische Würde, insofern sie in der Lage sind, nach Gründen zu handeln und zu urteilen, insofern sie Vernunftwesen sind, insofern wir ihnen Rationalität, Freiheit und Verantwortung zuschreiben können. Diese Form der Würde ist gleich, sie kommt jedem Einzelnen gleichermaßen zu, und sie wird gegenüber jedem gleichermaßen in Anschlag gebracht, wenn der Umgang untereinander human ist. In diesem Sinne kann niemand für eine andere Person entscheiden. Jede Person ist autonom, darauf beruht ihre spezifische, je individuelle Würde. Alle haben das gleiche Recht auf Freiheit. Es gibt nur gleiche Freiheit oder keine Freiheit. Eine Gruppe von Menschen, die die Freiheitsansprüche auch nur einer einzigen Person verletzt, um alle übrigen besserzustellen, handelt in toto heteronom, verletzt das

Gebot gleicher individueller Würde, gleicher Autonomie und gleicher Freiheit und verliert damit den Status einer moralischen Gemeinschaft.

Diese für die moderne Demokratie konstitutive Verbindung von Freiheit und Gleichheit wird von fünf Seiten angegriffen:

Die erste meint zeigen zu können, dass Freiheit und Gleichheit unvereinbar seien und der Freiheit der absolute Vorrang einzuräumen sei. Belegen wir diesen Angriff mit einem heute zunehmend gebräuchlichen Terminus: mit *libertär* bzw. der Position des *Libertarismus*.

Während der erste Angriff eine prinzipielle Unvereinbarkeit von Freiheit und Gleichheit postuliert und der Freiheit Priorität einräumt, geht der zweite Angriff zwar ebenfalls von einer Unvereinbarkeit von Freiheit und Gleichheit aus, räumt jedoch der Gleichheit die Priorität ein. Zur Bezeichnung wählen wir den Terminus *kommunistisch* bzw. die Position des *Kommunismus*.

Der dritte Angriff bezeichnet sich selbst nicht als antiegalitär, wie die Vertreter des ersten, sondern als *nonegalitär*; er bringt nicht Freiheit gegen Gleichheit oder Gleichheit gegen Freiheit in Stellung, sondern hält die Gleichheit als Grundnorm für entbehrlich und ersetzt diese durch Normen der *Solidarität*.

Ich habe oben wohlbedacht von Freiheit und Gleichheit als den beiden miteinander verkoppelten Grundnormen der modernen Demokratie gesprochen und *fraternité* oder Solidarität nicht als dritte genannt. Diese dritte ist nicht spezifisch modern, sie prägt die mittelalterliche und frühneuzeitliche Sozialordnung und wird in der politischen Moderne transformiert: entweder als eine klassenspezifische Solidarität der Linken oder als konservative Solidarität der ohnehin Stärkeren gegenüber den Schwachen im Sinne karitativer Pflichten oder im Sinne universalistischer, inklusiver, die ganze Menschheit umfassender Pflichten der Hilfeleistung.

Diese drei Angriffe, der libertaristische, der kommunistische und der solidaristische, repräsentieren jeweils nicht nur einen Strang des philosophischen und politiktheoretischen Denkens, sondern auch der politischen Praxis, des politischen Engagements. Der libertäre hatte immense Wirkung auf das, was in den USA als »Reaganomics« oder in Großbritannien als »Thatcher-Revolution« bezeichnet wurde; der kommunistische Angriff ist gegenwärtig zusammengebrochen, und seine Protagonisten verschanzen sich in den letzten Wagenburgen etwa in Nordkorea oder Kuba, während die kommunistische Elite Chinas das gewagte Experiment der Verbindung eines entfesselten kapitalistischen Marktes mit kommunistischer Parteiführung und Staatskontrolle unternimmt. Aber in der Bewegung der Globalisierungskritiker, in den Gewerkschaften und in einem Teil der neuen sozialen Bewegungen halten sich nach wie vor kommunistische Ideale. Der dritte Angriff, der solidaristische, tritt weniger polemisch auf als die beiden vorausgenannten. Er ersetzt den Wert der Gleichheit durch Normen der Solidarität – Normen, die sich etwa aus der Pflicht ergeben, allen ein menschenwürdiges Leben zu ermöglichen. Dieser letzte Angriff ist politisch schwer zu verorten. Er reicht von der sozialdemokratischen Aristotelikerin wie Martha Nussbaum bis zu eher neoliberal Gesinnten wie Harry Frankfurt. Auch dieser Angriff bedroht jedoch das normative Fundament der Demokratie.[105]

Den vierten Angriff kann man als den *multikulturalistischen* bezeichnen. Er betont die Bedeutung der Zugehörigkeit zu einer kulturellen oder auch ethnischen Gemeinschaft, er hat philosophisch einen kommunitaristischen Hintergrund: Erst die Gemeinschaften, denen man angehört, ihre Normen und Werte bestimmen die moralische Person. Die Person, die, wie der liberale Philosoph John Rawls meinte, einen rationalen Lebensplan verfolge, existiere nicht, und damit sei die liberale politische Philosophie mit ihrem Ausgangspunkt, dem vernünftigen Individuum, das sich eine staatliche Ordnung schafft, um seine Ziele verfolgen zu können, irreführend, das liberale Ideal des autonomen Individuums müsse aufgegeben werden. Anstelle der Bedingungen individueller Selbstverwirklichung, so eine zentrale These, muss es in der politischen Ordnung um einen fairen und rücksichtsvollen Umgang zwischen unterschiedlichen kulturellen Gemeinschaften gehen.[106]

Der fundamentalste, der *identitäre* Angriff tritt meist rechtspopulistisch als Betonung der Interessen des ›eigenen Volkes‹ gegen universelle Rechts- und Gleichbehandlungsansprüche auf, der linkspopulistische betont die gemeinsamen Interessen des einfachen Volkes gegen kapitalistische und staatliche Akteure, aber die Unterschiede zwischen diesen beiden Varianten verschwimmen in der aktuellen politischen Rhetorik zunehmend.

In Griechenland und Italien[107] haben sich schon die ersten Regierungskoalitionen aus diesen beiden vermeintlich so gegensätzlichen populistischen Bewegungen gebildet.

Zum ersten Angriff auf Freiheit und Gleichheit, dem libertären: Die elaborierteste Form des Libertarismus hat Robert Nozick mit *Anarchy, State and Utopia* vorgelegt.[108] Es ist charakteristisch für diese und andere Formen des Libertarismus, dass sie individuelle Freiheit als etwas normativ Gegebenes annehmen. Dies geschieht bei Robert Nozick in der Form, dass er, sich auf John Locke berufend, die wichtigsten individuellen Rechte, das Recht auf Leben, das Recht auf körperliche Unversehrtheit und das Recht auf Eigentum, ohne weitere ethische Begründungen anführt. Dies ist insoweit ein legitimer Argumentationsschritt, als die genannten individuellen Rechte in unserer lebensweltlichen moralischen Praxis ebenso wie in den juridischen Systemen der westlichen Demokratien tief verankert sind, wie ein Blick auf diverse Verfassungsordnungen zeigt. Von daher ist es naheliegend, die Argumentation dort zu beginnen, wo es keinen fundamentalen Dissens – jedenfalls nicht unter den Adressaten der Schrift – gibt.

Die Libertären gehen jedoch einen Schritt weiter. Sie behaupten, dass alle anderen moralischen Aspekte politischen Handelns irrelevant seien, es gebe weder Solidaritäts- noch Kooperationspflichten. Nicht die Annahme Locke'scher Individualrechte ist begründungsbedürftig, sondern der damit verbundene Fundamentalismus der libertären politischen Theorie.

Eine politische und soziale Ordnung, die in hohem Maße von den Asymmetrien je individueller Vertragsschlüsse geprägt ist, würde jedoch keinen allgemeinen Konsens finden. Warum sollte es dann nicht rational sein, dass sich zum Beispiel die Schwächeren in großer Zahl zusammenschließen und eine andere politische und soziale Ordnung erzwingen? Ein solcher Zwang stünde im Widerspruch zur vorausgesetzten wechselseitigen Anerkennung Locke'scher Individualrechte als einziges normatives Fundament. Ein solcher Zwang wäre Ausdruck eines Konfliktes zweier normativer Perspektiven: der der Legitimität je individuell optimierender Vertragsschlüsse einerseits und der Wahrnehmung sozialer und politischer Asymmetrie, sprich der Verletzung des Gleichheitspostulates, auf der anderen Seite. Der libertäre Angriff auf das normative Fundament der politischen Moderne, die im kantischen Sinne verkoppelte Freiheit und Gleichheit, hat also zwei Schwächen: die Willkür in der Auswahl der normativen Prämissen und die Beschränkung auf Rechte. Es ist jedoch weit plausibler anzunehmen, dass in analoger Weise als Ergebnis eines Prozesses der *unsichtbaren Hand* nicht nur Schutzgemeinschaften, sondern auch Bildungs- und Sozialgemeinschaften entstünden. Diese beiden Schwächen sind fatal. Der erste, libertäre Angriff auf das normative Fundament der politischen Moderne kann damit als abgewehrt gelten.

Der zweite – *kommunistische* – Angriff: Gleichheit ohne Freiheit. Der Kommunismus hat mit dem Libertarismus eines gemeinsam, nämlich die These der Unvereinbarkeit von Freiheit und Gleichheit. Der Unterschied zwischen Kommunismus und Libertarismus besteht darin, dass der Kommunismus der Gleichheit und der Libertarismus der Freiheit den Vorrang gibt. In der Tat führt die wechselseitige Anerkennung von Freiheit im Sinne einer möglichst autonomen Lebensgestaltung zu realen Ungleichheiten. Der Feind der Freiheit im Sinne kantischer Autonomie ist der Paternalismus im günstigen und der Totalitarismus im ungünstigen Falle. Der Paternalismus ist von Wohlwollen gegenüber den zu Betreuenden geleitet und achtet in seiner kommunistischen Variante darauf, dass sich niemand von einer anderen Person allzu sehr abhebt. Begabungsunterschiede werden folgerichtig ignoriert, Auffälligkeiten, wo es geht, bekämpft. Kunst und Wissenschaft sind in einer paternalistischen Gesellschaft dieses Typs ein steter Quell des Unbehagens. Die Normierung auf Gleichheit richtet sich vor allem aber auch gegen abweichendes Sozial- und Individualverhalten. Staatliche Institutionen sorgen dafür, dass diese Abweichungen gering gehalten werden, sofern sie sich nicht durch Sanktionen im Keime ersticken lassen. Die totalitäre Variante setzt Gleichheit auf Kosten von Freiheit durch umfassende Kontrolle durch, wie es derzeit im Zuge der Technologisierung im Zusammenhang mit dem *Social Credit System*[109] in China geschieht. Das Wohlwollen des Paternalismus wird durch die Repression des Staats- und Parteiapparates ersetzt. Die kommunistischen Gesellschaften der Vergangenheit und auch noch der Gegenwart lassen sich in diesem Spektrum zwischen Paternalismus und

Totalitarismus ansiedeln. Das Kambodscha des Pol Pot war zweifellos totalitär, das maoistische China und das stalinistische Russland waren überwiegend totalitär, Albanien unter Enver Hodscha ohnehin. Die mittel- und osteuropäischen Staaten, die erst in den letzten Kriegsjahren unter sowjetische Kontrolle kamen, verbanden totalitäre und paternalistische Elemente miteinander und versuchten, zumindest nach außen, ihre totalitären Praktiken zu verdecken. Ein Gutteil der westeuropäischen und internationalen Linken ist dieser Camouflage aufgesessen. Das Erwachen seit Mitte der 1980er Jahre war entsprechend bitter und hat zu einer Entpolitisierung oder gar zynischen Rechtswendung eines wesentlichen Teils der politischen Linken beigetragen. Das Versprechen des frühen Marx und der Frühsozialisten, durch Gleichheit erst Freiheit zu sichern, ist in diesem groß angelegten historischen Experiment des Marxismus-Leninismus jedenfalls gescheitert, und der normative Irrtum liegt auf der Hand: Die wechselseitige gleiche Anerkennung von Autonomie und individueller Würde impliziert die Zurückhaltung staatlicher Kontrolle. Freiheit und Gleichheit sind in der politischen Moderne unlösbar miteinander verknüpft, aber eben in der Weise, dass die wechselseitige gleiche Anerkennung individueller Würde und Autonomie der einzelnen Person eine private wie auch eine politische Verantwortung zuweist. Diese Verantwortung lässt sich nicht delegieren und ihre konkrete Ausübung nicht kontrollieren, ohne genau das zu verlieren, nämlich die Verkoppelung von Freiheit und Gleichheit im kantischen Sinne.

Der dritte Angriff: Solidarität statt Gleichheit hält Gleichheit für keinen normativen Wert an sich und möchte ihn durch verschiedene Varianten der *Solidarität* ersetzen. Protagonisten dieses Angriffs bezeichnen sich nicht als Antiegalitaristen, sondern in der Regel als »Non-Egalitaristen«. Gleichheit mag für sie zwar gelegentlich eine instrumentelle normative Relevanz haben, aber niemals eine intrinsische. Gleichheit als solche sei kein ethischer oder politischer Wert. Gleichheit soll durch Suffizienz ersetzt werden. Non-Egalitarier argumentieren, dass jede ethische und politische Bezugnahme auf Gleichheit in Wirklichkeit auf etwas anderes gerichtet sei, z. B. auf Suffizienz oder Inklusion.[110]

Den Non Egalitariern fehlt die Aggressivität der Libertären und der Kommunisten. Sie beschwichtigen, indem sie suggerieren, das Gleichheitspostulat sei doch gut aufgehoben in anderen normativen Kriterien, und verbergen damit, dass das Fundament der politischen Moderne zerstört werden soll. Politische Programme, die sich auf Gleichheit berufen, hätten gegen die Realitäten keine Chance. Wer will wirklich gleiche Bedingungen eines autonomen Lebens in den Slums von Kalkutta und in Beverly Hills?

Das, was von Alexis de Tocqueville so einfühlsam als der Charme des *Ancien Régime* beschrieben wurde, sah Verantwortung für die Schwächeren über alle Stände hinweg vor.[111] Die personalen Bindungen schafften zwischen den unterschiedlichen sozialen Rollen einen Zusammenhalt, der den Absturz ins Bodenlose verhinderte. Die mittelalterliche und die frühneuzeitliche Gesellschaft waren in diesem Sinne – jedenfalls von ihrem normativen Gehalt, wenn auch nicht unbedingt von ihrer sozialen Praxis her beurteilt – eine solidarische. Der dritte Kampfbegriff auf den Bannern der Französischen Revolution, *Fraternité,* war nicht spezifisch modern, wie *Liberté* und *Egalité,* er symbolisierte das Fortleben, aber auch die Transformation von Solidaritätsbeziehungen, die aus der feudalen Ordnung vertraut waren. Diese Solidaritätsbeziehung wurde nun klassenspezifisch verstanden und zweifellos zu einem starken Movens der Revolution. Gleichheit als intrinsischen Wert aufzugeben und durch Solidarität zu ersetzen, hieße, zu einer karitativen Wertorientierung zurückzukehren und eine postmoderne Politik zu legitimieren, charakterisiert durch die Freiheit des Marktes einerseits und eine Solidarität andererseits, die ohne Verankerung in kollektiven Identitäten und lokalen kulturellen Kontexten nicht lebensfähig wäre. Ohne ihre Verkoppelung mit Gleichheit verwandelt sich Freiheit in die Freiheit der Anbieter und Nachfrager von marktgängigen Gütern, und ohne Verbindung mit Gleichheit verkommt Solidarität zur Hilfe für die Ärmsten. Ohne den zweiten Grundwert der bürgerlichen Revolution bleibt das Marktkorrektiv des Mitleids als Grundlage staatlicher Armenhilfe und privaten karitativen Engagements.

Der Non-Egalitarismus passt gut in die politische Agenda der Zerstörung sozialstaatlicher Strukturen. Diese sind, jedenfalls in Mittel- und Nordeuropa – also dort, wo sie am erfolgreichsten und wirksamsten etabliert wurden –, nicht auf Armenhilfe zu reduzieren.

Die staatlichen Sozialversicherungssysteme gelten nicht nur dem individuellen Ausgleich von Lebensrisiken, sondern der Herstellung von Mindeststandards der Gleichheit im Sinne gleicher Würde und gleicher Freiheit. Menschen sollen Akteure ihres Lebens bleiben können, auch wenn der Markt für sie vorübergehend oder vielleicht sogar auf Dauer keine Verwendung mehr hat. Sie sollen sich mit gleicher Würde gegenübertreten können, auch wenn ihre materiellen Ressourcen unterschiedlich sind.

Der *Multikulturalismus*[112], die vierte Form fundamentaler Demokratiekritik, ist in den USA enge Verbindungen mit dem politischen Liberalismus eingegangen, was sich besonders deutlich bei den US-Demokraten, teilweise aber auch in der politischen Philosophie zeigt.[113] Die politischen Programme sind in zunehmendem Maße auf die Interessen und Weltanschauungen unterschiedlicher Gruppen ausgelegt, die durch ethnische (Afro-Americans, Hispanics) oder weltanschauliche (feministische, sozialistische) Merkmale charakterisiert sind, während das, was Marxisten als Klasseninteressen bezeichnen, die sozioökonomischen Interessenlagen, in den Hintergrund treten oder in Fragen der Bildungsbeteiligung übersetzt werden, was mit dafür verantwortlich ist, dass die US-Demokraten zwar extrem hohe Zustimmungsraten etwa bei *Afro-Americans* haben, aber ihre traditionelle Wählerschaft der *Blue-Collar Workers* in den Industrieregionen weitgehend verloren haben. In Europa ist eine durchaus parallele Entwicklung zu beobachten, die die sozialdemokratischen und sozialistischen Parteien in den meisten EU-Ländern in die Defensive gebracht hat.

Nicht die multikulturelle Verfasstheit demokratischer Gesellschaften, sondern die multikulturalistische Ideologie ist mit den normativen Prinzipien moderner Demokratien unvereinbar. Sie ist unvereinbar mit individueller Autonomie, sie zwingt die einzelne Person, sich über ihre Gemeinschaftszugehörigkeit als politischer Akteur zu definieren, sie fördert gruppeninternen Konformismus und verhindert eine geteilte politische Öffentlichkeit. Die für eine demokratische Ordnung so wesentliche kollektive Rationalität bedarf geteilter Normen und Werte sowie eines Konsenses höherer Ordnung, der die demokratische Legitimation kollektiver Entscheidungen und staatlicher Institutionen sichert.

Demokratische Nationalstaaten haben in aller Regel ihre politische Identität erst durch die Erfahrung politischer Beteiligung und gleicher sozialer Rechte entwickeln können. Man kann durchaus sagen, dass eine republikanische und sozialstaatliche Praxis die partikularen Gemeinschaften der Kultur, der Region, der Religion, oft auch der Muttersprache erst überwölben und damit relativieren musste, um das normative Fundament demokratischer Staatlichkeit zu legen. Das gilt nicht nur für die späten europäischen Demokratien Deutschland und Italien mit ihrer charakteristischen kulturellen und regionalen Zerklüftung, ihren landsmannschaftlichen Identitäten und regionalen Dialekten, sondern auch für die frühe Republik Frankreich. Der zeitgenössische Multikulturalismus fällt insofern historisch wieder zurück:

Für ihn wird Partizipation zu einem *Modus Vivendi* unterschiedlicher Gruppen, politische Identität wird wieder partikular, und die normativen Gemeinsamkeiten demokratischer Bürgerschaft erodieren.

Für identitäre Bewegungen, der fünfte Angriff auf die Demokratie, ist demokratische Bürgerschaft nicht institutionell und politisch verfasst, sondern wird mit der Volksgemeinschaft identifiziert, die möglichst unmittelbar ihren Willen in staatliches Handeln überführt. Die Repräsentation des Volkswillens wird über eine Führungsfigur möglich, die ihr Handeln als Ausdruck geteilter Identität präsentiert und auf rationale Begründungen verzichten kann. Dies ist die Form der identitären, der Volksdemokratie im eigentlichen Sinne.[114] Gewaltenteilung, die komplexen institutionellen Kontrollmechanismen in demokratischen Rechtsstaaten, die Garantie individueller Rechte, unabhängig vom je wirksamen Volkswillen, sind mit dieser Idee illiberaler Demokratie[115] unvereinbar. Die politische Rhetorik der Identitären zielt daher auf Delegitimierung demokratischer Institutionen, freier Medien und öffentlicher Diskurskultur und setzt dagegen den Modus des Instinktpolitikers, der Stimmungen des Volkes aufnimmt und umsetzt, weil er Teil dieses Volkes ist. Charakteristisch dafür ist auch die Rückkehr zur ethnischen Nation, eine Nation, die durch ein Volk konstituiert ist, das vor aller Staatlichkeit immer schon existierte und das jetzt vor Überfremdung durch Einwanderung, Aufweichung durch den Verlust traditioneller Werte, vor Globalisierung und Pluralisierung geschützt werden muss. Das rhetorische Muster ist defensiv, das politische Vorgehen aggressiv.

Wie bezüglich der anderen vier fundamentalen Demokratiekritiken gilt auch hier: Die Übergänge sind fließend und die konkreten Formationen komplex. So wurde die AfD von wirtschaftsliberalen Ökonomieprofessoren gegründet, von enttäuschten Konservativen aus dem Unionslager verstärkt und transformierte sich zunehmend zu einem Auffangbecken von nationalistischen Identitären. Ihre Rhetorik war von Anbeginn, trotz ihres zunächst auffällig bürgerlichen Zuschnitts, populistisch, die Inhalte haben sich kontinuierlich nach rechts verschoben und ließen als Opfer dieses Prozesses die jeweiligen Parteivorsitzenden auf dem Weg zurück. Ähnliche Entwicklungen sind in anderen demokratischen Staaten weltweit zu beobachten: Die UKIP-Kampagne bediente sich identitärer Argumente und jeder Menge irrationaler Ressentiments, um den Austritt Großbritanniens zu rechtfertigen; Trumps Präsidentschaftskampagne folgte diesem Muster der ressentimentgeladenen Rhetorik, der Herabsetzung Andersdenkender und Andersartiger, des schlichten Weltbildes des *We vs. They*, der Desavouierung der Medien und demokratischer Institutionen; Le Pen in Frankreich, Wilders in den Niederlanden, Strache in Österreich – das Grundmuster bleibt sich gleich, wenn es auch zwischen gerade noch demokratiekonformem Populismus und antidemokratischer Hetze changiert.

17. Freiheit und Gleichheit

Alle Formen fundamentaler Demokratiekritik, wie sie im vorausgegangenen Kapitel umrissen wurden, sei diese explizit oder nur implizit, eint die Unvereinbarkeit mit den beiden Fundamentalnormen der Demokratie: Freiheit und Gleichheit. Die Libertären akzeptieren nur Freiheit, die Kommunisten nur Gleichheit, die Non-Egalitären wollen Freiheit und Gleichheit durch Solidarität ersetzen, die Multikulturalisten verabschieden die humanistischen Grundlagen der Demokratie in Gestalt eines pluralistischen und die Identitären in Gestalt eines monistischen Kollektivismus. Wir müssen uns demgegenüber den intrinsischen Wert von Freiheit und Gleichheit bewusst machen.

Es stehen sieben Menschen im Zimmer und warten auf hohen Besuch. Als er hereinkommt, gibt er sechs von ihnen die Hand, nicht aber dem Siebten. Dieser ist darüber gekränkt oder zumindest empört. Im Übrigen geht es dem Siebten aber gut, er hat ein hinreichendes Einkommen, und die Tatsache, dass ihm nicht die Hand geschüttelt wurde, wird für ihn keinen bleibenden Schaden anrichten. Dennoch reagiert er mit einer reaktiven moralischen Einstellung, die Peter Strawson »resentment« nennt, d. h., er nimmt es der hochgestellten Persönlichkeit übel, und zwar im moralischen Sinne, dass sie ihm die Hand nicht geschüttelt hat.[116] Nun mag es für diese Persönlichkeit Gründe gegeben haben, so zu handeln, möglicherweise hatte der an siebter Stelle Wartende kürzlich einen ihn beleidigenden Artikel geschrieben. Dann wäre – möglicherweise – der Betroffene zu Unrecht gekränkt oder empört, er hätte keinen guten Grund, das moralisch übel zu nehmen. Aber nehmen wir an, er hätte einen moralischen Grund, gekränkt oder empört zu sein. Dann stellt sich die Frage, warum? Nun, weil er anders, eben ungleich behandelt wurde gegenüber den anderen Wartenden.

Gleichheit im Sinne von Gleichbehandlung ist wesentlich für individuelle Selbstachtung und für den Respekt gegenüber anderen. Es ist die Tatsache, ungleich behandelt worden zu sein, obwohl es dafür keinen Grund gab, die diese kränkende Wirkung hat. Diese Tatsache allein, d. h. ohne Grund ungleich behandelt worden zu sein, ist (rationalerweise) geeignet, die individuelle Selbstachtung der betroffenen Person zu schädigen. Die betroffene Person hat Grund, sich in ihrer Selbstachtung beschädigt zu sehen. Dies gilt selbst dann, wenn die Person über einen so stabilen Charakter verfügt, dass sie de facto in ihrem Selbstwertgefühl nicht gemindert ist.[117]

Ungleichheit kränkt zu Recht, auch in den Fällen, in denen nichts Wesentliches auf dem Spiel steht. Dies spricht gegen die Überführbarkeit von Gleichheitskriterien in Suffizienzkriterien. Viele Non-Egalitarier werden erwidern: Gegen Gleichbehandlung als Prinzip habe ja niemand irgendetwas. Die gesamte Rechtsordnung beruhe doch auf Gleichstellung vor dem Gesetz. Antidiskriminierungsgesetze machten Sinn. Und dieser Sinn lasse sich vielleicht nicht durch Suffizienzkriterien allein fassen, aber zumindest durch das Kriterium der Inklusion, also der Einbeziehung aller, des Nicht-Ausschließens aus den sozialen Bezügen. Dieser Rettungs-versuch des Non-Egalitarismus kann aus zwei Gründen nicht überzeugen.

Zum einen gibt es einen Zusammenhang zwischen Gleichbehandlung und Gleichverteilung. Jede zentrale Verteilungsinstanz hat das zu Verteilende gleich zu ver-teilen, außer es gibt gute Gründe, es ungleich zu ver-teilen. Jede Ungleichverteilung ohne Grund kränkt zu Recht, verletzt die Selbstachtung der Betroffenen. Das hat mit Suffizienzkriterien nichts zu tun. Auch dann, wenn hinreichend viel von einem zu verteilenden Gut vorhanden ist, sodass auch bei drastischer Ungleichver-teilung die Schlechtergestellten immer noch nach ab-soluten Maßstäben relativ gut gestellt sind, ist eine un-gleiche Verteilung ohne Grund inakzeptabel, es kränkt die Betroffenen zu Recht. Wenn in einem Golfclub mit hohen Jahresbeiträgen und Mitgliedern, denen es öko-nomisch gut geht, die nutzbaren Zeiten verteilt werden, und diese werden willkürlich, d. h. ohne vernünftigen Grund, ungleich verteilt, dann sind die Betroffenen zu Recht gekränkt, dann hat die Person, die über diese Ver-teilung entschieden hat, unrecht gehandelt. Gleichheit ist auch weit jenseits jedes Suffizienzkriteriums ein we-sentliches Element der Selbstachtung. Gleichbehand-lung führt unter bestimmten Bedingungen zwingend zu Gleichverteilung.

Zum anderen führt nicht jede ungerechtfertigte Handlung, nicht jedes Gefühl des Zurückgesetztseins, d. h. der Kränkung oder der Empörung, zur Exklusion. Wir wollen eine Gesellschaft des Respekts und der wechselseitigen Anerkennung. Eine solche Gesellschaft setzt voraus, dass wir uns wechselseitig als Gleiche, jedenfalls in einem bestimmten Sinne, verstehen und uns entsprechend zueinander verhalten. Eine Verletzung dieses Gleichheitsgebotes impliziert noch nicht Exklusion, sondern eben nur Zurücksetzung, Schlechterbehandlung, ungerechtfertigte Ungleichheit. Diese ist für sich normativ problematisch, nicht erst dann, wenn sie die Betroffenen aus den sozialen Interaktionsbeziehungen ausschließt. Als Fazit lässt sich festhalten: Weder Suffizienz noch Inklusion können den Wert und die Norm der Gleichheit ersetzen. Gleichheit hat wie Freiheit einen intrinsischen Wert, aber auch Solidarität und damit Suffizienz und Inklusion. Verletzungen des Gleichheitspostulats kränken die Betroffenen. Wir wünschen uns eine nicht kränkende, die Selbstachtung ihrer Mitglieder nicht beschädigende Gesellschaft. Eine solche Gesellschaft muss Gleichheitspostulaten einen zentralen Stellenwert einräumen.

Nicht nur Gleichheit, auch Freiheit ist ein intrinsischer Wert bzw. eine Norm, die um ihrer selbst willen zu beachten ist. Freiheit ist nicht lediglich ein Instrument zur Erlangung anderer Ziele, etwa des Glücks des Individuums oder der wirtschaftlichen Effizienz des Marktes. Wenn A überzeugt ist, dass B ein glücklicheres Leben führen würde, wenn sie sich für h entschiede, dann kann A gegenüber B Gründe vorbringen, um B zu überzeugen. Nehmen wir an, A hat gute Gründe für ihre Überzeugung, und B hat schlechte Gründe für ihre gegenteilige Überzeugung. Damit hat A aber noch kein

Recht, B zu h zu zwingen. A behandelt B nur insofern respektvoll, d. h. ihre Freiheit im Sinne kantischer Autonomie achtend, wenn A Gründe vorbringt und nicht den vielleicht effizienteren Weg der Manipulation oder Instrumentalisierung geht. Es könnte sein, dass man B leicht dazu bringen könnte, h zu wählen, indem man ihr falsche Informationen vermittelt, sie unter Druck setzt oder, wie Österreicher es nennen, charmiert. Auch wenn solches Verhalten im Alltag oft genug vorkommt, es verletzt das Postulat wechselseitigen Respekts. Es ist ein Respekt, der darauf beruht, dass wir uns wechselseitig als autonome Akteure ansehen, als Autoren unseres Lebens, als Wesen, die sich von Gründen affizieren lassen, die in der Lage sind, Gründe abzuwägen und aufgrund dieser Abwägung urteilen und entscheiden.

Es mag sein, dass durch diesen Respekt das erreichbare Ergebnis, dass B h wählt, nicht erreicht wird. B wäre dann in ihrem weiteren Leben möglicherweise unglücklicher als nötig. Die soziale Welt wäre, gemessen an der Glückssumme, eine schlechtere, als wenn B sich für h entschieden hätte. Dies ändert aber nichts daran, dass es der Respekt vor der Autonomie verlangt, nicht zu manipulieren, sondern Gründe anzuführen, auch wenn diese Gründe nicht das effektivste Mittel sind, B zu h zu veranlassen. Freiheit als Autonomie ist ein intrinsischer Wert bzw. eine intrinsische Norm. Eine freiheitliche Gesellschaft ist eine solche, die ihren Mitgliedern diese Form der Autonomie zugesteht, die ihre lebensweltlichen Moralbeziehungen ebenso wie ihre politischen und sozialen Institutionen so gestaltet, dass sie ihren Mitgliedern jeweils ein möglichst autonomes Leben gestattet. Eine freiheitliche Gesellschaft muss daher mit Differenzen leben. Mit Differenzen in der Lebensgestaltung auch dann, wenn sie die soziale Kohäsion vermindern, Konflikte schaffen oder Widerstände provozieren. Das Ziel vieler Kommunitaristen, den Zusammenhalt innerhalb der Gesellschaft zu stärken, ist legitim. Dies darf aber nur in den Grenzen geschehen, die eine solche kommunitäre Praxis nicht in Konflikt zur Freiheitlichkeit, d. h. zur wechselseitigen Anerkennung autonomer Lebensgestaltung, bringt.

Diese kantisch verstandene Freiheit ist ohne Gleichheit unvollständig. Das Postulat des Respekts verlangt, allen gleichermaßen ein autonomes Leben zuzugestehen. Der wechselseitige Respekt vor der Autonomie des Individuums ist *gleicher* Respekt. Jede Ungleichheit in diesem sensiblen Bereich der Selbstbestimmung, der Autorschaft des eigenen Lebens, würde die individuelle Selbstachtung beschädigen. Die kantische Freiheit ist ein intrinsischer Wert oder eine intrinsische Norm, und sie ist begrifflich eine *gleiche individuelle Freiheit*. Sie kommt allen gleichermaßen zu. Und nur insofern kann sie Grundprinzip einer freiheitlichen Gesellschaft sein. Jede Abweichung von der gleichen Zuerkennung autonomer Lebensgestaltung würde das normative Fundament der modernen Demokratie zerstören.[118]

18. Kritik des Egalitarismus

Die Norm der Gleichheit ist für die Demokratie unverzichtbar, sie kann weder durch Solidarität noch durch Gemeinschaftszugehörigkeit ersetzt werden. Dennoch gibt es eine Form des Egalitarismus, die zu Recht kritisiert wird. Nennen wir diese den konsequenzialistischen Egalitarismus. Man sieht Verteilungen nicht an, wie sie zustande gekommen sind. Man kann sie normativ nicht beurteilen. Man weiß nicht, welche Handlungen zu den Verteilungen geführt haben, und wenn Handlungen das Zentrum der Beurteilung bilden, dann weiß man nicht, ob eine Verteilung besser oder schlechter ist, wenn man lediglich ihre Struktur kennt. Der Hinweis auf Ungleichverteilungen allein reicht nicht aus, um zu beurteilen, ob diese in einer Demokratie legitim oder illegitim sind. Ausschlaggebend ist, ob sie Ergebnis einer Praxis Gleicher und Freier sind, und nicht, wie groß die Differenzen an Einkommen, Vermögen, Einfluss, Position etc. sind. Wir beurteilen diese Praxis unabhängig davon als human und demokratisch. Die streng deontologische Position, die lediglich der normativen und nicht der axiologischen Beurteilung einen Stellenwert beimisst, kann damit alle non-egalitären Argumente akzeptieren, sofern sich diese gegen die intrinsische Rolle der Gleichheit von Verteilungen selbst im Sinne von Strukturen der Verteilung (nicht von Akten der Verteilung) richtet. Aber es bliebe immer noch die politische Frage, ob oder in welchem Umfang politisch institutionalisierte Umverteilungsinstanzen überhaupt legitim sind. Manche werden einwenden: Selbst wenn sie in großem Umfange legitim wären, seien sie aber nicht effizient. Der Staat versage regelmäßig als Verteilungsinstanz; der Markt solle daher diese Rolle übernehmen. Es ist hier nicht der Ort, diese schwierige Frage zu klären, aber ich möchte einen philosophischen Aspekt einbringen: die Balance von Freiheit und Gleichheit. Autonome Akteure können untereinander Verträge schließen, wenn sie keine Wirkung auf Dritte haben und wenn diese Verträge den Kernbereich ihrer je individuellen Autonomie nicht gefährden. Vertragsfreiheit in diesem Sinne ist ein Zeichen für eine Gesellschaft, die ihren Mitgliedern etwas zutraut, die nicht paternalistisch und – natürlich – nicht totalitär ist. Das, was Michael Walzer als komplexe Gleichheit beschrieben hat[119], was im Wesentlichen darauf hinausläuft, dass keine Sphäre die Güterverteilung einer anderen oder gar aller anderen Sphären dominieren sollte, ist in der Tat Element einer pluralistischen, den Individuen vertrauenden, eben freiheitlichen Gesellschaft. Der Markt als dominantes Organisationsprinzip der Verteilung würde diesem Pluralismus zuwiderlaufen. Der Staat als zentrale Allokationsbehörde, die Güter ganz unterschiedlichen Typs je individuell zuordnet, würde sich nicht nur überheben, sondern würde ebenso mit dieser Bedingung einer pluralistischen freiheitlichen Gesellschaft kollidieren. Individuen Autonomie zuzuerkennen, sie in diesem Sinne zu respektieren, heißt, die staatlichen Institutionen der Zuteilung einzuschränken. Dort, wo sie tätig sind, sind sie Gleichheitsprinzipien verpflichtet, d. h., sie müssen Ungleichverteilungen rechtfertigen. Gleichbehandlung impliziert Gleichverteilung, außer es gibt gute Gründe für Ungleichverteilung, und das sind gerade solche, die zeigen, dass diese spezifische Ungleichverteilung keine Ungleichbehandlung bedeutet. Die Willkürgrenzen dafür sind eng gezogen. Eine gute Gesellschaft wird eine Balance herstellen zwischen der Eigendynamik von Vertragsschlüssen unter Individuen auf dem ökonomischen Markt und außerhalb des ökonomischen Marktes in Sphären des bürgerschaftlichen Engagements, in familiären und anderen Formen der privaten Bindungen, in Geselligkeit, Sport, Kultur, Wissenschaft etc. Die staatlichen Institutionen werden darauf achten, dass diese Autonomie des Vertragsschlusses und der Kooperation generell mit einer Politik der Inklusion verträglich bleibt, also die Marginalisierung ganzer Bevölkerungsgruppen durch entsprechende Regelsetzung, aber auch durch staatliche Umverteilung und die Sicherung von sozialen Mindeststandards ausschließen. Der abgaben- oder steuerfinanzierte Sozialstaat bildet in der politischen Realität ein komplexes Netzwerk solcher Vorkehrungen, die Marginalisierung verhindern und eine vernünftige längerfristige Lebensplanung je individuell ermöglichen sollen. Dies spricht dafür, von staatlicher Seite eher auf die Förderung der Fähigkeiten einerseits und die Bereitstellung der notwendigen Ressourcen andererseits zu achten[120] denn auf die Verteilung von Wohlergehen *(welfare).* Jeder Einzelne ist Autor seines Lebens und muss an Verzweigungspunkten immer wieder neu entscheiden, was für ihn wirklich wichtig ist, welchem Aspekt seines Lebens er besondere

Bedeutung beimisst. Die Konzentration auf Fähigkeiten, flankiert von Ressourcen, die für eine längerfristige Lebensplanung wichtig sind, ist Ausdruck des Respekts, den staatliche Institutionen gegenüber der Autonomie des Einzelnen haben sollten. Im hier vertretenen deontologischen Verständnis geht es um die normative Bestimmung angemessenen Handelns. Im gesamten Spektrum menschlichen Handelns, vom privaten Bereich über den bürgerschaftlichen, den wirtschaftlichen und politischen, scheint mir dieses deontologische Verständnis von Freiheit und Gleichheit zu gelten.

Manche Egalitaristen formulieren das Ziel, alle Ungleichheiten der Lotterie der Natur und der sozialen Herkunft durch entsprechende Transfers zu beheben. Nur das, wofür das einzelne Individuum Verantwortung trägt, was es kontrolliert und durch eigene Leistungen herbeigeführt hat, rechtfertige legitime Ungleichheiten. Alle anderen Ungleichheiten, etwa der Begabung oder der Herkunft, seien idealiter einzuebnen. Die ethische Prämisse hinter dieser Form des Egalitarismus lautet: Man hat keinen Anspruch auf Ressourcen oder Wohlfahrtsanteile, die nicht eigenem Zutun zu verdanken sind. Ronald Dworkin hat dazu eine komplexe Theorie entwickelt, die weitgehend marktkonform ist und sich eine gerechte Ressourcenallokation als einen Versicherungsmarkt vorstellt, der die Rolle des *natural luck* egalisiert.[121] Für *option luck*, also für diejenigen Risiken und Chancen, die frei gewählt sind, bleibt das Individuum persönlich verantwortlich und kann nicht auf die Solidargemeinschaft zählen. Abgesehen davon, dass mit einer solchen Konzeption ein wesentlicher Teil sozialstaatlicher Regelungen obsolet würde, nämlich die staatliche Hilfspflicht auch gegenüber denjenigen, die durch eigenes Verschulden in Not geraten sind, scheint mir der zentrale Irrtum dieser Form des Egalitarismus darin zu liegen, dass hier letztlich eine axiologische und keine deontologische Konzeption der Gleichheit zugrunde liegt. Ungerecht kann jemand nur von einem natürlichen oder institutionellen Akteur behandelt werden, nicht etwa durch die Natur oder Zufälle, die sich der Kontrolle natürlicher und institutioneller Akteure entziehen. Auch wenn niemand einen Anspruch haben mag auf Glücksgüter im Sinne von *natural luck*, so hat auch niemand Anspruch darauf, dass die Ungleichheiten der natürlichen (und sozialen und kulturellen etc.) Lotterie egalisiert werden. Der Staat kann lediglich gegen existenzielle Risiken einen gleichen Schutz anbieten. Gleichheit besteht dann nicht in der Egalisierung von *natural luck*, sondern in der gleichen Sicherung gegenüber existenziellen Risiken und damit in der Bereitstellung derjenigen Bedingungen, die erforderlich sind, um Autor seines eigenen Lebens zu sein. Ein wesentliches Element dieser Bedingungen ist die Planbarkeit des eigenen Lebens über besondere existenzielle Situationen, wie Schwangerschaft und Elternschaft, Krankheit und Invalidität, Arbeitslosigkeit und Alter hinweg. Die in den westlichen Sozialstaaten etablierten Regelungen haben sich nicht an der Egalisierung von *natural luck* orientiert, sondern an der Herstellung dieser Bedingungen für die Planbarkeit und die Kontrolle des eigenen Lebens. Die

Entlastung von Kapital und Vermögen von steuerlichen Beiträgen zum Allgemeinwohl hat in den vergangenen Dekaden, verschärft in Deutschland seit der Wiedervereinigung, die staatlichen Etats und speziell die Sozialetats, zusammen mit der steigenden Zahl von Anspruchsberechtigten aufgrund hoher Arbeitslosigkeit und frühem Eintritt in den Ruhestand, in einem Maße belastet, das eine Reform der sozialen Sicherungssysteme unausweichlich machte.[122] Bei dieser Reform sind allerdings auch die Bedingungen der Autorschaft und der Planbarkeit des eigenen Lebens beschädigt worden. Personen, die Jahrzehnte in die Arbeitslosenversicherung eingezahlt und die für ihr Alter und die Unterstützung ihrer Kinder vorgesorgt haben, müssen nun, dank Hartz IV, erst ihre eigene Bedürftigkeit herstellen, d.h. ihre gesamte Vorsorgeleistung über eine lange Lebensspanne vernichten, um jenseits des ersten Jahres Anspruch auf Zahlungen von Arbeitslosengeld zu haben.

Dieses Beispiel zeigt, dass man das zentrale Element des Sozialstaats nicht erfasst, wenn man die Transferleistungen als Hilfe der Leistungsfähigen gegenüber den Bedürftigen charakterisiert. Ein Sozialstaat, der sich so verstünde, würde sich in die Tradition des Armenrechtes, d.h. der lediglich karitativen Leistungen, stellen; für ihn wären Leistungen, die der Sozialstaat unabhängig von Bedürftigkeit bereitstellt, skandalös. Angemessener ist es, den Sozialstaat als umfassenden Kontrakt zu verstehen, in dem sich die Beteiligten wechselseitig versichern, für den Fall, dass einer ausfällt (wegen Krankheit, Invalidität, Elternschaft oder Alter), dafür

zu sorgen, dass er weiterhin ein Leben nach eigenen
Vorstellungen führen kann – wie groß die materiellen
Einbußen auch sein mögen. Hier ist nicht die Bedürftigkeit das entscheidende Motiv der Transferleistungen,
sondern die Kontrolle der eigenen Lebensführung. Das
kontraktualistische Paradigma und damit das Paradigma der Kooperation reicht in dieser Perspektive sehr
weit. Wenn man den Kontrakt als einen fiktiven, unter
Fairnessbedingungen geschlossenen Vertrag versteht,
der den moralischen Standpunkt der Bürgerinnen und
Bürger zum Ausdruck bringt, wie es bei John Rawls angelegt ist, dann lässt sich sogar die Armenhilfe als Ausdruck einer vertraglichen Übereinkunft, jetzt allerdings
nicht mehr lediglich interessegeleitet, sondern zugleich
moralgeleitet, verstehen. Die vertragliche Übereinkunft
ist Ausdruck bürgerlicher Freiheit. Ihr Inhalt ist die Sicherstellung gleicher Würde, auch unter existenziell
schwierigen Bedingungen. Die zentrale Rolle des Ver-
tragsargumentes für die Entstehung und Legitimation
der bürgerlichen Gesellschaft und damit der modernen
Demokratie ist Ausdruck einer angemessenen Balance
von Freiheit und Gleichheit. Staatliche Institutionen
müssen im Prinzip auf dem Konsens aller Bürgerinnen
und Bürger beruhen. Ihre je individuelle Freiheit erlaubt
keine Zwangsordnung. Als (normativ) Gleiche schließen
sie einen Vertrag, und der Inhalt dieses Vertrages sichert
reale Gleichheit, im Sinne gleicher Würde und gleicher
Autorschaft des eigenen Lebens über unterschiedliche
existenzielle Lagen hinweg.

19. Gerechtigkeit in der Demokratie

Es ist paradox: Als die intellektuellen Eliten in der westlichen Welt gerade begannen, sich vom Ideal der Gleichheit zu verabschieden und den dominierenden Egalitarismus in der politischen Philosophie zu kritisieren, kehrte die Thematik mit Macht zurück. Die Ungleichheiten werden in den einzelnen Nationen[123] und – dies allerdings ist umstritten – auch weltweit immer größer, und das wird nicht nur zunehmend als skandalös empfunden, sondern gilt einer wachsenden Zahl von Ökonomen als Hindernis für eine prosperierende Weltwirtschaft, als Wachstumshemmer und Krisenbeschleuniger.[124] Brutstätten des sogenannten Neoliberalismus mutieren zu Zentren der Kapitalismuskritik.

Wer hätte sich noch vor wenigen Jahren vorstellen können, dass der Internationale Währungsfonds, für seine neoliberalen Sanierungsagenden zu Recht vielfach kritisiert, unterdessen zu mehr Staatsverschuldung und Nachfragestimulierung aufruft?[125] Dabei ist nicht alles neu, was vorgetragen wird: Die Tendenz zu wachsender Ungleichheit hat schon in den frühen 1980er Jahren mit der Thatcher- und Reagan-Revolution in Großbritannien und den USA begonnen. Die auf Deregulierung, Steuersenkung und Staatsabbau ausgelegte Wirtschaftspolitik in diesen beiden Ländern hatte zweifellos eine neue wirtschaftliche Dynamik ausgelöst, im Falle der USA zu dramatischer Staatsverschuldung geführt, aber auch die höheren Einkommen explodieren lassen.[126] Die Rosskur Maggie Thatchers befreite Großbritannien von seiner

»englischen Krankheit«, verwandelte den öffentlichen Dienst in ein geschrumpftes Dienstleistungsunternehmen, führte zum Verkauf zahlreicher kommunaler Betriebe und entmachtete die Gewerkschaften. Ronald Reagan war es gelungen, das libertäre Programm des Staatsabbaus mit der kulturell konservativen *moral majority* in Einklang zu bringen, *family values* zu predigen, das Nationalbewusstsein zu stärken und zugleich die soziale Solidarität auszuhöhlen, die in den USA ohnehin nur schwach entwickelt war.

Die politische Linke wurde dadurch zu einem doppelten Strategiewechsel gezwungen: Sie entdeckte die Rolle von Gemeinschaftsbindungen, verabschiedete sich von der individualistisch-libertären Attitüde linker Kritik und versuchte das Programm staatlicher Deregulierung mit einer Stärkung des sozialen Zusammenhalts zu verbinden. Bill Clinton, Tony Blair und Gerhard Schröder standen insgesamt recht erfolgreich für diesen Versuch. Zugleich aber führte dies zu einer Spaltung der im weitesten Sinne sozialdemokratischen Bewegung, nicht nur in Deutschland, besonders augenscheinlich in Gestalt zweier Parteien, sondern auch in den USA, in Großbritannien oder in Italien. Die aktuelle Misere der Sozialdemokratie in Europa ist auch Ausdruck der Tatsache, dass die programmatische Herausforderung, die neuen Elemente des »Forderns und Förderns«, der Ergänzung des Solidaritätsmotivs um das Motiv der Eigenverantwortung, bis heute nicht erfolgreich integriert wurde. Die Sozialdemokratie wirkt daher programmatisch entkernt, ihre Regierungspraktiker sehen sich dem

Vorwurf ausgesetzt, das traditionelle programmatische Fundament verlassen zu haben, und ihre linken Kritiker bieten als Alternative die Rezepte der 1970er Jahre an, einen Links-Keynesianismus traditionellen Typs mit hoher und steigender Staatsverschuldung und Wachstumsimpulse durch staatliche Investitionen. Einem massiven Staatsausbau aber steht die Mehrheit der Bevölkerung, trotz Weltwirtschaftskrise und einem wachsenden Unbehagen gegenüber der Dominanz internationaler Konzerne, skeptisch gegenüber. Das politische Blatt könnte sich wenden, wenn es gelänge, das Thema »Politische und soziale Gerechtigkeit« wieder ins Zentrum des politischen Diskurses zu rücken. Voraussetzung dafür ist allerdings, dass dieser Begriff nicht ideologisch, sondern substanziell im doppelten Sinne gebraucht wird: normativ begründet und geeignet, die konkrete Praxis anzuleiten.

Hier aber hapert es gegenwärtig gewaltig. Die Sozialverbände in Deutschland wenden sich gegen die These einer im Ganzen prosperierenden deutschen Ökonomie und eines intakten Sozialstaates und beklagen wachsende Armut und Ausgrenzung von großen Teilen der Bevölkerung. Deutschland ist eine der gegenwärtig vitalsten hoch entwickelten Ökonomien und eines der wenigen Länder, in denen die Ungleichheit seit Wirksamwerden der Agenda-Reformen, also seit 2005, bei den Einkommen nicht weiter zugenommen hat.[127] Die Arbeitslosigkeit ist seitdem halbiert worden, das gilt auch für die Langzeitarbeitslosigkeit, und die Zahl der sozialversicherungspflichtig Beschäftigten klettert von einer Rekordmarke zur nächsten.[128] Das Programm des »Forderns und Förderns« war zweifellos erfolgreich, und die kluge Politik der Großen Koalition in der Zeit der Weltwirtschaftskrise zahlt sich heute aus. Die Verluste an Arbeitsplätzen waren in Deutschland so niedrig wie in kaum einem anderen hoch industrialisierten Land, und die solide Finanzierung sozialstaatlicher Leistungen führt unterdessen zu Haushaltsüberschüssen. Dies wird als Austeritätspolitik im In- und Ausland kritisiert, hat aber erst kürzlich dazu geführt, dass die Gesamtverschuldung Deutschlands nun knapp unter dem Maastricht-Kriterium[129] liegt. Eine konsequentere Sparpolitik in den Jahren sprudelnder Steuereinnahmen wäre sinnvoll gewesen, um für den Fall einer weiteren Wirtschaftskrise vorzubauen, die finanziellen Spielräume zu schaffen, um im Zweifelsfall entsprechend massiv, auch unter Inkaufnahme hoher Haushaltsdefizite und kurzfristig stark steigender Staatsverschuldung, gegensteuern zu können. Entgegen einem weitverbreiteten Irrtum hat John M. Keynes nicht für immer weiter auszuweitende staatliche Haushalte und auch nicht für immer weiter wachsende Staatsverschuldung plädiert, sondern für einen starken, die Krisenanfälligkeit der kapitalistischen Ökonomie bändigenden Staat, der es sich leisten kann, seine Ausgabenpolitik antizyklisch zu gestalten. Ein strukturelles Haushaltsdefizit führt zur Handlungsunfähigkeit des Staates in Krisensituationen und zu einer zunehmenden Abhängigkeit staatlichen Handelns von den globalen Finanzmärkten, Griechenland und Italien sind eindrückliche Beispiele dafür. Dass die USA trotz einer fast ebenso hohen Verschuldung von diesen Problemen nicht betroffen sind, hängt mit der Sonderstellung der US-Währung als globaler Leitwährung zusammen und dem besonderen Handels- und Finanzverhältnis zwischen den USA und China.

Die deutsche Austeritätspolitik ist auch deswegen nicht nur dem IWF, sondern auch zahlreichen Kommentatoren im angelsächsischen Raum ein Ärgernis, weil Deutschland auf diese Weise zeigt, dass man ein solides Wirtschaftswachstum, sinkende Arbeitslosigkeit und außenwirtschaftlichen Erfolg ohne wachsende Staatsverschuldung organisieren kann. Kaum ein anderes Industrieland der Welt ist gegenüber Finanzspekulationen trotz seines schwachen Privatbankensektors so immun wie Deutschland. Hinzu kommt, dass hier zwei starke Säulen die Finanzwirtschaft tragen, die Genossenschaftsbanken und die öffentlich-rechtlichen Sparkassen, die mit ihren Geschäftsmodellen keine Neigung haben, sich an den Exzessen des Investmentbankings und des Casino-Kapitalismus zu beteiligen. Es ist kein Zufall, dass die Propagandisten der neoliberalen Agenda auch in Europa vor allem die Sparkassen, aber indirekt auch die Genossenschaftsbanken schon vor vielen Jahren ins Visier nahmen und in normale Privatbanken überführen wollten. Die aktuellen Regulierungen des Bankengewerbes zielen gewollt oder ungewollt ebenfalls in diese Richtung. Diejenigen, die an der Weltfinanzkrise keinen Anteil hatten, werden nun für die Exzesse ihrer Konkurrenten in Mithaftung genommen. Gerechtigkeit in der Finanzwirtschaft sieht anders aus.

Woran erkennt man Ungerechtigkeit? Jedenfalls nicht an dem Maß der Gleichheit bzw. Ungleichheit, wenn der bedeutendste Gerechtigkeitstheoretiker des 20. Jahrhunderts recht hat: Politische Gerechtigkeit hat für John Rawls zwei Prinzipien. Das erste schafft die Voraussetzungen dafür, dass Menschen ihr eigenes Leben nach eigenen Vorstellungen, ohne Eingriffe des Staates und Dritter leben können: ein System gleicher maximaler Freiheiten und Rechte. Das zweite Element lässt Ungleichheiten nur in dem Maße zu, in dem es allen, zumal der am schlechtesten gestellten Gruppe von Personen in der Gesellschaft, von Nutzen ist. Eine maximale Gleichverteilung kann also dann ungerecht sein, wenn eine Ungleichverteilung, die zum Beispiel dadurch entstehen mag, dass diejenigen, die sich besonders anstrengen, auch besser vergütet werden, allen, selbst den am schlechtesten Vergüteten, einen Vorteil bringt.[130]

Das Argument von John Rawls kann man auch anders präsentieren: Es beruht auf der Grundidee, dass wir die Gesellschaft als eine Form der Kooperation verstehen sollten, die allen zugutekommt und deren Früchte entsprechend verteilt werden müssen. Wenn Vorteile der ohnehin schon Bessergestellten den Schlechtergestellten nicht mehr zugutekämen, dann wären diese gewissermaßen nicht mehr Teil dieser Kooperation, sie fielen aus dem sozioökonomischen Kooperationsgefüge heraus. Sie wären dann möglicherweise noch Gegenstand der Wohlfahrt, der staatlichen und privaten Unterstützung, aber nicht mehr Kooperationspartner. Es ist also nicht so sehr der Befund wachsender Ungleichheit, son-

dern derjenige der Abkoppelung ganzer Bevölkerungs-
teile von wachsender Prosperität, der die Ungerechtigkeit der aktuellen Entwicklung ausmacht.

Allein die Tatsache, dass ein Prozent der Weltbevölkerung die Hälfte des Weltvermögens besitzt, ist noch
kein Beweis der Ungerechtigkeit, aber wenn extreme
Vermögensungleichheit dazu führt, dass einige wenige die Geschicke der Welt nach ihren Vorstellungen
gestalten, während fast eine Milliarde Menschen unter
chronischer Unterernährung leidet, mit zuletzt wieder
steigender Tendenz, ohne Zugang zu Trinkwasser und
meist ohne Erwerbseinkommen, mit hoher Kindersterblichkeit konfrontiert, dann gibt es ein Gerechtigkeits-
defizit.[131]

Die so kühn verkündeten *Global Millennium Goals*[132]
und die schönen Statistiken des sinkenden Prozentsat-
zes extremster Armut weltweit verdecken, dass, in ab-
soluten Zahlen gemessen, die extremsten Formen der
Armut, die Unterernährung, chronische Krankheiten
und Hungertod für Millionen von Menschen weltweit
bedeuten, fast unverändert sind, ja in den letzten Jahren wieder ansteigen. Wenn man China aus der globalen Statistik mit seiner ungewöhnlich dynamischen
wirtschaftlichen Entwicklung herausnimmt, die zwar
auch um den Preis extremer Einkommensdifferenzen
erkauft wurde und mit einem erstaunlich geringen Maß
an sozialer Mobilität verbunden ist, die aber doch die
extremen Formen der Armut auf dem Lande gemildert
hat, dann hat sich am Weltelend seit der Verkündigung
der *Global Millennium Goals* kaum etwas verändert.

Da die Weltbank in ihren Berechnungen zu dem Ergebnis kommt, dass knapp ein halbes Prozent des Weltsozialproduktes ausreichen würde, um die über zwei Milliarden Menschen, die in extremster Armut leben, über die Schwelle von zwei Dollar Kaufkraft pro Tag zu heben, kann das anhaltende Weltelend nur als ein Skandal bezeichnet werden.[133] Wenn die Weltgemeinschaft nicht die Kraft aufbringt, dieses halbe oder seien es auch zwei Prozent des Weltsozialproduktes zu mobilisieren, um das schlimmste, erdrückendste, menschenunwürdigste Elend zu beseitigen, dann muss von einem kollektiven politischen und humanitären Versagen gesprochen werden. Statt aber eine Agenda der Weltsozialpolitik zu betreiben und in den ärmsten Regionen für wirtschaftliche Investitionen zu sorgen, durch gerechte Welthandelsverträge das Elend zu mildern und Marktzugänge zu den reichen Ökonomien zu öffnen, diskutiert die Welt intensiv fast ausschließlich die Problematik der transkontinentalen Migration und der Bürgerkriege in der MENA-Region. Auch die großzügigste Aufnahme von Flüchtlingen aus den Armutsregionen wird das Weltelend aber nicht nennenswert mildern können.[134] Eine groteske Wiederauflage des Ost-West-Konflikts behindert zudem ein kraftvolles Agieren der Vereinten Nationen und des Sicherheitsrates, um das zum Teil erst mithilfe westlicher Interventionspolitik angerichtete Chaos zu beheben, das nicht nur für einen Großteil der aktuellen Flüchtlingsbewegungen verantwortlich ist, sondern auch Hunderttausenden Menschen in der Zivilbevölkerung den Tod bringt.

In merkwürdigem Kontrast zum anhaltenden Weltelend steht die aktuelle Debatte um wachsende Armutsrisiken in Deutschland. Das Armutsrisiko wird definiert als das Verfügen über ein Einkommen, das unterhalb von 60 % des Medianeinkommens liegt.[135] Wenn also in einem Land die Höhe des Einkommens, unterhalb derer von einem Armutsrisiko gesprochen wird, steigt, dann ist das damit zu erklären, dass die Einkommen im Schnitt gestiegen sind, und nicht damit, dass man nun tatsächlich schon mit deutlich höheren Einkommen ein Armutsrisiko hat. Der behauptete Anstieg des Armutsrisikos hat mit der wachsenden Ungleichheit zu tun, sagt aber über Armut nichts aus.

Noch deutlicher zeigt sich das im langfristigen Vergleich. Die Kaufkraft, die heute als relatives Armutsrisiko gilt, stand in den 1970er Jahren erst der gehobenen Mittelschicht zur Verfügung. Muss diese also im Nachhinein als arm oder einem Armutsrisiko ausgesetzt bezeichnet werden? Armut hängt mit der Verfügbarkeit der Mittel zusammen, die für ein auskömmliches, menschenwürdiges, Teilhabe ermöglichendes Leben notwendig sind. Allein die Tatsache, dass manche Menschen extrem reich sind, macht niemanden ärmer. Diese Armutsdefinition und die auf ihr beruhende aktuelle Gerechtigkeitsdebatte in Deutschland muss dringend revidiert werden. Die Ungleichverteilung des Vermögens ist in Deutschland tatsächlich auffällig hoch[136], allerdings muss private Altersvorsorge als Kapital individuell zugerechnet wird, während die Ansprüche aufgrund der gesetzlichen Rentenversicherung oder auch der betrieblichen Altersversorgung nicht eingerechnet werden. Damit schneiden in den Statistiken zur Vermögensverteilung diejenigen Länder besser ab, die einen Großteil der Altersvorsorge über private Kapitalanlagen vornehmen, während Länder wie Deutschland, in denen der größte Teil der Altersvorsorge über ein System der gesetzlichen Umlage erfolgt, schlechter abschneiden. Schon um in der politischen Rhetorik die staatliche Altersvorsorge (die staatlichen Rentenversicherungssysteme) nicht systematisch abzuwerten, sollten in Zukunft gesetzliche Rentenansprüche in die Vermögensverteilung eingerechnet werden. Prinzipiell könnten auch andere geldwerte Rechtsansprüche, die ein entwickelter Sozialstaat etabliert, Berücksichtigung finden, zum Beispiel im Gesundheitssystem.

Wenn man die Sekundäreinkommen, also die Einkommen nach Steuern und Abgaben, zugrunde legt, zeigt sich, dass Deutschland weltweit zu den Ländern gehört, die die niedrigsten Einkommensunterschiede aufweisen. In der Spitzengruppe befinden sich die skandinavischen Länder, gleich gefolgt von Deutschland und Japan, weit ungleicher sind jedoch Länder wie Großbritannien und die USA oder auch Italien.[137]

Ungleichverteilung von Einkommen ist nicht per se ein Übel, sondern aufgrund der Wirkungen, die dieses haben kann. Es sind vor allem drei, die einem Sorge bereiten müssen: zum einen das wachsende Volumen des privaten Vermögens, das weltweit auf der Suche nach lukrativen Anlagemöglichkeiten ist und den Casino-Kapitalismus befeuert. Das Verhältnis dieser Größe (Anlagenkapital) zum Weltsozialprodukt hat sich kontinuierlich verschlechtert, d. h., das Anlagenkapital wächst weit stärker als das Weltsozialprodukt. Im Turnus von etwa einer Dekade hat sich der Prozentsatz seit den 1980er Jahren jeweils verdoppelt. Dies muss über kurz oder lang zum erneuten Platzen einer Blase führen, wie das den New-Economy-Markt Anfang des Jahrtausends und den US-Immobilienmarkt und andere Immobilienmärkte nach 2007 betroffen hat. Im Falle der New Economy war die Folge die Vernichtung von 90 % der Aktienwerte insgesamt und im Falle der Subprime-Market-Krise ein Einbruch der Weltwirtschaftsleistung, der nur in der Weltwirtschaftskrise von 1929 ff. übertroffen worden ist.[138] Ein weiteres Anwachsen des Anlagenkapitals muss mit mathematischer Notwendigkeit in die nächste Weltfinanz- und dann Weltwirtschaftskrise führen. Eine stärkere Akkumulation von Vermögen bei wenigen bedeutet das Fehlen von Kaufkraft bei den vielen.

Menschen ohne Collegeabschluss sind in den USA seit den 1970er Jahren vom Wirtschaftswachstum abgekoppelt. Sie hatten keine realen Kaufkraftgewinne mehr bei gewissen Schwankungen nach oben und unten. Dies erklärt, dass die Mehrheit der amerikanischen Bevölkerung meint, dauerhaft in einer Rezession zu leben, obwohl die Wachstumsraten der US-Ökonomie über denen Europas liegen. Wenn das Wirtschaftswachstum einer Nationalökonomie von den oberen 1–3 % der Bevölkerung fast vollständig vereinnahmt wird, entsteht zwangsläufig eine Legitimitätskrise der ökonomischen Verfassung.[139] Nur wenn die Besserstellung der Hochverdiener als Preis der Wirtschaftsdynamik interpretiert werden kann, von der alle oder jedenfalls hinreichend viele profitieren, lässt sich ökonomische Ungleichheit in der Demokratie legitimieren.

Die Entfesselung der Marktdynamik entfaltet zunehmend eine selbstzerstörerische Kraft. Die Ungleichverteilung ökonomischer Märkte ohne das einst von Ludwig Erhard und Deng Xiaoping fast wortgleich propagandierten Versprechen des Wohlstands für alle ruft zwangsläufig politische Gegenkräfte auf den Plan, die den Primat der Politik einfordern und die Marktdynamik domestizieren. Es ist kein Zufall, dass die rechtspopulistischen Bewegungen von Trump über *UKIP*, *Front National* bis zu *PiS* und Orbán sich zunehmend einer antikapitalistischen Rhetorik bedienen. Ein Muster, das aus den 1930er Jahren wohlvertraut ist. Es gibt eine gemeinsame Kritik an Freihandel und staatlichem Kontrollverlust, die gute Teile der politischen Rechten und der politischen Linken eint. Die Nähe von Hillary Clinton zur Wall Street wurde nicht nur von Bernie Sanders in der Vorwahlkampagne, sondern auch von Donald Trump massenwirksam angeprangert. Marine Le Pen hat die wirtschaftsliberalen Elemente zugunsten einer sozialromantischen Rhetorik eingetauscht, und selbst in der AfD werden die Stimmen lauter, die für einen nationalen Sozialismus plädieren, das wirtschaftsliberale Erbe von Parteigründer Bernd Lucke zugunsten einer konsequenten Sozialstaatsorientierung aufgeben wollen.

Die Erfolge Trumps in den USA, die, wenn man die europäische Berichterstattung zugrunde legt, unver-

ständlich erscheinen müssen, haben zum großen Teil
mit dem Deklassierungsgefühl der ökonomisch Abgehängten in den Arbeiterschichten und unteren Mittelschichten zu tun. Die Antwort der demokratischen
Parteielite ist Bildungs- sowie Geschlechtergerechtig-
keit. Dies aber zieht bei den Jobbenden in den unteren
Lohngruppen längst nicht mehr. Sie glauben der Erzählung vom Aufstieg durch Bildungsanstrengungen nicht
und misstrauen den akademischen Intellektuellen, die
ihnen das nahelegen. So wichtig Bildungsgerechtigkeit
und Bildungsinklusion ist, die ökonomische Marginalisierung kann sie auf sich gestellt nicht stoppen oder gar
umkehren.

Das Programm der immer weiter gehenden Akademisierung hat vielmehr diejenigen entmutigt, deren Interessen und Fähigkeiten weniger in der gedanklichen
Durchdringung von Texten oder dem Lösen höherer Dif-
ferentialgleichungen, gar des Fremdsprachenerwerbs
liegen, sondern eher im handwerklich-technischen
oder sozialen und kaufmännischen Bereich. Auch in
Deutschland hat die rhetorische Abwertung beruflicher Bildung, die Fokussierung der Bildungspolitik auf
den Ausbau der Hochschulen, den Stellenwert und die
Wertschätzung der beruflichen Bildung und der Facharbeiterschaft geschmälert.[140] Hinzu kommt, dass die
Sozialdemokratie in Europa einen soziologischen Wandel in den 1970er Jahren in der Phase der Integration
einer protestierenden Jugend vollzogen hat, die die alten Funktionärseliten aus der Arbeitnehmerschaft und
aus dem Kleinbürgertum entmachtete. Die französische

PS ist heute eine Partei der Lehrerinnen und Lehrer geworden, und auch in den Fraktionen der SPD finden sich Arbeiter und Arbeiterkinder nur selten. Es ist nicht so, dass die Menschen ihresgleichen wählen, also dass Arbeiter Arbeiter wählen (siehe das Phänomen Trump in den USA oder auch den Wahlerfolg des deutschen Großbürgers Richard von Weizsäcker in Berlin oder die Anhängerschaft des Barons zu Guttenberg in seiner Zeit als CSU-Generalsekretär und dann als jugendlich forsch auftretender Verteidigungsminister), aber die Interessenlagen der Menschen müssen sich in den Parteiorganisationen abbilden, um dort programmatisch und praktisch berücksichtigt zu werden. Die Grünen weisen unterdessen mit der FDP und der CDU in der Bundesrepublik in ihrer Anhängerschaft die höchsten Durchschnittseinkommen auf, was ihr Bemühen um ein Profil der sozialen Gerechtigkeit so vergeblich macht.[141] Die Grünen werden nicht überall, aber doch ganz überwiegend als Partei der Besserverdienenden wahrgenommen, vielleicht stärker noch als die frühere FDP. Die politische Linke im weitesten Sinne braucht, um Erfolg zu haben, eine solide Basis in den unteren Einkommensschichten der Bevölkerung, aber auch den Ausgriff auf die bürgerlichen und intellektuellen Milieus, im günstigsten Fall in Gestalt charismatischer Führungsfiguren, wie Ferdinand Lasalle oder Willy Brandt es waren. Ihre Orientierung an sozialer Gerechtigkeit wird erst glaubwürdig, wenn sie Ausdruck einer integrativen Politik ist, getragen von der Idee, dass die ökonomische Dynamik der Märkte für das Wohlergehen der vielen eingesetzt werden muss. Dies setzt den Primat der politischen Gestaltung voraus: Ein entfesselter globaler ökonomischer Markt, für den die einzelnen nationalstaatlichen Ordnungsmodelle lediglich als Standortkonkurrenz sichtbar werden, zerstört die demokratische Substanz und die Legitimität der ökonomischen Praxis.

Wir leben in einer Zeit, in der sich das Drama des 19. Jahrhunderts mit einer gewissen Zwanghaftigkeit wiederholt: Die Entfesselung der Marktdynamik hatte zu einer gigantischen Steigerung der Produktivität, aber auch zu Landflucht, zu sozialer Desintegration und zu gesteigerter Krisenanfälligkeit geführt. Erst das im Nachhinein mit der makroökonomischen Theorie von John Maynard Keynes systematisch verstandene Wirken des Sozialstaats, mit Eigentumsgarantie, aber auch mit der Sozialpflichtigkeit des Eigentums, mit organisierter und institutionalisierter Solidarität und einer wirksamen Globalsteuerung, schien sowohl ökonomische Dynamik und soziale Gerechtigkeit als auch ein wachsendes Maß individueller Gestaltungsfreiheit mit einer besseren sozialen Absicherung und einer effektiven Umverteilung von den höheren Einkommensbeziehern zu den niedrigeren zu ermöglichen. Aber nach dem Ende des Ost-West-Konfliktes und der Systemkonkurrenz einer rund 30 Jahre währenden Dominanz marktradikaler Konzeptionen in Wirtschaft und Politik löst sich diese Balance im Zuge einer immer weiter gehenden Globalisierung der Wirtschaft und des Funktionsverlustes der Nationalstaaten auf. Die Krisendynamik des globalen Kapitalismus, wie er aus dem 19. und dem ersten Drittel des 20. Jahrhunderts vertraut war, kehrt zurück, begleitet vom Gefühl des politischen Kontrollverlustes.

Die Antwort darauf muss in meinen Augen darin bestehen, den sozialen Ausgleich, soziale Gerechtigkeit und Verantwortung auf die Agenda der Weltpolitik zu setzen. Die Alternative bedeutete Entglobalisierung und Aufwertung des Nationalstaates, Abbau von Freihandelszonen und suprastaatlichen Kooperationsstrukturen, wie sie insbesondere die Europäische Union entwickelt hat. Der Preis wäre ein dramatischer Einbruch ökonomischer Dynamik, ein Verlust an Mobilität, kultureller Vielfalt und Weltoffenheit. Die Geschichte wird, anders als Hegelianer und Marxisten glauben, nicht von ehernen Gesetzen geprägt, sondern von den erratischen Entscheidungen, Präferenzen und Einschätzungen menschlicher Akteure.

Eine Phase der Entglobalisierung hat es bereits gegeben, sie endete im Nationalsozialismus und im Zweiten Weltkrieg. Und es ist nicht ausgeschlossen, dass eine solche Phase wiederkehrt, wenn die verantwortlichen demokratischen Kräfte es weiter versäumen, eine kosmopolitische Agenda der Weltsozial- und Weltinnenpolitik zu entwickeln, die die ökonomische Dynamik nach Kriterien der politischen Gerechtigkeit zum Instrument des Wohles aller, zumal der am schlechtesten gestellten Menschengruppen der Weltbevölkerung, macht. Ein »Weiter so« kann unter den aktuellen Bedingungen und angesichts der sich aufbauenden politischen Stimmungslagen nicht gut gehen. Ich neige nicht zu apokalyptischen Betrachtungen, aber ich bin unterdessen überzeugt, dass die Demokratie in Europa in den europäischen Nationalstaaten, in den Mitgliedsländern der EU, aber auch in den USA in Gefahr ist, während sie andernorts, in China, Singapur, Russland, weiten Teilen Afrikas, auch im Mittleren Osten ihre Faszination eingebüßt hat. Die Verbindung von Demokratie und einer von Kapitalinteressen geprägten, aber politisch gerahmten Ökonomie wird nur Bestand haben, wenn die Politik die Eigengesetzlichkeiten ökonomischer Praxis respektiert und die Ökonomie das Primat der Politik – wieder – im nationalen und internationalen Rahmen respektiert. Ohne Gerechtigkeit keine Demokratie.[142]

20. Deliberation in der Demokratie

Die Polarität von *Deliberation* und *Dezision* prägt die politische Praxis in der Demokratie. Auch in der Theorie stehen sich deliberative und dezisionistische Konzeptionen der Demokratie gegenüber. Dezisionistische betonen das Element der Entscheidung, deliberative das der Abwägung von Gründen. Das Dezisionistische wird oft eher rechts im politischen Spektrum eingeordnet, das Deliberative eher links. Die Debattenlage aber ist weit komplexer und kann hier nur am Rande aufgegriffen werden. Denn es geht auch hier in erster Linie um ein systematisches Verständnis. Dazu sind einige begriffliche Vorklärungen erforderlich.

Eine *Entscheidung* getroffen zu haben, impliziert die Absicht, etwas zu tun. Das Besondere an Entscheidungen ist allerdings, dass sie diese Absicht fixieren. Solange sie nicht festgelegt ist, solange man noch abwägt, was für und wider die betreffende Handlung spricht, wurde die Entscheidung noch nicht getroffen. Und umgekehrt: Wenn man glaubt, eine Entscheidung getroffen zu haben, es sich aber wenige Tage oder auch Monate später herausstellt, dass es gute Gründe gibt, die Absicht aufzugeben, die betreffende Handlung zu vollziehen, dann hat es – da ist unser Sprachgebrauch eindeutig – diese Entscheidung nicht gegeben. Wir sagen dann, »die Person glaubte sich entschieden zu haben«, aber sie hatte sich noch nicht entschieden. Dies kann man präzisieren: *Entscheidungen sind Handlungsabsichten, die Deliberationen zum Abschluss bringen.* Die Wiederaufnahme der Deliberation, des Abwägens von Gründen für und wider, dispensiert die Entscheidung, hebt die Entscheidung auf bzw. macht deutlich, dass die Entscheidung noch nicht getroffen worden ist.

Entscheidungen kann es nicht ohne Deliberation geben, da Entscheidungen immer zwischen Alternativen getroffen werden. Ich kann etwas tun, oder ich kann es lassen. Ich kann das eine tun oder das andere. Ich kann eine Kandidatin aus 25 möglichen wählen. Diese Bindung von Entscheidungen an vorausgegangene Deliberationen beruht nicht auf einem rationalistischen Missverständnis, wie hier gelegentlich eingewandt wird. Es handelt sich nicht um die Karikatur des ewig mit sich hadernden, immer wieder neu abwägenden Intellektuellen, der handlungsarm und jede Festlegung vermeidend den *kairos*, den rechten Augenblick, in dem etwas entschieden und dann auch getan werden muss, verpasst. Nein, Deliberation in unserem Verständnis kann sich darauf beschränken, dass sich der Urteilende zwei Handlungsoptionen vorstellt und sich dann für die eine oder andere entscheidet.

Dass jeder Entscheidung eine Deliberation vorausgeht, und sei sie noch so rudimentär, lässt sich daran erkennen, dass für Entscheidungen immer Gründe vorgebracht werden können. Wenn ich mich für etwas entschieden habe, dann kann ich auch sagen, warum. Dieses *Warum* muss nun nicht in einer endlosen Kette von immer fundamentaleren Beurteilungen bestehen, sondern kann sich auf den Hinweis beschränken, dass diese Option mehr eingeleuchtet hat als jene. Das schnelle, intuitive Entscheiden verlangt nach rascher Deliberation, aber es kommt nicht ohne Deliberation aus.

Seit Adam Tverskys und Daniel Kahnemanns Analysen menschlichen Verhaltens[143] wird gerne zwischen schnellem und langsamem Denken unterschieden. Dabei wird das langsame Denken dem Rationalen und das schnelle dem Intuitiven zugeordnet. Da die langsamen Entscheidungen eher selten sind und die schnellen, intuitiven den Alltag auch in der politischen Praxis prägen, wird daraus gefolgert, dass die Rolle der Rationalität, des Abwägens von Gründen, systematisch überschätzt werde. Ich halte das für eine falsche Analyse und will – wenigstens kurz – erläutern, warum.

Ein Fahrschüler muss eine Vielzahl von Entscheidungen treffen, um auf Weisungen des Fahrlehrers an der übernächsten Kreuzung rechts abzubiegen. Er muss entscheiden, ob er zunächst die Bremse und dann die Kupplung oder umgekehrt tätigt, wann er den Blinker setzt, wann er in welchen Spiegel schaut, einen Gang hinunterschaltet usw. Typischerweise bewegen sich Fahranfänger deswegen langsam im Verkehrsgeschehen, weil sie eine solche Vielzahl von Entscheidungen treffen müssen und selbst bei jeweils kurzen Deliberationen rasch an die Grenze der Überforderung geraten. Eine erfahrene Autofahrerin dagegen muss sich lediglich entscheiden, an der übernächsten Kreuzung rechts abzubiegen, sie kann dabei an die noch zu erledigenden Einkäufe denken und macht dennoch alles richtig. Die Rationalität dieser Entscheidung ist nicht deswegen gemindert, weil sie aus einer Vielzahl von intuitiv oder automatisch vollzogenen, schnellen Verhaltensbestandteilen zusammengesetzt ist, vielmehr erhöht sich die Rationalität dieser Entscheidung, d. h. die Kontrolle des eigenen Verhaltens und die Leitung dieses Verhaltens durch Gründe, mit zunehmender Routine. Routiniertes, auf Erfahrung beruhendes, vielfach geübtes Entscheiden erhöht die Kontrolle gerade dadurch, dass der Anteil der automatisierten, im Einzelnen nicht mehr intentional kontrollierten, Verhaltensbestandteile steigt.[144] Der zeitliche Umfang von Deliberationen ist keineswegs ein Indikator für Rationalität.

In der Übertragung auf die politische Praxis in der Demokratie ist jedoch wichtig, das Verhältnis von Deliberation und Dezision genau zu verstehen: In der Tat unterbricht die Dezision die Deliberation. Politik ist auf Dezision in einer spezifischen Form, nämlich die kollektive, demokratische Entscheidung, ausgerichtet. Jedes politische Argument hat einen pragmatischen Gehalt und argumentiert für eine spezifische Praxis, für eine Entscheidung. Die *bloße* Feststellung dessen, was der Fall ist, im Sinne der Feststellung empirischer Sachverhalte ist im politischen Diskurs nicht zentral, aber dennoch gilt: »Alle große politische Aktion besteht im Aussprechen dessen, was ist, und beginnt damit. Alle politische Kleingeisterei besteht in dem Verschweigen und Bemänteln dessen, was ist.« (Ferdinand Lasalle) Erst in der Verbindung mit normativen Beurteilungen, die für oder wider eine bestimmte politische Praxis argumentieren, werden (empirische) Sachfragen politisch relevant. Da jede Entscheidung, wie wir gesehen haben, eine Deliberation abschließt, gilt auch in der politischen Praxis, dass Entscheidungen Deliberationsprozesse beenden. Das immer wieder erneute Aufgreifen von ungeklärten Sachfragen, auch dort, wo die Entscheidung schon getroffen ist, oder dort, wo sie für die Entscheidungsfindung nicht dienlich ist, ist unpolitisch.[145]

Es gibt insofern eine fundamentale Differenz zwischen wissenschaftlichem und politischem Diskurs. In wissenschaftlichen Diskursen sind Deliberationen nie abgeschlossen, weil es keine Entscheidungen gibt. Es gibt keine Instanz, keine institutionell gefasste kollektive Entscheidungsfindung, die etwa darüber befindet, ob eine bestimmte Theorie nun wohlbegründet ist oder nicht. An der Nahtstelle zwischen Wissenschaft und

Politik begegnen sich zwei unterschiedliche Rationalitäten: die der nie abgeschlossenen Deliberation der Wissenschaft und die der durch Dezisionen zu Ende gebrachten Deliberationsprozesse in der Politik.

Die Tatsache, dass wissenschaftliche Politikberatung die Grenzen zwischen diesen beiden Sphären transzendiert, führt zu durchaus problematischen Rückwirkungen auf beide Rationalitätstypen. So ist die wissenschaftliche Debatte um den Klimawandel und die unterschiedlichen erklärenden Modelle kontaminiert durch die hohe politische Relevanz dieser wissenschaftlichen Studien. Die Folge ist, dass, von vielen wohl unbemerkt, die politische Rationalität in der Wissenschaft, hier der Forschung zum Klimawandel, Einzug hält. Abweichende Positionen werden stigmatisiert, anstatt sie am Diskurs teilhaben zu lassen, und die Frage, wie viele Wissenschaftler nun eine bestimmte wissenschaftliche These zum Klimawandel befürworten, wird zu einem vermeintlich wissenschaftlichen Argument. Gute wissenschaftliche Praxis ist dagegen dadurch charakterisiert, dass kühne Entwürfe einer kritischen Prüfung unterzogen werden, und je vielfältiger die Methoden und Positionen sind, desto rationaler wird dieser Prozess. Abstimmungen und Mehrheitsmeinungen, die weitere Auseinandersetzungen ersparen, gehören nicht in die Wissenschaft. Aber auch umgekehrt gilt, dass die politische Praxis sich vor ihrer Entscheidungsverantwortung nicht drücken kann. Sie kann nicht abwarten, bis es einen hundertprozentigen wissenschaftlichen Konsens in bestimmten Fragen gibt, bis sie die Entscheidungen im institutionellen Rahmen der Demokratie trifft. Die Erwartung, dies würde ihr von der Wissenschaft abgenommen, führt systematisch in die Irre. Der so sympathische Aufruf von *Fridays for Future,* doch auf die Wissenschaft zu hören, ist hier ein weiteres Indiz für die Vermengung zweier separat zu haltender Rationalitäten.

Es gibt im Wesentlichen vier Interpretationen politischer Deliberationen der Demokratie:

Die wohl verbreitetste versteht unter dem Austausch von Argumenten pro und kontra ein interessengeleitetes Spiel um Zustimmung (z. B. bei Wahlen) und Einfluss (z. B. durch Lobbygruppen). Manchmal wird in diesem Zusammenhang auch von der *ökonomischen Theorie der Demokratie* gesprochen, die man als Marktgeschehen begreift.[146]

Die Akteure werden als Interessenoptimierer modelliert und politische Prozesse als Marktdynamiken. Das deliberative Element der Demokratie, der öffentliche Meinungsaustausch, Parlamentsdebatten etc., wird zu einem bloßen Schein, hinter dem sich in Wirklichkeit Strategien der Interessenverfolgung verbergen.

Die *multikulturalistische Interpretation* dagegen versteht politische Deliberation als Bestimmung kollektiver (ethnischer, kultureller, *Gender* etc.) Identitäten. Auch hier ist der deliberative Charakter öffentlicher politischer Diskurse letztlich ein Schein. Die Argumente, die für und wider bestimmte politische Projekte und Entscheidungen vorgetragen werden, bringen in Wirklichkeit kulturelle Identitäten und die mit diesen einhergehenden Normen und Werte zum Ausdruck.

Die *marxistische Interpretation* politischer Delibera-tion in der Demokratie wird heute nur noch selten of-fen vertreten. Indirekt spielt sie aber nach wie vor eine große Rolle. Die Grundidee dabei ist, dass es Klassen-interessen gibt, die das politische Geschehen prägen, die allerdings kulturell überformt sind und daher nur indirekt zutage treten. In der marxistischen Terminolo-gie handelt es sich dann um Überbauphänomene, mo-ralische Wertungen, kulturelle Präferenzen, normative Theorien, die aber auf Klasseninteressen zurückgeführt werden können.

Gegenwärtig spitzt sich der Konflikt zwischen der zweiten und der dritten Interpretation zu. Beide werden üblicherweise eher links im politischen Spektrum ver-ortet, sind aber weitgehend unvereinbar. Der die Geistes- und Sozialwissenschaften in den westlichen Ländern prägende Konstruktivismus neigt eher zur zweiten In-terpretation, während die dritte an objektiven ökonomi-schen und historischen Gesetzmäßigkeiten festhält und objektive von subjektiven Interessen unterscheidet. Vor-dergründig geht es um die Frage, welche Relevanz die gleiche Repräsentanz von Geschlechtern in den Parla-menten oder gar die Anerkennung von Minderheiten in der Gestaltung von Campustoiletten hat, gegenüber der Frage, unter welchen sozioökonomischen Bedingungen abhängig Beschäftigte leben und wie sich die Verteilung der Einkommen und Vermögen entwickelt. Der Vorwurf der Anhänger der dritten, marxistischen, Interpretation gegenüber der zweiten, konstruktivistischen, lautet, dass sie politische Fragen des Klassenkonfliktes durch solche der kulturellen Identitäten, der Zugehörigkeiten und der Anerkennung von Partikularkulturen ersetzt hätten. Die Konstruktivisten machen gegen Marxisten geltend, dass sie die Rolle kultureller Konstruktionen und Identitäten unterschätzten und einen traditionellen Politikmodus aufrechterhielten, der angesichts des objektiven Verschwindens der Arbeiterklasse als Subjekt der Politik überholt sei. Konstruktivisten und Marxisten sind sich wiederum darin einig, dass die ökonomische Theorie der Politik als Teil des neoliberalen Transformationsmodells von Politik in Markt diskreditiert sei und zudem auf einem falschen Menschenbild und einer falschen Gesellschaftstheorie beruhe.

Das genuin *deliberative Verständnis* der Demokratie nimmt dagegen die politische Praxis ernst, ja radikalisiert ihr eigenes Selbstverständnis. Der öffentliche politische Diskussionsprozess, das Vorbringen von Argumenten für und wider eine Gesetzesvorlage, ein politisches Projekt oder eine Entscheidung, wird nicht als Ausdruck von etwas ganz anderem (kulturellen Identitäten oder Klassenstandpunkten) interpretiert, sondern als das, was es ist, nämlich ein Beitrag zur Deliberation, zur Abwägung von Gründen, was getan werden sollte. Die Radikalisierung besteht darin, dass die Präsuppositionen und Implikationen dieser Interpretation ernst genommen werden. Zu den Präsuppositionen gehört, dass sich die Teilnehmer an politischen Diskursen wechselseitig ernst nehmen, dass sie sich zutrauen, politische Gründe abwägen zu können, und dass sie sich als autonom und gleichgestellt respektieren.[147]

Zu den Konsequenzen der deliberativen Interpretation gehört, dass das Argument im öffentlichen Raum der Gründe gestärkt werden sollte, weil dieses den Kern demokratischer Praxis ausmacht. Es bedarf einer gemeinsamen politischen Öffentlichkeit, die durch allgemein zugängliche Informationsquellen, private und öffentliche Presseorgane, Bildungsinstitutionen und Diskussionsformate zu garantieren ist. Die zunehmende Relevanz der Internetkommunikation, speziell der sogenannten *Social Media*, ist in dieser Hinsicht ambivalent.[148]

Eine wesentliche (kulturelle) Bedingung einer vitalen Demokratie ist der öffentliche Diskurs als eine permanente Begleitung und Kontrolle der Gesetzgebung und des Regierungshandelns. Dies setzt von Seiten der Politik ein hohes Maß an Transparenz und die Bereitschaft der öffentlichen Begründung voraus, von Seiten der Medien, dass sie die entsprechenden Plattformen des Meinungsaustausches zur Verfügung stellen und sich in ihrer Kommentierung nicht instrumentalisieren lassen, und von Seiten der Bürgerschaft, dass sie sich für diesen öffentlichen Meinungsaustausch interessiert und sich an ihm beteiligt. Die zunehmende Verlagerung des Meinungsaustausches in wenig bis kaum regulierte soziale Netzwerke und Onlinepublikationen oft zweifelhafter Qualität drängen in Deutschland den öffentlich-rechtlichen Rundfunk in die Defensive, aber auch die Qualitätsprintmedien. Die Daten- und Informationsströme richten sich nach den jeweils manifest gewordenen Präferenzen der Nutzer, was im Extremfall von entgegenstehenden Informationen und Meinungen verlässlich abschirmt und zu dem Phänomen führt, was unterdessen als Filterblase *(echo chambers / collective bias)* bezeichnet wird. Durch diese technischen Innovationen wird insbesondere die politische Öffentlichkeit herausgefordert: Im Zuge der Fragmentierung der einzelnen Diskursräume entstehen autonome Teilöffentlichkeiten, welche zwar immer noch den Charakter eines öffentlichen Diskurses haben, aber zunehmend in autonomen und voneinander unabhängigen Räumen stattfinden. Die Folgen aus dieser digital verstärkten Parzellierung der Diskurse und dadurch letztlich die zunehmend verstärkte Fragmentierung der Gesellschaft sind augenscheinlich: Der gemeinsame Horizont der Beurteilung politischer Vorhaben dünnt aus, und die Meinungsbildung selbst radikalisiert sich durch Verstärkereffekte.[149]

Demgegenüber war es noch nie so leicht, sich Informationen zu besorgen und sich an politischen Debatten zu beteiligen. Die traditionellen Gatekeeper werden durch Suchmaschinen umgangen, und der Aufwand für Informationsbeschaffung ist sowohl in zeitlicher wie in finanzieller Hinsicht auf einen kleinen Bruchteil gesunken. Wer will, kann sich in kurzer Frist über komplexe Themengebiete umfangreiches Informationsmaterial verschaffen und ein breites Spektrum von Bewertungen und Kommentaren einholen. Zugleich ist die Sachkompetenz außerhalb traditioneller Spezialisierungen deutlich angewachsen. Interessierte schließen sich in eigenen Internetgruppen zusammen, tauschen Informationen und Meinungen aus. Das geschieht in vielen Fällen auf der Basis eines geteilten Ethos. Für diese Entwicklung ist Wikipedia das auffälligste Beispiel. Auch wenn nicht alle Informationen, die Wikipedia bietet, verlässlich sind, so baut sich hier doch jenseits traditioneller Informationssteuerungsmechanismen der Nukleus eines Weltwissens auf, das auf der nichtkommerziellen Bereitschaft vieler Beteiligter beruht und von einem rigorosen Ethos epistemischer Rationalität geprägt ist.[150]

Die Digitalisierung ermöglicht neue Formen der Kommunikation und der Interaktion, die im politischen Feld bislang nur unzureichend genutzt sind. Digitale Technologien können für eine Revitalisierung demokratischer Meinungsbildung und Entscheidungsfindung aktiviert werden. Durch digitale Technologien lassen sich Partizipation und Deliberation fördern, allerdings ist dabei entscheidend, die Pluralität und Öffentlichkeit des Diskurses auch im virtuellen Raum sicherzustellen und die Etablierung von Echokammern und autonomen Teildiskursen zu unterbinden bzw. einzuhegen. Die Kopplung des digitalen mit dem nicht digitalen Diskursraum und die entsprechende soziale, ethische wie juridische Regulierung desselben stellen für die Demokratie, verstanden als geteilte Lebensform, eine zentrale Herausforderung dar, die bisher auch infolge der umfassenden Kommerzialisierung der Internetkommunikation nicht bewältigt ist.

21. Demokratischer Realismus

Ein angemessenes Realitätsverständnis ist Voraussetzung dafür, dass menschliche Individuen handlungsfä-
hig sind. Falsche Einschätzungen der Realitäten führen
zu Fehlentscheidungen. Es werden Handlungen gewählt,
in der Erwartung, dass bestimmte Konsequenzen eintreten werden, aber diese Erwartung kann sich als falsch
herausstellen. Nun wissen wir nie mit Sicherheit, welche Konsequenzen unser Handeln hat, aber wir sollten
in der Lage sein, abzuschätzen, mit welcher Wahrscheinlichkeit bestimmte Konsequenzen eintreten werden.
In den seltensten Fällen können sich Menschen dabei
auf Statistiken verlassen. Die Wahrscheinlichkeit, dass
es am 1. Juni in Berlin regnet, lässt sich aufgrund der
Wetterbeobachtung über Jahrzehnte gut bestimmen. Je
näher wir allerdings an diesen Tag heranrücken, desto weniger aussagekräftig sind diese Daten, da nun die
spezifischen Umstände wichtiger werden. Ein stabiles
Hoch Ende Mai senkt die Wahrscheinlichkeit dafür, dass
es am 1. Juni regnet, deutlich ab. Die alltägliche Praxis
ist, wie die politische, meist mit besonderen Situationen
konfrontiert, die in dieser Form selten oder nie zuvor
aufgetreten sind. Aber auch in solchen Fällen gibt es
vernünftigere und unvernünftigere Erwartungen. Die
Gründe, die für die eine oder andere Erwartung sprechen, hängen dann oft von theoretischen Annahmen ab,
die selbst wieder umstritten sein mögen.

Man kann sich unser gesamtes Wissen als eine Wahr-
scheinlichkeitsfunktion über vergangene und zukünf-

tige Zustände und Ereignisse vorstellen. Nur weniges erscheint absolut gewiss, manches in hohem Grade wahrscheinlich, anderes zweifelhaft oder extrem unwahrscheinlich. Wir haben Theorien über vergangene Ereignisse, und je weiter sie zurückliegen und je dürftiger die Daten sind, desto unsicherer werden unsere Einschätzungen. Und wir haben Theorien über zukünftige Ereignisse, insbesondere darüber, in welcher Weise bestimmte Handlungen auf das Eintreten zukünftiger Ereignisse einwirken.

Diese wissenschaftliche und lebensweltliche Praxis, sich ein Bild der Realität zu machen und im Rahmen dieses Bildes vernünftig zu agieren, prägt die menschliche Lebensform. Damit Menschen miteinander interagieren können, und im Besonderen, damit sie sich verständigen können, ist es erforderlich, dass der Großteil der Überzeugungen zwischen den Beteiligten übereinstimmt. Wir können verschiedener Meinung sein, welche makroökonomische Theorie besser begründet ist, ob Keynes oder Hayek das Marktgeschehen besser analysiert, aber wenn wir uns über die Existenz alltäglicher physischer Objekte nicht einigen könnten, wenn manche Menschen bezweifelten, dass außer ihnen selbst noch andere Menschen beseelt sind, also mentale Zustände, wie Freude und Furcht, Erwartungen und Absichten, Lust und Unlust, haben, dann bräche unsere lebensweltliche Praxis, die menschliche Lebensform, zusammen.[151]

Zur Lebenswelt gehören nicht nur mittelgroße feste Gegenstände, die wir mit unseren Sinnen wahrnehmen, sondern auch soziale Entitäten und Prozesse. Diese sind abhängig von menschlichen Individuen und deren Erwartungen, Wünschen und Absichten, aber sie sind ebenso real wie physisch. Der Wert, den ein bestimmter Geldschein hat, wird durch eine komplexe soziale Praxis festgelegt, wozu insbesondere die Möglichkeit gehört, mithilfe dieses Geldscheins Waren mit einem bestimmten Wert gegeneinander zu tauschen. Dazu gehört aber auch das Bankensystem, einschließlich der Zentralbanken, und rechtliche wie politische Vorkehrungen, um diese soziale Praxis stabil zu halten. Aber das macht den Wert eines Geldscheins nicht subjektiv oder gar irreal. Dieser Geldschein hat einen realen Wert, und ich zeige, dass ich diesen Wert kenne, dadurch, dass ich in einer bestimmten Weise bereit bin, diesen Geldschein gegen Waren einzutauschen.

Zur Realität im umfassenden Sinne gehören auch moralische Tatsachen. Die Ermordung einer unschuldigen Person, etwa zum eigenen Vergnügen oder um damit materielle Vorteile zu erlangen, ist falsch, ganz unabhängig davon, was Menschen oder ganze Gesellschaften dazu meinen. Auch in einer SS-Gemeinschaft bleibt der Völkermord an den Juden ein Unrecht. Dass in einer SS-Gemeinschaft niemand in der Lage ist, dieses Unrecht zu erkennen, bedeutet nicht, dass es sich nicht um ein Unrecht handelt. Die Welt physischer Entitäten ist mit der Welt mentaler (psychischer) Entitäten verbunden, wie genau, versucht die Neurowissenschaft herauszufinden. Die Welt mentaler Entitäten ist mit der Welt sozialer Entitäten verbunden, weil die soziale Welt von geteilten Praktiken abhängt, die selbst auf Erwartungen und Absichten der Beteiligten beruhen. Auch die Welt sozialer Entitäten hängt mit der Welt moralischer Entitäten zusammen, denn die Erkenntnis moralischer Tatsachen beeinflusst soziale Praktiken.

Die menschliche Lebensform ist abhängig von moralischen Gefühlen und Einstellungen. Wir reagieren auf moralisch inakzeptables Handeln, indem wir die handelnde Person kritisieren, auch sanktionieren. Wir sind bereit, bei Einsicht eine inakzeptable Handlung zu verzeihen oder zu entschuldigen. Wir schreiben uns wechselseitig Verantwortung für unser Handeln zu. Wir trauen und muten uns zu, unser jeweiliges Handeln zu kontrollieren, es an dem Ergebnis der Abwägung von Gründen auszurichten.

Unsere Begründungspraxis ist dabei zweifellos realistisch, wir wollen nicht unsere subjektiven Haltungen zum Ausdruck bringen, sondern normative Überzeugungen äußern. Es war von Anbeginn der Grundirrtum subjektivistischer Ethik, entgegen unseren eigenen lebensweltlichen Erfahrungen anzunehmen, dass die Äußerung einer moralischen Überzeugung nichts anderes sei als die Übermittlung einer subjektiven Präferenz.[152] Dies ist eine inadäquate Beschreibung unserer Begründungspraxis. Wir versuchen mit ihr herauszufinden, welche physischen, mentalen, sozialen und moralischen Sachverhalte begründet sind. Mit anderen Worten, wir versuchen zu bestimmen, welche Überzeugung, diese unterschiedlichen Kategorien von Entitäten betreffend, gerechtfertigt ist. Ohne eine realistische Interpretation dieser Praxis müsste sie als irrational gelten. Wir würden so tun, als ginge es um die Klärung von Sachfragen, in Wirklichkeit geht es aber nur um den Austausch von Präferenzen oder Interessen.

Der Realismus[153], für den ich in den vorausgegangenen Absätzen argumentiert habe, ist kein szientistischer. Es ist nicht erst die Wissenschaft, die uns mitteilt, was existiert und welche Überzeugung gerechtfertigt ist. Auch schon vor dem Entstehen aller Wissenschaft hatten Menschen mehr oder weniger rationale Überzeugungen, physische, mentale, soziale und moralische Sachverhalte betreffend. Die Wissenschaft hat Präsuppositionen, hat Voraussetzungen in der Lebenswelt.[154] Wenn wir uns nicht über das allermeiste, was für unsere alltägliche Praxis relevant ist, einig wären, wenn wir erst abwarten müssten, bis die wissenschaftliche Untersuchung zu einem Abschluss gekommen ist, dann würde sich die Frage stellen, wie Wissenschaft überhaupt möglich ist. Dann müsste es eine Protowissenschaft geben, die *ab ovo* das rationale Argument erst aufbaut, wie es die Erlanger Schule einst annahm.[155] Die Möglichkeit wissenschaftlicher Klärung beruht darauf, dass es vorwissenschaftliche Überzeugungen gibt, die wir teilen und die durch die Wissenschaft nicht mehr in Zweifel gezogen werden.

Zu unseren lebensweltlichen Überzeugungen gehört die Verantwortungsfähigkeit des Menschen. Diese wiederum ist abhängig davon, dass er die Wahl hat und nicht vorab, also schon vor aller Deliberation, festlegt, was er tut. Vernunft, Freiheit und Verantwortung sind drei Aspekte menschlicher Praxis, die sich nicht isolieren oder separieren lassen, vielmehr tragen sie das Gesamte des Interaktionsgefüges. Eine Theorie, die dieses anzweifelt, und sei es auf der Grundlage streng naturwissenschaftlicher Befunde, würde die menschliche Lebensform als ganze in Frage stellen.

Unter »Lebenswelt« hatte Edmund Husserl vortheoretische Überzeugungen verstanden, die die Geisteswissenschaften erst möglich machen: die selbst einen begründenden Status haben und die man nicht bezweifeln kann.[156] Wir sollten uns von diesem Fundamentalismus lösen. Was nicht bezweifelbar ist, befindet sich im Fluss, es verändert sich im Laufe der Zeit. Aber das Gefälle subjektiver Gewissheiten und die unterschiedliche Einschätzung einzelner Sachverhalte ist der Beginn jeder Deliberation – in Lebenswelt, Wissenschaft und Politik. Ludwig Wittgenstein hat recht, wenn er darauf insistiert, dass die Selbstverständlichkeiten nicht so sehr als Wissen, als gemeinsame Überzeugungen beschrieben werden können, sondern als Praktiken, die unsere Lebensform ausmachen.[157] Man könnte auch sagen, viele Sachverhalte zeigen sich in geteilten Praktiken, unabhängig davon, ob sich die an diesen Praktiken Beteiligten dieser Sachverhalte im Sinne einer Überzeugung bewusst sind. Die deliberative Praxis als ganze ist darauf gerichtet, herauszufinden, was zutreffend und unzutreffend ist, wahr oder falsch, richtig oder unrichtig. Nur ein umfassender Realismus, der nicht szientistisch, sondern lebensweltlich verfasst ist, erlaubt eine angemessene Interpretation unserer Verständigungspraxis, und das gilt auch für die politische in der Demokratie.

Es ist das besondere Merkmal demokratischer Ordnungen, dass sie nicht das höhere Wissen einzelner besonders Gebildeter zugrunde legen, wie Platon in der *Politeia*, oder es der Wissenschaft anheimstellen, zu bestimmen, was eine gute politische Praxis ist, wie es von der Ikone der *Friday for Future*-Bewegung Greta Thunberg gefordert wird, sondern es ist die Bürgerschaft als ganze, die in einer inklusiven, alle umfassenden Deliberation zu klären versucht, was die richtige bzw. falsche politische Entscheidung wäre, welche Institutionen wünschenswert sind und welche der menschlichen Entwicklung entgegenstehen.[158]

Der demokratische Realismus, für den ich plädiere, nimmt die Bürgerinnen und Bürger in der Demokratie ernst. Er traut ihnen zu, dass sie in der Lage sind, nicht nur das Gute für sie selbst zu eruieren, sondern auch das Gute für die politische Gemeinschaft oder, wenn es sich um eine kosmopolitische Praxis handelt, für die Menschheit. Dabei spielt die Wissenschaft eine wichtige Rolle, weil komplexe Phänomene der wissenschaftlichen Analyse bedürfen. Wer die Wissenschaft als ganze diskreditiert – und das ist gegenwärtig im Zeichen von Populismen unterschiedlicher Art weit verbreitet –, entledigt sich der Voraussetzungen vernünftiger demokratischer politischer Praxis. Dabei sind beide Seiten gefordert: Auch die Wissenschaft muss imstande sein, ihre Ergebnisse so zu präsentieren, sich in einer solchen Weise an der öffentlichen Meinungsbildung zu beteiligen, dass sie verstanden werden und Eingang in die politische Praxis finden können.

Diese entscheidungsorientierte Berücksichtigung von wissenschaftlichen Tatsachen und Theorien fällt Wissenschaftlern nicht immer leicht. Sie sind es gewohnt, Argumente vorzubringen, sie versuchen, recht zu behalten, aber der Abbruch aller Deliberationen durch Entscheidungen gehört nicht zur wissenschaftlichen Rationalität. Und umgekehrt muss sich die politische Öffentlichkeit auf das wissenschaftliche Argument einlassen, sie muss die Geduld aufbringen, auch eine unvertraute Begrifflichkeit nachzuvollziehen, um Argumente beurteilen zu können. Die Wissenschaft darf sich nicht, wie es gegenwärtig immer wieder geschieht, politisch instrumentalisieren lassen. Das Gutachterdilemma dürfte nicht auftreten, wenn diejenigen, die im Namen der Wissenschaft Stellung nehmen, sich auch konsequent am Ethos der Wissenschaft orientierten.

Die kollektive Autonomie der politischen Gemeinschaft in der Demokratie darf sich nicht darin äußern, sich von wohlbegründeten, zumal wissenschaftlichen Erkenntnissen abzukoppeln und sich eine eigene »Realität« zurechtzulegen, die den eigenen Vorurteilen zupasskommt. Dies wäre der Rückfall in das voraufklärerische Zeitalter, in dem ausgetüftelte Verfahren ersonnen wurden, um das, was schon vor aller Prüfung feststand, zu »beweisen«: dass dieser oder jener Mensch eine Hexe ist. Die Demokratie ist diejenige Staatsform, die von der Urteilsfähigkeit aller zurechnungsfähigen erwachsenen Personen überzeugt ist. Sie fordert von den Bürgerinnen und Bürgern einen umfassenden Realitätssinn. Demokratischer Realismus ist inklusiv, er verlässt sich nicht auf die Einsicht der wenigen, er vertraut nicht kirchlichen und anderen Autoritäten, er akzeptiert keine natürliche Hierarchie zwischen den Menschen, er nimmt alle gleich ernst. Demokratischer Realismus ist die zwingende Konsequenz des Zusammenschlusses der Freien und Gleichen zu einer politischen Gemeinschaft.

22. Kooperation in der Demokratie

Möglicherweise ist Kooperation das grundlegendste Element der menschlichen Lebensform. Umso überraschender ist es, wie schwer sich die zeitgenössische Rationalitätstheorie *(Rational Choice)* mit diesem Phänomen tut. Die *Rational Choice*-Orthodoxie hält kooperatives Verhalten gar für irrational. Ihrer radikalen anthropologischen Grundannahme zufolge wählt das Individuum diejenige Handlungsalternative, die seinen Nutzen am besten zu befördern vermag. Dies führt nun für alle Beteiligten zu suboptimalen Ergebnissen in Situationen, die klassischerweise als *Prisoner's Dilemma* bekannt geworden sind: Das Individuum hätte sich bessergestellt, wenn es nicht seinen Nutzenerwartungswert isoliert betrachtet und die Situation dementsprechend beurteilt hätte. Das nicht zufriedenstellende Resultat leitet sich jedoch gerade aus der Begrifflichkeit der Rationalität ab, folglich muss abweichendes Verhalten als irrational ausgewiesen werden. Dies war für mich der Ausgangspunkt für eine Neufassung, bescheidener formuliert, Modifikation der Rationalitätstheorie, die ich als *Strukturelle Rationalität* bezeichne. *Strukturelle Rationalität* meint das Phänomen, dass menschliche Individuen ihre Handlungen, für die sie sich jeweils entscheiden, in den größeren Zusammenhang ihrer eigenen längerfristigen Praxis, aber auch in Strukturen der Interaktion mit anderen Menschen einbetten. Sie tun das, was sie als einen geeigneten Teil eines Ganzen ansehen, und dabei spielen wechselseitige Erwartungen eine wichtige Rolle.

Zahlreiche empirische Studien zeigen, dass die Bereitschaft zur Kooperation in hohem Maße davon abhängt, ob von anderen ebenfalls diese Kooperationsbereitschaft erwartet wird.[159] Wenn diese Erwartung nicht besteht, ziehen sich menschliche Individuen gewissermaßen auf ihre isolierte, atomistische Rolle zurück, und andere menschliche Individuen und deren Absichten, Erwartungen und Entscheidungen werden Teil der Umweltbedingungen, wie natürliche Phänomene, etwa das Wetter, oder andere nicht beabsichtigte Ereignisse. Als soziales Wesen ist das einzelne menschliche Individuum jedoch eingebettet in Strukturen der Interaktion und trägt zur Aufrechterhaltung und Entwicklung dieser Strukturen absichtlich bei.

Dieser kurze Blick auf eine strukturelle Rationalität vermag uns zu vergegenwärtigen, dass Kooperation ein eigenständiger Handlungstypus ist, ohne den menschliche Gesellschaften und politisches Handeln undenkbar wären. Kooperation verlangt von den einzelnen Individuen, dass sie sich hinreichend von ihrem Interessenstandpunkt entfernen, um überhaupt zur Einbettung ihrer je individuellen Praxis in soziale Strukturen der Interaktion fähig zu sein. Eine Welt der optimierenden Monaden wäre in der Tat in einen nicht enden wollenden Konflikt verstrickt, und der »Krieg aller gegen alle« (Thomas Hobbes) ließe sich nur durch die Konzentration aller Gewaltmittel in einer Hand und die strenge Sanktionierung von Regeln durchsetzen. Aber der Mensch ist nach Aristoteles ein *zoon politikon*, ein auf Gemeinschaft angelegtes Wesen, die *Polis*-Bildung ist Teil der Menschennatur. Die Vorstellung, Kooperation sei nur auf der Grundlage von Zwang, von Sanktionen oder zumindest von Anreizen möglich, ist nicht nur zutiefst inhuman, sondern mit der Idee der Demokratie unverträglich. Menschen müssen nicht erst durch staatlichen Zwang zivilisiert werden, sie müssen nicht in ihrer Alltagspraxis permanent kontrolliert, überwacht und mit Strafandrohungen oder Anreizen belegt werden, um sich kooperativ zu verhalten. Die Demokratie setzt die Fähigkeit zu einem zivilen Umgang miteinander voraus, sie generiert diese nicht erst, obgleich demokratische Strukturen – im Sinne des angelsächsischen *democratic nation-buildings* – diese Zivilisierung fördern, das wechselseitige Vertrauen festigen und Kooperation erleichtern können. Aber es ist nicht erst der demokratische Staat, der Kooperation in Gestalt von Anreizen und Strafen erzwingt.

Ich insistiere auf diesem Punkt, weil Kooperation in der Demokratie von zentraler Bedeutung ist. Man betrachte etwa das Strafrecht eines demokratischen Staates. Hier werden Handlungen sanktioniert, das heißt mit

Strafe bedroht, die als Verbrechen oder zumindest als Vergehen gelten, also Handlungen, die der Humanität zuwiderlaufen und die daher in der Demokratie möglichst weitgehend unterbunden werden müssen. Werfen wir auf die Rolle und die Funktionsbedingungen des Strafrechts einen genaueren Blick: Zunächst wird davon ausgegangen, dass Menschen in der Regel in der Lage sind, für ihr Handeln Verantwortung zu übernehmen, und sie daher auch schuldfähig sind, gegebenenfalls bestraft werden können, wenn sie Straftaten begehen. Dies ist in §§ 20, 21 des Deutschen Strafgesetzbuches recht präzise beschrieben. Nur zurechnungsfähige Menschen sind von Strafe bedroht, ihnen traut man zu, das Unrecht ihres Tuns einzusehen und Handlungen zu wählen, die nicht mit der Rechtsordnung in Konflikt geraten. Diejenigen, die annehmen, dass rationale Personen nicht kooperieren, vielmehr jede Situation zu ihrem eigenen Vorteil nutzen und immer dann Straftaten begehen, wenn sie annehmen können, dass diese nicht auffliegen und sie daher nicht bestraft werden, müssen sich die Rechtsordnung gedanklich so ausgestalten, dass die menschliche Praxis als ganze entsprechend intensiv überwacht und sanktioniert wird, damit sich alle Personen auch an diese Zwangsordnung halten. Zu Ende gedacht, führt all dies in die totalitäre Ordnung eines Überwachungsstaates, der die Privatsphäre und das Recht auf informationelle Selbstbestimmung konsequent verletzen würde und Menschen durch Anreize und Sanktionen als steuerbar ansieht.

Eine Sichtweise, die dagegen die humanistische Kooperation als ein anthropologisches Grundphänomen akzeptiert, ginge davon aus, dass Menschen im Großen und Ganzen kooperationsbereit sind und sich wechselseitig als Freie und Gleiche respektieren. Sie müssen die Sanktionen, die für bestimmte Straftaten bestehen, gar nicht kennen, um sich konform mit der Rechtsordnung zu verhalten. Die wenigsten von uns wissen tatsächlich, wie die einzelnen Straftaten definiert sind und welche Strafen jeweils drohen. Wir gehen davon aus, dass wir nicht mit dem Strafrecht kollidieren und also auch keine Strafen zu befürchten haben, wenn wir uns an eine zivile, andere Individuen und deren Rechte achtende Praxis halten und kooperativ und rücksichtsvoll agieren. Es sind nicht die Strafen, die uns davor abschrecken, einen Raubüberfall oder einen Diebstahl zu begehen, sondern es ist die zivile gesellschaftliche Praxis, an der wir teilhaben, die die Konformität mit der Rechtsordnung sicherstellt. Das berühmte Diktum des katholischen und sozialdemokratischen langjährigen Verfassungsrichters Böckenförde: »*Der freiheitliche, säkularisierte Staat lebt von Voraussetzungen, die er selbst nicht garantieren kann*«[160], sollte in einem umfassenden Sinn interpretiert werden. Es ist nicht lediglich die Existenz von Religionsgemeinschaften oder auch die grundsätzliche Bereitschaft, sich an politischen Entscheidungen zu beteiligen, vielmehr ist es die Zivilgesellschaft als ganze, die zur Prämisse einer demokratischen Ordnung wird. Diese beruht darauf, dass Individuen eben nicht lediglich egoistische Monaden sind, die ihre jeweiligen Einzelinteressen gegen die Interessen anderer durchzusetzen versuchen, sondern auch ohne Anreize und Strafdrohungen kooperieren, einen zivilen Umgang miteinander pflegen, individuelle Rechte beachten und zur Beteiligung an einer gemeinsamen, für sinnvoll erachteten Praxis bereit sind. Ohne die Prämisse des Menschen als *zoon politikon* ist eine demokratische Ordnung nicht vorstellbar und nicht lebensfähig. Der Mensch ist ein Wesen, das auf Gemeinschaft angelegt ist, er ist empathiefähig, das heißt, er kann sich in die Seelenlagen anderer Menschen hineinversetzen, er folgt einem natürlichen Impuls zur Kooperation, und er ist, auch ohne eigene Vorteile zu erwarten, hilfsbereit und rücksichtsvoll. Auch ohne Vertrauen ist eine kooperative Praxis nicht denkbar. Es besteht ein Zusammenhang zwischen einer optimistischen Anthropologie und der Idee einer demokratischen politischen Ordnung. Pessimistische Anthropologien sind antidemokratisch, sie misstrauen der Fähigkeit, auch ohne Zwang zu kooperieren, und befürworten daher hierarchische Ordnungen und Gemeinschaftsbindung durch Zwang und Abgrenzung gegenüber anderen Gemeinschaften.

Individuen kooperieren, wenn sie eine gemeinsame Praxis befürworten können, die für sie selbst und für alle anderen an dieser Praxis Beteiligten akzeptabel ist.[161] Es ist die allgemeine Akzeptanz einer Regel, ausgeweitet zu einer sozialen oder politischen Praxis, die ihre Legitimität sichert.

Die kooperative Praxis ist darauf gerichtet, den Interessen aller gerecht zu werden, was allerdings nicht heißt, es hätte nicht für die einzelnen beteiligten Individuen eine andere Entscheidungsmöglichkeit gegeben, die ihr Eigeninteresse in höherem Maße befriedigen würde. Dies ist das Spannungsverhältnis zwischen Eigeninteresse und Sozialität in der Kooperation: Die Eigeninteressen werden berücksichtigt, aber sie sind nicht mehr alleinige Richtschnur des Handelns.[162] Auch die demokratische Staatlichkeit kann auf Zwang nicht verzichten. Das Strafrecht wäre ohne Polizei, Strafverfolgungsbehörden, Gerichte und Gefängnisse lediglich eine Sammlung von Regeln, von denen man nur hoffen kann, dass die meisten sich an diese halten. Diejenigen aber, die die Regelkonformität der anderen ausnutzen, um sich selbst Vorteile auf deren Kosten zu verschaffen, würden nicht nur unschuldige und vom Staat im Stich gelassene Opfer schaffen, sondern mit ihrem Verhalten die zivile Ordnung als ganze gefährden. Geschädigte würden, wie John Locke eindringlich im *Second Treatise* beschreibt, zur Selbsthilfe greifen müssen, auch dann, wenn sie wechselseitig ihre Rechte und Freiheiten anerkennen. Und die Folge wäre in aller Regel eine Eskalation von Bestrafungsaktionen, die am Ende, wie alle historische Erfahrung zeigt, in eine Praxis der Blutrache mündet, bei der irgendwann alle vergessen haben, was diesen Konflikt zwischen den Familien, Sitten, Regionen oder gar Staaten ausgelöst hat. Die Selbstjustiz ist selbst unter günstigen Bedingungen wechselseitiger Anerkennung von Rechten und Freiheiten und der grundsätzlichen Bereitschaft zur Kooperation ein ungeeignetes Mittel, um die zivile Ordnung aufrechtzuerhalten. Aber die Zwangsordnung, auch demokratischer Staatlichkeit, hat nicht die Funktion, die Zivilgesellschaft erst durch

Zwang zu erschaffen und aufrechtzuerhalten, sondern hat lediglich eine Garantenstellung: Wenn die zivile Ordnung, wenn die lebensweltliche Praxis des humanen Umgangs miteinander, wenn die natürliche Neigung des Menschen als *zoon politikon* nicht ausreicht, um Straftaten zu verhindern, greifen die Rechtsordnung und die staatliche Sanktionsgewalt ein. Sie ist nicht selbst das Motiv ziviler Praxis, sondern sie sichert zivile Praxis ab. In welchem Ausmaß, mit welchen Kontrollinstrumenten, mit welcher Schärfe des Gesetzes und mit welchen Strafmaßen dies erfolgt, hängt in hohem Maße vom Grad der zivilen Entwicklung ab. Je friedfertiger, kooperativer, ziviler die politische Gemeinschaft ist, desto zurückhaltender kann der Staat kontrollieren und desto weniger Kontrolle und Sanktion ist erforderlich.

Es ist die Bereitschaft zu kooperieren, die, wie in zahlreichen empirischen Studien eindrücklich gezeigt worden ist, die menschliche Lebensform prägt[163] und die eine demokratische Staatlichkeit ermöglicht. Die Verfahren kollektiver Entscheidungsfindung in der Demokratie sind selbst wiederum eine Form der Kooperation. Wir sind bereit, uns an bestimmte Regeln kollektiver Entscheidungsfindung zu halten, wenn sie unsere individuelle Autonomie sichert und auf einem von allen akzeptierten Konsens höherer Ordnung beruht. Wir nehmen an dieser Praxis teil, weil wir zuversichtlich sind, dass dabei die Interessen aller in fairer Weise Berücksichtigung finden. Wir interpretieren auch die Mehrheitswahlregel nicht als Herrschaft der Mehrheit über die Minderheit, sondern als eine Form der Konfliktauflösung, die deswegen für alle akzeptabel ist, weil sie allen ihre individuellen Rechte garantiert und gleiche Partizipationschancen einräumt. Die demokratische Staatsform bedarf eines zivilgesellschaftlichen Fundaments, wir sollten sie als Konkretisierung der menschlichen Lebensform unter den modernen Bedingungen divergierender Werte, pluraler Identitäten und gleicher individueller wie kollektiver Anerkennung interpretieren. Zivilgesellschaftliche Kooperation ist nicht nur Bedingung der Demokratie, sondern Demokratie ist eine spezifische Form politischer Kooperation.

23. Demokratie als Lebensform

Demokratie ist, wie wir gesehen haben, nicht lediglich ein Verfahren kollektiver Entscheidungsfindung. Demokratie beruht auf einem Konsens und auf geteilten normativen Überzeugungen, in deren Zentrum die Idee der Freiheit und Gleichheit aller Menschen steht. Diese Normen lassen sich nicht auf die politische Sphäre begrenzen, es handelt sich nicht um Normen, die das Verhältnis der Bürgerinnen und Bürger zueinander regeln, während die lebensweltliche, die ökonomische, die kulturelle Praxis von ganz anderen Normen geprägt ist. Der pluralistische Kommunitarismus eines Michael Walzer[164] geht ebenso in die Irre wie die liberalistische Trennungsthese von Politik und Kultur. Die Staatsform der Demokratie setzt auf eine *zivilgesellschaftliche Praxis* auf, die ohne eine Leitkultur des Humanismus[165] nicht funktionsfähig ist. Ideologien der natürlichen Hierarchie, der Geschlechterungleichheit, der Rassendifferenz etc. sind mit einer demokratischen Ordnung und der sie tragenden zivilgesellschaftlichen Praxis unvereinbar. Man könnte allenfalls hoffen, dass eine zivilgesellschaftliche Praxis ohne demokratische Staatlichkeit möglich ist. Dies ist die These der *decent societies*, die es nach John Rawls[166] auch jenseits der Welt demokratisch verfasster Staaten geben kann. Die realen Beispiele dafür sind aber spärlich gesät, wenn es sie überhaupt gibt.

Aber ist diese kulturelle und zivilgesellschaftliche Aufladung der Demokratie nicht unvereinbar mit ihrer universellen Geltung? Ja, geraten wir hier nicht in einen tiefen Widerspruch zwischen der menschenrechtlichen Fundierung der Demokratie einerseits, also ihres universalistischen Geltungsanspruchs, und der faktischen kulturellen Vielfalt weltweit? Wird damit nicht die Reichweite der Demokratie auf europäisch geprägte Kulturen, unter Einschluss großer, europäisch beeinflusster Regionen außerhalb Europas, insbesondere die beiden Amerikas, beschränkt? Die Antwort auf diese Frage fällt ambivalent aus: Ja, einerseits kann gar kein Zweifel bestehen, dass nicht alle Kulturen demokratieverträglich sind. Die Tatsache, dass sich Demokratien im arabisch-muslimischen MENA-Raum so schwertun und sich auf wenige Beispiele beschränken, die zudem fragil sind, ist ein Beleg für diese Inkompatibilität.

Dabei sollten wir nicht die *Religion* des Islam verantwortlich machen, gar Suren aus dem Koran zitieren,

sondern die kulturelle Praxis in dieser Region analysieren. Das Blutbad, das die Kreuzzügler um die Jahr-
tausendwende im Nahen Osten anrichteten, ist nicht
dem Christentum als Religion zuzurechnen, sondern
einer menschenverachtenden, kulturellen Praxis der
Herabwürdigung Andersgläubiger und des rücksichtslosen Gewalteinsatzes. Die Kirche hat sich damit schul-
dig gemacht, und diese Schuld dehnt sich über die Jahrhunderte, man denke an die Verfolgung sogenannter
Häretiker und den noch in der Neuzeit anhaltenden
Kampf des Klerus gegen wissenschaftliche Rationalität, Menschenrechte und Demokratie. Aber es sind
auch hier nicht die Religion als solche, die christlichen
Glaubensinhalte, die diese Inhumanität begründen. Die
jeweiligen religiösen Überzeugungen selbst dürfen nie
vor den Gerichtshof von Wissenschaft, Recht und Politik gezerrt werden. Wer den zivilen Frieden will, lasse
die Religionen in Frieden. Wer den zivilen Frieden will,
lasse aber auch nicht zu, dass die Religionen sich der
Philosophie und der Wissenschaft, der Politik und des
Rechts ermächtigen.

Es ist die Kultur der autoritären Unterordnung, des
Gefolgschaftsprinzips und rücksichtsloser, kriegeri-
scher Männlichkeit, die fundamentalistische Gesin-
nung, die von der Religion auf die Politik ausgreift,
die Entwürdigung Andersdenkender, die Attitüde der
reinen Lehre und der auf ihr beruhenden politischen
Praxis, die rückwärtsgewandte Sehnsucht nach vormo-
dernen Zeiten, die panische Angst vor Aufklärung und
Veränderung, die mit einer demokratischen Praxis des

wechselseitigen Respekts und der kulturellen Anerkennung, individueller und kollektiver Autonomie und vor allem mit öffentlichem Vernunftgebrauch unvereinbar sind. Zugleich aber ist die Demokratie als Lebensform mit einer großen Vielfalt unterschiedlicher kultureller Prägungen vereinbar. Sie kann ethnische und religiöse Differenzen aushalten und republikanisch integrieren. Sie ist in einigen postkolonialen Gesellschaften Afrikas überaus erfolgreich, trotz der rücksichtslosen staatlichen Grenzziehungen der früheren Kolonialherren.[167] Auch der Übergang von südeuropäischen und südamerikanischen (Militär-)Diktaturen zu Demokratien ist überwiegend gelungen.[168] In einigen der postsozialistischen Länder hat sich die Demokratie als Lebensform gut etabliert, in anderen steht der Transformationsprozess erst am Anfang oder gerät unter rechtspopulistischen Vorzeichen in die Krise.

Auch wenn die moderne Demokratie als Staatsform zunächst ein Phänomen westlicher Kultur ist, mit Frankreich und den USA als Vorreiter, hat sie sich über weite Teile der Welt als die beste erwiesen. Selbst ein kulturell hinduistisch geprägtes Land wie Indien, mit einer ungewöhnlich großen Sprachenvielfalt, Kastenwesen, extremer Armut und großem Reichtum, rückständigen ländlichen Regionen und Hochtechnologiezentren, hat erfolgreich an der Demokratie festgehalten. Selbst hindu-nationalistische Regierungen führten bislang nicht zum demokratischen Niedergang. Aber Indien macht deutlich, dass die Demokratie als bloße Staatsform oberflächlich bleibt, dass sie ohne ein ausreichendes kulturelles Fundament fragil ist und ihre zivilisierende Kraft gegenüber Religionen, kulturellen Identitäten, traditionellen Hierarchien, dem Hass auf Andersdenkende nicht entwickeln kann.

Die Geschichte Europas zeigt, wie mühsam der zivilisatorische Prozess ist, der Demokratien vorbereitet und stabilisiert, aber dann auch von der Demokratie als Staatsform gefördert wird. Ohne die Domestizierung der Religionsgemeinschaften im Europäischen Humanismus und ohne Aufklärung, ohne den öffentlichen Einfluss des wissenschaftlichen Weltbildes, ohne den Ausgang aus *selbstverschuldeter Unmündigkeit* (Immanuel Kant) wird die Demokratie lediglich zum Herrschaftsinstrument einzelner kultureller und religiöser Gemeinschaften, wie die traurige Geschichte des *Arabischen Frühlings* erneut gezeigt hat.

Der *Arabische Frühling* beginnt als Aufstand urbaner Milieus, insbesondere jüngerer, oft akademisch gebildeter Männer, gegen die traditionellen Regime in der MENA-Region und endet in Ägypten in Gestalt der demokratischen Machtübernahme durch die Muslimbruderschaft und in Libyen im anhaltenden Bürgerkrieg der *Warlords*, teilweise auch der *Al-Qaida*-Ableger, in Syrien im Kampf des Assad-Regimes zunächst gegen die Aufständischen des *Arabischen Frühlings* und im apokalyptischen Dreikampf zwischen den sozialistischen Kurden, die vom Westen unterstützt wurden, den Dschihadisten des *Islamischen Staates* und dem mit Russland verbündeten Assad-Regime. Die Lehre daraus für die Demokratietheorie kann nur lauten, dass die Demokratie als Staatsform sich nur dauerhaft etablieren kann, wenn ihr ein zivilisatorischer Prozess vorausgeht. In Kulturregionen, in denen der religiöse Fundamentalismus und der politische Machtanspruch der Klerikalen dominiert oder die durch verfeindete kulturelle Gemeinschaften geprägt sind, nimmt die Demokratie als Staatsform die Gestalt religiös angeleiteter Herrschaft oder demokratisch bemäntelter Dominanz der einen über die andere Gruppe an. Die Domestizierung kultureller und religiöser Identitäten muss der Demokratie vorausgehen, die demokratische Staatsform reicht dazu in der Regel nicht aus.

Die Demokratie als Lebensform ist unterdessen auch in den westlichen Ländern gefährdet. Ihre zivilgesellschaftlichen Bedingungen erodieren. Die Sprache des politischen Konfliktaustrags wird zunehmend von Hassparolen, persönlichen und kollektiven Herabsetzungen, generell von einem Freund-Feind-Verhältnis der politischen Meinungsbildung geprägt. *Die Demokratie lebt von Voraussetzungen, die sie selbst nicht garantieren kann,* sie kann ihre zivilisatorischen Bedingungen, eine Leitkultur des Humanismus, nicht erzwingen.

Die Ursachen für diesen Erosionsprozess sind vielfältig und die empirischen Befunde bis heute keineswegs eindeutig. Eine berühmte These besagt, dass es sich bei dieser Krise im Kern um einen Kulturkonflikt zwischen kosmopolitisch gesinnten Milieus nicht nur unter den ökonomischen Eliten, sondern in größeren Teilen zwischen der gebildeten Mittelschicht und den eher kommunitaristisch Gesinnten der traditionellen Arbeiterschaft, eines Großteils der ländlichen Bevölkerung, aber auch traditioneller Bildungseliten handelt. Es kann kein Zweifel bestehen, dass es diese unterschiedlichen soziokulturellen Milieus gibt und dass die Konflikte zwischen diesen Milieus eine neue Ausdifferenzierung politischer Repräsentation nach sich ziehen.[169] Die Sprengkraft dieses Konfliktes hat jedoch tiefer gehende politische Gründe, die sich mit dem begrifflichen Instrumentarium, das wir in dieser Schrift entwickelt haben, analysieren lassen.

Wir haben Demokratie als eine spezifische Form kollektiver Autonomie beschrieben, in der die individuelle Autonomie gewahrt bleibt. In Zeiten der Globalisierung, der internationalen Verrechtlichung und einer sich ausbildenden globalen Zivilgesellschaft gerät dieses Modell unter Druck. Die einzelstaatlich organisierte Demokratie, als spezifische Form kollektiver Autonomie, beruhte ursprünglich auf der Idee eines souveränen Nationalstaats. Diese Souveränitätsidee lässt sich unter den aktuellen Bedingungen der politischen und ökonomischen Praxis, aber auch angesichts der globalen kulturellen Entwicklung nicht mehr durchhalten. Das demokratische Versprechen kollektiver Autonomie unter Wahrung der individuellen Autonomie zu sichern, stößt an die Grenzen internationaler Verträge, ökonomischer Abhängigkeiten, völkerrechtlicher Bindungen und schwer einschätzbarer Entwicklungen auf den globalen Finanzmärkten. Demokratie als Lebensform ist *republikanisch* verfasst, sie beruht auf der prinzipiellen Möglichkeit der Partizipation und der politischen Gestaltung. Während in jedem Wahlkampf mit unterschiedlicher Programmatik, aber immer mit Verve suggeriert wird, die Wahl der einen oder anderen Partei, des einen oder anderen Präsidentschaftskandidaten, der einen oder anderen Ministerpräsidentin würde das Land grundsätzlich verändern und könnte die anstehenden Probleme lösen, führt der schnöde Alltag komplexer innerstaatlicher, europäischer und internationaler Abstimmungsprozesse, notwendiger ökonomischer Rücksichtnahmen, der Einfluss der Medien und der Lobbyisten zu wachsendem politischen Frust, man könnte auch sagen, die Demokratie verliert ihre republikanische Substanz. Wenn dann noch eklatantes Staatsversagen angesichts großer politischer Herausforderungen hinzukommt, ist der Boden für die populistische Erosion der Demokratie bereitet. Immer schon vorhandene Ressentiments gegen *die* Politik, gegen Abgeordnete und Journalisten, Minister und Regierungschefs, schlagen dann in eine Fundamentalkritik an der politischen Praxis und den Institutionen um, in die diese eingebettet ist. Die Demokratie als Lebensform erodiert.

Zu diesen großen Staatsversagen muss man die ökonomische und innenpolitisch verkorkste deutsche Vereinigungspolitik der 1990er Jahre zählen, die, anstatt eine Übergangszeit (wie etwa bei der Eingliederung des Saarlands) vorzusehen und die industriellen Strukturen der DDR zu bewahren, in einer Sturzgeburt eine Bevölkerung ohne die Erfahrung von Arbeitslosigkeit und Ausgeliefertsein an den Markt einer Rosskur aussetzte, von der einige wenige, insbesondere westliche Unternehmen, aber auch östliche Opportunisten, profitierten, die allermeisten aber zunächst eine persönliche und ökonomische Krise erlebten. Das Grundgesetz wurde nicht, wie es die Verfassungsväter und -mütter wollten, von einer neuen gesamtdeutschen Verfassung abgelöst, sondern blieb unverändert, sodass die vormalige DDR als »neue deutsche Länder« der Bundesrepublik Deutschland beitraten. Die DDR wurde zum Beitrittsgebiet, statt eine Einheit auf das gemeinsame Fundament einer Verfassung zu stellen, die auch Defizite der westlichen Ordnung hätte beheben können, ohne das SED-Erbe bewahren zu müssen. Der Rechtsanspruch auf Kinderbetreuungsplätze, der im Osten Deutschlands weit höher entwickelte Grad an Gleichstellung zwischen den Geschlechtern, die polytechnisch ausgerichtete Bildung, das Leistungsprinzip in den Bildungseinrichtungen, das in manchen westlichen Ländern schon weitgehend hinfällig war, die zentralstaatliche Mitverantwortung für Kultur und Bildung etc. hätten eine Kultur wechselseitiger Anerkennung ermöglicht und das Gefühl des biografischen Verlustes, das bei vielen vormaligen DDR-Bürgern bis heute verbreitet ist, zumindest abgemildert.

Die damalige Politik der konservativ-liberalen Regierung unter Helmut Kohl wollte es nicht so, sie wollte den raschen Wahlerfolg und fürchtete die Reflexion politischer Grundfragen des Zusammenlebens. Der Westen hatte gewonnen, so war die allgemeine Einstellung nach dem Zusammenbruch des sowjetischen Herrschaftssystems, ein westlicher Triumphalismus als Vorgeschichte des aktuellen Katzenjammers, den wir in den ersten Kapiteln beschrieben haben. So wie die Durchsetzung der Eins-zu-eins-Währungsumstellung nach der deutsch-deutschen Vereinigung gegen allen ökonomischen Sachverstand erfolgte, so wurde auch die gemeinsame Eurowährung ohne hinreichende institutionelle Absicherung eingeführt, in der naiven Erwartung, eine gemeinsame Währung würde die notwendige ökonomische und fiskalische Konvergenz erzeugen, die aber in Wirklichkeit ihre Voraussetzung ist.

Da die EU-Mitgliedsländer des Euroraums nach wie vor ihre ganz eigenständige Wirtschafts- und Fiskalpolitik betrieben, vom Maastricht-Vertrag an Regeln gebunden, die allerdings auch bei Überschreitung keine Sanktionen nach sich zogen, war die Sorge berechtigt, eine unverantwortliche Wirtschafts- und Finanzpolitik müsste am Ende dazu führen, dass die anderen Länder des Euroraums oder gar der gesamten EU das Land aus seinen Problemen herauskaufen müssten. Deswegen wurde in den Vertrag, der die Währungsunion begründete, eine *No-Bailout*-Regel geschrieben, die diese Sorgen, die insbesondere in Deutschland grassierten, ausräumen sollte. Mit der Weltfinanzkrise und den darauffolgenden Finanzierungsproblemen, vor allem südeuropäischer Länder, vorneweg Griechenlands, zeigte sich dann allerdings, dass es allenfalls in einigen oberflächlichen Statistiken, nicht aber in der realen Wirtschaftsentwicklung durch die Währungsunion eine Konvergenz gegeben hat, dass es für den Fall einer staatlichen Haushaltskrise und eines entsprechenden politischen Willens kein Austrittsverfahren gab und dass man de facto die *No-Bailout*-Zusicherung brechen musste, um Griechenland im Euroraum zu halten und den Euroraum zu stabilisieren.

Wie immer man die Maßnahmen der Griechenlandrettung im Einzelnen beurteilt (ich bin der Auffassung, dass ein Ausscheiden Griechenlands aus dem Euroraum, flankiert von großzügigen Unterstützungsmaßnahmen der EU, und das Belassen der faulen Kredite bei den Banken, die mit der Kreditgewährung an Griechenland über Jahre gutes Geld verdient hatten, die bessere Alternative gewesen wäre), eindeutig ist, dass die europäische politische Öffentlichkeit sich hier mehrfach getäuscht fühlen musste: vom Versprechen der ökonomischen Prosperität und der zu erwartenden Konvergenz durch die gemeinsame Währung und vom Versprechen des *No-Bailouts* – kein Staat sollte für die Schulden eines anderen Staates geradestehen müssen, gerade dies war aber dann der Fall, mühsam verhüllt durch Kredite mit extrem langen Laufzeiten und extrem günstigen Bedingungen. In Deutschland war die Griechenlandrettung ein wesentliches Movens für die Entstehung und das Erstarken der rechtspopulistischen Partei AfD.

Ganz ähnlich verhält es sich mit der Migrationsthematik. Auch hier geht es nicht so sehr um die Frage, wie viel Migration, wie viel Einwanderung in ein Land verkraftbar und sinnvoll ist, sondern um das Gefühl der Täuschung. Wenn die Bürger erfahren, dass teilweise 90% derjenigen, deren Asylgesuch letztinstanzlich abgelehnt worden ist, im Land verbleiben, dann wird das

Asylverfahren selbst zur Farce.[170] Tatsächlich ist es so, dass diejenigen, denen es gelingt, über die deutsche Grenze zu gelangen, in aller Regel de facto in der Europäischen Union bleiben können. Das hat zahlreiche Ursachen, darunter solche, die nicht unter der Kontrolle des Gastlandes stehen, zum Beispiel die Weigerung der Herkunftsländer, die Ausgewanderten wiederaufzunehmen. Die Hinderungsgründe sind zahlreich, und viele von ihnen sind durch das deutsche Rechtssystem, aber auch durch europäisches Recht und das Völkerrecht abgesichert. Auf was ich hier hinweisen will, ist das Politikversagen in Gestalt der Unvereinbarkeit der Botschaft, die Einwanderung sei rechtlich geregelt, das Recht auf Asyl werde geprüft, man hätte die Lage unter Kontrolle, einerseits und der faktischen Situation andererseits. Diese Unvereinbarkeit wird dann dadurch vermindert, dass die Grenzen undurchlässiger gemacht werden, mit Maßnahmen, die sich mit humanen und europarechtlichen Kriterien kaum vereinbaren lassen (das gilt im Besonderen für die Zusammenarbeit von Italien und Libyen oder Kräften in Libyen, abgeschwächt aber auch für die Vereinbarung zwischen Deutschland bzw. der EU und der Türkei). Die Gefährdung der demokratischen Ordnung entsteht aus dem Eindruck des Kontrollverlustes.

Die Revitalisierung der Demokratie hat also folgende Voraussetzungen: Erstens, und vielleicht am wichtigsten, die kollektive Autonomie im demokratischen Nationalstaat lässt sich nur durchhalten, wenn sie in die politische Gestaltung der internationalen Ordnung eingebettet ist. Die demokratische Partizipation im jeweiligen Land würde im Zuge von Globalisierung und internationaler Verrechtlichung sonst immer substanzloser werden (Kap. 5)

Zweitens, die Politik in der Demokratie muss den Hiatus zwischen geweckten Erwartungen und tatsächlichen Handlungsoptionen schließen. Dazu ist es erforderlich, dass sich der Modus des pragmatischen Hindurchwurstelns, der sich in vielen demokratischen Ländern durchgesetzt hat und der der programmatischen Fundierung früherer Zeiten gewichen ist, verändert. Selbstverständlich müssen Entscheidungen situationsgerecht getroffen werden, und wenn sich einmal getroffene Entscheidungen als falsch herausstellen, müssen diese revidiert werden. Das rigide Festhalten an einem Programm, auch wenn es zu scheitern droht, ist nicht die Alternative. Aber die zunehmende Theorielosigkeit der politischen Praxis, die Abkoppelung der Politik von ökonomischem und sozialem Sachverstand, von Wissenschaft und lebensweltlicher Erfahrung, ist nicht demokratieverträglich.

Die heute etablierten Rekrutierungspraktiken im demokratischen Parlamentarismus sind zunehmend problematisch. Die Karriere von der Jugendorganisation über ein abgebrochenes Studium in politische Spitzenämter führt zu einer Binnenorientierung der politischen Kommunikation in den Parteien, die einer vitalen Demokratie nicht förderlich ist. Es sind oft dieselben Personen, die sich seit Jahrzehnten begegnen, sich in Konflikten und Kooperationen immer wieder neu sortieren, die das Innenleben der Parteien bestimmen. Wenn Kompetenz von außen gesucht wird, dann möglichst in einer isolierten Funktion, die das Machtgefüge nicht verändert und die es ermöglicht, die betreffenden Personen rasch wieder abzuschieben. In der Demokratie ist Politik nie ein Beruf, sondern immer die Wahrnehmung öffentlicher Verantwortung im Auftrag der Bürgerschaft. Das Verfassungsgerichtsurteil von 1975, das berühmte Diätenurteil, hat eine falsche Weichenstellung in Deutschland vorgenommen, die allerdings mit ähnlichen Entwicklungen in anderen europäischen Ländern korrespondiert.[171]

Die politische Praxis ist auf das bürgerschaftliche Engagement auch jenseits staatlicher und parlamentarischer Funktionen angewiesen, es bedarf hochprofessioneller Amtsführung durch erfahrene Politikerinnen und Politiker, dennoch ist Politik kein Beruf, was man schon daran erkennt, dass es im Gegensatz zu allen anderen Berufen keine Ausbildung gibt.[172] Während die ersten Generationen noch Lebens- und Berufserfahrung außerhalb der politischen Tätigkeit in hohem Maße aufweisen konnten und die Parlamente auf einen breiten außerparlamentarischen und außerparteilichen Erfahrungsschatz zurückgreifen konnten, sind diese Kompetenzen in den Folgejahren immer weiter ausgedünnt. Die Wechsler aus anderen Berufs- und Erfahrungsbereichen in die Politik und zurück sind immer seltener geworden, vor allem in den kontinentaleuropäischen Demokratien, in den angelsächsischen stellt sich die Situation in dieser Hinsicht deutlich günstiger dar.

Drittens, es wird viel davon abhängen, eine inklusive politische Öffentlichkeit aufrechtzuerhalten und dort, wo sie gefährdet ist, wiederherzustellen. Die öffentlich-rechtlichen Rundfunkanstalten tragen zweifellos dazu bei, erreichen aber zunehmend nur noch die ältere Bevölkerung. Die Idee der öffentlich-rechtlichen Rundfunkversorgung beruht gerade darauf, dass die Demokratie bestimmte Voraussetzungen hat, die sie auf sich gestellt nicht garantieren kann. Sie kann und darf nicht in das Mediengeschehen eingreifen, *sie kann nicht* staatlich gelenkte Zeitungen und Rundfunkanstalten *etablieren*, sie muss auf die Eigendynamik der Medienentwicklung vertrauen und hoffen, dass die kommerziellen Interessen nicht am Ende Meinungsvielfalt und Diskursrationalität bedrohen. Der öffentlich-rechtliche Charakter beugt der Kommerzialisierung und zugleich der staatlichen Instrumentalisierung vor. Beide Stärken sind angesichts der Quotenorientierung einerseits und der staatlichen Einflussnahme über Aufsichtsgremien andererseits geschwächt. Aber das Grundprinzip des öffentlich-rechtlichen Informations- und Bildungsangebotes ist damit nicht obsolet. Es sollte vielmehr auf digitale und Printmedien ausgeweitet werden, um dem weiteren Verfall der Demokratie als Lebensform entgegenzuwirken.

Letztlich wird aber die kulturelle und die sozioökonomische Entwicklung über die Zukunft der Demokratie entscheiden. Politisches Handeln setzt Rahmenbedingungen, innerhalb derer sich die nationale, die kontinentale und die internationale Ökonomie, einschließlich der globalen Finanzmärkte, entwickeln sollten. Der Rückzug des Staates auf allen Ebenen war ein Fehler und muss korrigiert werden, wenn die Demokratie eine Zukunft haben soll. Wenn der wirtschaftliche Fortschritt nur einigen wenigen Prozent der Best- und Besserverdienenden zugutekommt, wenn sich gigantische Vermögen in einigen wenigen Händen konzentrieren, wenn auf diesem Wege politische Macht ausgeübt wird und die Infrastruktur der industriellen Entwicklung in den Händen von fünf globalen Großkonzernen liegt, die so gut wie keine Steuern zahlen, dann wird die demokratische Praxis zunehmend zur Persiflage: Es scheint um Wichtiges zu gehen, aber das Wichtige lässt sich von politischen, demokratischen Entscheidungen nicht beeinflussen.

Eine vergleichbar große Bedrohung ist die Identitätspolitik von rechts in Gestalt von Unilateralismus und Nationalismus, aber auch die Identitätspolitik von links, in Gestalt des Multikulturalismus, der unter Demokratie einen *Modus Vivendi* kultureller Identitäten versteht. In beiden Fällen erodieren die politische Gemeinschaft und die republikanische Praxis in der Demokratie. Selbst wenn ihre Institutionen intakt bleiben, fehlen die Bedingungen demokratischer Partizipation und kollektiver Autonomie. Der Rückzug in die eigene Gemeinschaft, die kommunitaristische Identifikation mit ihren Normen und Werten, die Abgrenzung gegenüber anderen Gemeinschaften und deren Normen und Werten, die mangelnde Bereitschaft, über die Gemeinschaften hinweg zu kommunizieren, sich um Verständigung zu bemühen, die Instrumentalisierung kultureller Differenzen für populistische Kampagnen bedeuten am Ende den Verlust demokratischer Bürgerschaft. Ohne eine inklusive kulturelle Praxis auf der Basis gleicher Anerkennung und gleicher individueller Freiheit, gegründet auf der Idee gleicher Würde jeder Person, unabhängig von ihren jeweiligen Zugehörigkeiten, kann es keine vitale Demokratie geben. Ohne die Leitkultur des Humanismus gibt es keine Demokratie als Lebensform.

24. Sechs Paradigmen der Demokratie

Wir sind in dieser Schrift nur am Rande auf unterschiedliche und widerstreitende Paradigmen der Demokratie eingegangen, wie sie die Literatur prägen. Diese Paradigmen sind selbst wiederum abhängig von weiter gehenden philosophischen und empirischen Auffassungen, die allerdings nicht immer explizit werden. In diesem Schlusskapitel soll eine Verortung der hier entwickelten Demokratiekonzeption vorgenommen werden, ohne jedoch die Details der aktuellen und vergangenen demokratietheoretischen Kontroversen aufgreifen zu können.

Man kann folgende Grundverständnisse von Politik und speziell von Demokratie unterscheiden:

Das Erkenntnisparadigma

Man könnte es auch als das *platonische* bezeichnen. Platon schwebte als gerechte politische Ordnung eine Stadt *(polis)* vor, die von philosophischer und wissenschaftlicher Erkenntnis geleitet ist.[173] Die Zustimmung zu dieser Ordnung von Seiten derjenigen, die mangels Erkenntnisfähigkeit von der Leitung der Stadt ausgeschlossen sind, sollte auf *sophrosyne* beruhen, d. h. der Einsicht, dass es gut ist, wenn die Leitung denjenigen übertragen wird, die eine überragende Urteilskraft erworben haben. Alle sollten die gleiche Möglichkeit haben, den langen Weg wissenschaftlicher und philosophischer Bildung zu gehen, die platonische Stadt der Erkenntnis ist kein Ständestaat. Auch wenn dieses Modell der idealen Stadt mit einer demokratischen Ordnung unvereinbar ist, so bleibt doch die platonische Herausforderung, wie sichergestellt werden kann, dass in der Demokratie sachgerecht entschieden wird. Die hier entwickelte Konzeption der Demokratie trägt dieser Herausforderung Rechnung, in der Beschränkung von Abstimmungsverfahren, dem Repräsentationsprinzip und dem Konzept politischer Verantwortung. Unsere Demokratiekonzeption ist insofern platonisch, als sie der Deliberation als Wahrheitssuche einen zentralen Ort zuweist (Kap. 20 und 21).

Das Kooperationsparadigma

Aristoteles war entgegen Platon der Auffassung, dass wissenschaftliche und philosophische Erkenntnis nicht die zentrale politische Kompetenz ausmacht. Vielmehr ist es die Fähigkeit, verlässlich zu urteilen und zu handeln, die sich auf reichhaltige Lebenserfahrung und Charakterbildung gründet. Das Ideal des Aristoteles[174] ist der *phronimos,* der Lebenserfahrene und klug Handelnde, nicht der *sophos*, der scharfsinnig Erkennende und theoretisch Versierte. Träger der *polis* sind bei Aristoteles Männer, die Verantwortung für eine Hausgemeinschaft haben und sich als freie Bürger jede Weisung verbitten. Sie legen auf ihre Autarkie wert, sind aber als Bürger bereit, mit anderen Bürgen zu kooperieren. Aristoteles spricht hier von *philia politike*, was mit politischer Freundschaft missverständlich übersetzt wäre. Aristoteles, der in Athen als *metoike* in einer Zeit lebte, in der diese Stadt in hohem Maße von Ein- und Auswanderung geprägt war, hielt gemeinsame religiöse und kulturelle Praktiken, die die Bürgerschaft der *polis* verbinden, für erforderlich, nicht aber eine geteilte kulturelle Identität. Dieses Element der Kooperation, auf der Basis eines geteilten – humanistischen – Ethos, spielt für unsere Demokratiekonzeption eine zentrale Rolle (Kap. 22 und 23), insofern handelt es sich in der Tat um ein Verständnis von *Demokratie als Kooperation.*[175]

Das Repräsentationsparadigma

Die Repräsentation der vielen durch die wenigen oder den einen ist eine Idee, viel älter als die Demokratie. Die Repräsentanz aller und zugleich der göttlichen und irdischen Ordnung im Pharao des alten ägyptischen Reiches, aber auch die Hobbes'sche Vorstellung eines absoluten Souveräns, in dem sich der Wille aller vereinigt, bis zu den modernen demokratischen Verfassungsstaaten mit Volksrepräsentation in den Parlamenten sind von dieser Idee geprägt. Aber obwohl sich die hier entwickelte Demokratiekonzeption für eine repräsentative und gegen eine direkte Demokratie ausspricht, weist sie dieses Repräsentationsparadigma zurück. Die Frage, ob Parlamente repräsentativ zusammengesetzt sind im Sinne einer gleichmäßigen Repräsentanz von Berufen, Klassen, Ethnien, Religionsgemeinschaften oder Geschlecht, ist für die demokratische Legitimität nicht ausschlaggebend. Entscheidend ist das Verständnis von Demokratie als einer Praxis kollektiver Autonomie. Es ist die Zustimmungsfähigkeit und nicht die Repräsentativität, die legitimiert (Kap. 7 bis 10).

Das Partizipationsparadigma

Die Möglichkeit mitzuwirken ist für eine demokratische Ordnung konstitutiv[176], aber es ist nicht die realisierte Mitwirkung aller, die demokratische Legitimität stiftet. Das rousseauistische Ideal der republikanischen Versammlung führt in die Irre. Es delegitimiert die Demokratie unter ihren modernen Existenzbedingungen und läuft Gefahr, in den Totalitarismus des akklamierten Volksführers umzuschlagen. Die Passagen über den Gesetzgeber im *Contrat Social* Rousseaus sind zusammen mit der Forderung nach totaler Selbstentäußerung ein Einfallstor.

Wir haben in dieser Schrift unter Rückgriff auf Ergebnissse der *Collective choice*-Theorie gezeigt, dass sich eine adäquate Demokratietheorie vom Ideal der umfassenden Partizipation in der direkten Demokratie verabschieden muss (Kap. 8, 9, 12, 15). Das heißt allerdings keineswegs, die Beteiligung, die Einbeziehung und die Anerkennung der Bürgerschaft als ganzer wären irrelevant. Diese Einbeziehung erfolgt durch eine Praxis der öffentlichen Meinungsbildung und der wechselseitigen Beratung. In Reaktion auf die populistische Herausforderung gibt es in der intellektuellen Debatte gegenwärtig die Tendenz, den etablierten demokratischen Systemen eine undemokratische Praxis teils auch unter Verweis auf ihre Entstehungsgeschichte vorzuhalten und damit – gewollt oder ungewollt – der populistischen Polemik wenigstens teilweise recht zu geben.[177] Wenn sich die Gründerväter der US-amerikanischen Demokratie in den *Federalist Papers* Gedanken machen, wie sie problematische Auswirkungen direkter Volksherrschaft begrenzen könne, zum Beispiel durch einen starken *Supreme Court* mit Richtern, die auf Lebenszeit gewählt sind, dann ist das keineswegs ein Beleg für antidemokratisches Denken. Man kann sich das leicht an unserer Denkfigur der kollektiven Autonomie durch einen Konsens höherer Ordnung klarmachen: Wir alle haben ein Interesse daran, dass unsere je individuellen Rechte nicht durch Mehrheitsentscheidungen gefährdet sind; wir alle haben ein Interesse daran, dass bestimmte Verfassungsnormen nicht dem wechselhaften Kampf politischer Kräfte ausgesetzt sind; wir alle haben ein Interesse daran, dass hinreichende Sachkompetenz die politischen Einzelentscheidungen prägt und diese daher nicht Volksentscheiden überlassen sind. Dann entspricht es aber dem (konsensualen) Volkswillen, individuelle Rechte vor Mehrheitsentscheidungen zu schützen, eine unabhängige (Verfassungs-)Gerichtsbarkeit zu etablieren und die einzelnen Exekutiventscheidungen einer Regierung und ihrer politisch verantworteten Bürokratie zu überlassen (Kap. 10, 13, 14). Das ist unter diesen Prämissen nicht undemokratisch, sondern Ausdruck des – aufgeklärten – Volkswillens in einer reifen Demokratie. Ihre Reife zeigt sich gerade in ihrer Selbstbeschränkung.

Das Deliberationsparadigma

Demokratie beruht nicht nur auf der wechselseitigen Anerkennung als Gleiche und Freie, sondern auch auf wechselseitigem Zutrauen und der Zumutung begründeter Urteile und begründeter Praxis. Wir trauen uns in der Demokratie wechselseitig zu, deliberationsfähig zu sein und uns für die öffentlichen Angelegenheiten zu interessieren. Das Gesamte der demokratischen Praxis ist von deliberativen Elementen durchzogen und auf die gemeinsame Bestimmung dessen, was politisch wünschenswert ist, ausgerichtet. Diese deliberative Imprägnierung ist unter den Bedingungen digitaler Transformation einem ambivalenten Veränderungsprozess unterworfen, der die Demokratie sowohl gefährden wie stärken kann. Die demokratische Deliberation ist auf begründete empirische und normative Urteile ausgerichtet, es geht ihr um die Erkenntnis dessen, was ist und was der Fall sein sollte (Kap. 20). Wahrheit hat einen Ort in der Demokratie[178], ohne das Ringen um zutreffende empirische und normative Urteile entleert sich die Demokratie zu einem großen Illusionstheater, das dann von den Entlarvungen der Meisterdenker marxistischer, psychoanalytischer, dekonstruktivistischer, aber auch populistischer und identitärer Provenienz vorgeführt wird. Wir nehmen dagegen die politischen Diskurse beim Wort, es handelt sich um den immer wieder neuen Austausch von Gründen, die für politische Überzeugungen sprechen. Politische Überzeugungen sind also mehr als subjektive Präferenzen, sie beanspruchen, politische Sachverhalte, empirische wie normative, erkannt zu haben. Unvereinbare politische Überzeugungen führen daher zu Auseinandersetzungen in der Öffentlichkeit, in Parlamenten und Gremien, in Parteien und Initiativen, in den Medien und im privaten Gespräch. In Demokratien eskalieren diese nicht zu Gewalt und Krieg, weil Demokratien auf Kooperation und kollektiver Selbstbestimmung unter Freien und Gleichen beruhen. Der zivile Friede wird nicht dadurch gesichert, dass Wahrheitsfragen in Fragen der kulturellen Zugehörigkeit oder der ökonomischen Interessen »übersetzt« werden.[179] Antirealismus ist keine Option, er befriedet nicht und ist mit der Form politischer Diskurse unvereinbar. Wir haben daher für einen demokratischen Realismus plädiert (Kap. 21).

Das Paradigma kollektiver Autonomie

Kollektive Autonomie wird entgegen den Vorstellungen Rousseaus nicht erst durch die Beteiligung aller als *citoyens* in der Versammlung gesichert, sondern durch einen Konsens höherer Ordnung über die Regeln politischer Urteils- und Entscheidungsfindung (Kap. 13). Dieser Konsens ist nicht zu verwechseln mit einem Konsens, das Ergebnis der demokratischen Entscheidungsfindung betreffend. In der Demokratie ist der Fortbestand des Dissenses der Normalfall, der Konsens bezieht sich lediglich auf die Legitimität der getroffenen Entscheidungen. Ohne einen Konsens höherer Ordnung kollabiert die Demokratie als Staatsform. Kollektive Autonomie manifestiert sich in einem Konsens höherer Ordnung, nicht im Mehrheitsprinzip und erst recht nicht im Konsens der Ergebnisse demokratischer Entscheidungsfindung.

Der vermeintliche Gegensatz zwischen einer auf Konsens ausgerichteten deliberativen und einer von Konflikt geprägten Demokratie[180] löst sich bei genauerer Betrachtung ebenso auf wie der zwischen Erkenntnis und Kooperation, Repräsentation und Partizipation, Deliberation und Autonomie. Die sechs genannten Paradigmen des politischen Denkens erscheinen dann nicht mehr wie die Zentren unvereinbarer Begriffswelten, sondern lediglich als sich wechselseitig ergänzende Aspekte eines einheitlichen Verständnisses von Demokratie.

Danksagung

Das Buch wurde in wenigen Wochen, im Sommer 2019, abgefasst, aber es hat eine lange Vorgeschichte. Zu dieser gehört die gemeinsame Arbeit an der *Logik kollektiver Entscheidungen* mit Lucian Kern und unser langjähriger, regelmäßiger Gedankenaustausch zu Fragen kollektiver Rationalität. Ohne das Instrumentarium des *collective choice* wären die Analysen dieses Buches nicht möglich gewesen.

Noch weiter zurück liegt meine erste akademische Tätigkeit als Assistent bei Prof. Peter J. Opitz am Geschwister-Scholl-Institut für Politikwissenschaft (1984–1989). Dort habe ich mich über die analytische Philosophie hinaus intensiv mit den Klassikern des politischen Denkens auseinandergesetzt, insbesondere mit Platon, Aristoteles und Hobbes, deren Spuren in mehreren Kapiteln leicht auffindbar sind.

Otfried Höffe hat mich schon während meines Studiums (1975–1983) nachdrücklich auf die überragende Bedeutung von John Rawls für die politische Philosophie der Gegenwart aufmerksam gemacht. Dafür bin ich dankbar, obwohl ich mich von dessen prägendem Einfluss in den vergangenen Jahren zunehmend gelöst habe. Zunächst war es die spätere Entwicklung Rawls' seit den Dewey-Lectures, der *Kantian Constructivism* (1980), dann aber auch die politische Verkürzung seiner Philosophie in *Political Liberalism* (1993), die mich irritiert haben, um dann erst die Einseitigkeit der *Theory of Justice* (1971), bei aller Faszination, die dieses Werk für mich immer noch hat, zu erkennen. Auch diese späten Einsichten werden hier – zumindest zwischen den Zeilen – sichtbar.

Ich bedanke mich für so manchen philosophischen und politischen Gedankenaustausch mit Jürgen Habermas. Die politischen Übereinstimmungen[181] (und gelegentlichen philosophischen Differenzen[182]) werden in diesem Buch in mehreren Kapiteln deutlich, obwohl ich mich nicht zur Frankfurter Schule welcher Generation auch immer rechnen kann.

Der Oberbürgermeister der Landeshauptstadt München schlug mich 1997 als Kulturreferenten vor, und der Stadtrat wählte mich daraufhin zum »Berufsmäßigen« für sechs Jahre. Drei Jahre später erhielt ich in einer Plenarsitzung einen Anruf des Bundeskanzlers, der mir vorschlug, als Kulturstaatsminister ins Kanzleramt zu wechseln. Ich bin sowohl Christian Ude wie Gerhard Schröder dafür dankbar, dass sie mir dieses Vertrauen entgegengebracht und politische Erfahrungen ermöglicht haben, ohne die dieses Buch so nicht geschrieben worden wäre.

Von den Diskussionen sowohl in der von mir initiierten und geleiteten Forschungsarbeitsgruppe »Politische Philosophie der Deutschen Gesellschaft für Philosophie« (2014–2018) als auch in der interdisziplinären Arbeitsgruppe der Berlin-Brandenburgischen Akademie der Wissenschaften »Internationale Gerechtigkeit und institutionelle Verantwortung« (2016–2019) habe ich sehr profitiert. Ein besonderer Dank geht dabei an Elif Özmen, Rainer Forst, Veronique Zanetti, Regina Kreide, Michael Zürn, Wolfgang Merkel, Matthias Kumm und Christine Bratu.

Ludwig Wittgenstein ist auch in diesem Buch präsent, obwohl er von mir kaum zitiert wird. Es ist der Respekt vor der Rationalität lebensweltlicher Praxis, die eine Einbettung nicht nur der Philosophie[183], sondern auch der Politik in die geteilte menschliche Lebensform nahelegt. Demokratie – und das Nachdenken darüber – ist auch eine Lebensform.

Ich danke meinen Mitarbeiterinnen und Mitarbeitern: Niina Zuber und Timo Greger für die sorgfältige Erstellung der Anmerkungen und dem Sekretariat für die zuverlässigen Abschriften der Diktate. Martin Rechenauer, Christine Bratu, Fiorella Battaglia, Niina Zuber, Timo Greger, Elias Unger, Klaus Staudacher, Yasmin Göppner und Rebecca Gutwald für die gute Zusammenarbeit in Projekten und Lehrveranstaltungen zur politischen Philosophie. Der Edition Körber für die erneut reibungslose und verlässliche Zusammenarbeit, Silke Deuringer für ihre Korrekturvorschläge. Der Körber-Stiftung und der ZEIT für ein gemeinsames Pilotprojekt zur Demokratieförderung. Ich freue mich auf weitere angedachte Kooperationen.

Zuletzt danke ich meinen Töchtern Juliette und Colet-

te, die sich während gemeinsamer Wochen im italienischen Süden gut damit arrangiert haben, dass der Vater
mit seinen Gedanken nicht immer bei der Sache war,
und Nathalie Weidenfeld für viele Jahre gemeinsamen
Lebens und Arbeitens.

Porto D'Ischia, im September 2019

Anmerkungen

1 Die Literatur dazu schwillt in diesen Jahren erneut an.
Eine gute, zwischen Theorie und Empirie changierende
Darstellung bieten Danny Michelsen und Franz Walter in:
Unpolitische Demokratie. Zur Krise der Repräsentation, Berlin:
Suhrkamp 2013. Vgl. auch Ulrich Brand: *Post-Neoliberalismus?*
Aktuelle Konflikte und gegenhegemoniale Strategien, Hamburg:
VSA Verlag 2011; mit einem Fokus auf die wirtschaftlichen
Bedingungen und deren Wandel nach der Weltfinanzkrise,
vgl. Colin Crouch: *Postdemokratie*, Frankfurt a. M.: Suhrkamp
2008, John Keane: *The Life and Death of Democracy*, New York
2009, auch die marxistische Studie von Elmar Altvater: *Der*
große Krach – oder die Jahrhundertkrise von Wirtschaft und
Finanzen, von Politik und Natur, Münster: Verlag Westfäli-
sches Dampfboot 2010, und optimistisch gewendet: Claus
Leggewie: *Mut statt Wut. Aufbruch in eine neue Demokratie*,
Hamburg: Edition Körber 2011. Ich gehe in dieser kleinen
Schrift nicht näher auf die zahlreichen demokratietheoretischen Stellungnahmen der letzten Zeit ein. Die Krisen-
diagnosen begleiten die Demokratieentwicklung allerdings
schon seit Jahrzehnten, mit Konjunkturen in der Nach-
kriegszeit (vgl. Hannah Arendt: *Vita activa oder Vom tätigen*
Leben, München: Piper Taschenbuch 2002 [1958] und Eric
Voegelin: *Giambattista Vico – La Scienza Nuova*, hrsg. von Peter
Joachim Opitz, übers. von Nils Winkler und Anna E. Frazier,
München: Wilhelm Fink Verlag 2003 [1952]); in der Krisen-
phase der keynesianischen Politik, in der zweiten Hälfte
der 1970er Jahre, die Diagnose des Spätkapitalismus (vgl.

Jürgen Habermas: *Legitimationsprobleme im Spätkapitalismus*, Frankfurt a. M.: Suhrkamp 1973 und Claus Offe: *Struktur-probleme des kapitalistischen Staates: Aufsätze zur Politischen Soziologie*, Frankfurt a. M.: Suhrkamp 1977), während dieser erst nach dem Befund seines baldigen Ablebens zu voller Blüte reift und in einem Parforceritt große Teile der vormals widerständigen Welt, zumal in Ostasien, unter seine Ägide bringt; in den Nullerjahren nach der New-Economy-Krise (Zygmunt Bauman: *Die Krise der Politik. Fluch und Chance einer neuen Öffentlichkeit*, Hamburg: Hamburg Edition 2000, Carl Boggs: *The End of Politics. Corporate Power and the Decline of the Public Sphere*, Guilford Press: New York, London 2000) und schließlich in der Gegenwart, verunsichert durch die große Weltfinanzkrise (*Vielfachkrise im finanzdominierten Kapitalis-mus*, hrsg. von Alex Demirović, Julia Dück et al.: Hamburg: VSA 2011), irritiert angesichts dramatisch wachsender Ungleichheiten, Umweltzerstörung und Klimawandel und ratlos angesichts des Funktionsverlustes nationalstaatlicher Demokratien (Lorenz Engi: *Politik und das Nichtpolitische. Die Demokratie im Globalisierungszeitalter*, Zürich: Schulthess Juristische Medien 2012) und des Erstarkens rechtspopulis-tischer, antidemokratischer Kräfte (*Populismus. Gefahr für die Demokratie oder nützliches Korrektiv?*, hrsg. von Frank Decker Wiesbaden: Springer VS 2006). In Deutschland wurden auch die langen Jahre unter dem Christdemokraten Helmut Kohl und ihre Begleiterscheinungen einer zunehmenden Entpoli-tisierung der Gesellschaft und wachsender Distanz zwischen Bürgern und politischen Repräsentanten als Krisenphäno-men diagnostiziert (Thomas Meyer: *Die Transformation des Politischen*, Frankfurt a. M.: Suhrkamp 1994). Vgl. auch die umfassende Krisendiagnose von Ingolfur Blühdorn: *Simula-tive Demokratie. Neue Politik nach der postdemokratischen Wende*, Berlin: Suhrkamp 2013.

2 Wenn es um Demokratie geht, scheint manch einen ein unwiderstehlicher Drang zum Schwadronieren zu überkom-men, dann wird eine Interpretation Michel Foucaults an-geführt, die dieser einer Passage aus dem *Contrat Social* hat zukommen lassen, und darauf hingewiesen, dass ja schon der späte Marx unter Bezug auf diesen oder jenen Autor zu

folgender Erkenntnis gekommen sei – und am Ende bleibt unklar, wie der Autor selbst denn nun zur Demokratie steht und was er darunter versteht. Schöne Lesefrüchte dieser Art finden sich in dem Bändchen von Alain Badiou, Daniel Bensaïd, Giorgio Agamben, Jacques Rancière, Jean-Luc Nancy, Kristin Ross, Slavoj Zizek, Wendy Brown: *Démocratie, dans quel état*, Paris: Fabrique Éd 2009, dt. u. d. T.: *Demokratie? Eine Debatte mit Beiträgen von G. Agamben, A. Badiou, D. Bensaid, W. Brown, J.-L. Nancy, Rancière, K. Ross und S. Zizek*, Berlin: Suhrkamp 2012, in dem prominente linke Intellektuelle jeweils ihre Sicht auf die Demokratie darstellen. In der Weimarer Republik waren es die konservativen und liberalen Demokratieverächter, die sich eines ähnlichen Duktus bedienten, voller antidemokratischer Ressentiments, aber unscharf in der Wortwahl, eher raunend als analysierend. Thomas Manns *Betrachtungen eines Unpolitischen* (Berlin: S. Fischer 1918) sind dafür stilgebend, vgl. die schöne Studie von Jens Hacke: *Existenzkrise der Demokratie. Zur politischen Theorie des Liberalismus in der Zwischenkriegszeit* (Berlin: stw 2018). Ich habe den Verdacht, dass diese auffällige Gemeinsamkeit sich einem tiefen Unbehagen an der Demokratie verdankt, das aber nicht zu voller gedanklicher und begrifflicher Klarheit findet und dennoch oder gerade deswegen eine gefährliche Wirkungskraft auf die politische Kultur entwickelt. Einen Überblick bietet: *Demokratietheorien. Von der Antike bis zur Gegenwart* (hrsg. von Hubertus Buchstein, Gotthart Breit und Peter Massing, Frankfurt a. M.: Wochenschau Verlag 2017) und zur Kritik der Demokratietheorie die Beiträge des Sammelbandes *Die unendliche Aufgabe. Kritik und Perspektiven der Demokratietheorie* (hrsg. von Reinhard Heil und Andreas Hetzel, Bielefeld: transcript Verlag 2006) sowie Ingeborg Maus: *Zur Aufklärung der Demokratietheorie*, Frankfurt a. M.: Suhrkamp 1994. Eine gute Einführung in die Demokratietheorie bieten Thomas Meyer: *Was ist Demokratie? Eine diskursive Einführung*, Wiesbaden: Springer VS 2009 sowie Paul Nolte: *Was ist Demokratie? Geschichte und Gegenwart*, München: C. H. Beck 2012 und Samuel Salzborn: *Demokratie. Theorien, Formen, Entwicklungen*, Baden-Baden: Nomos 2012.

3 »Wenn die Philosophie ihr Grau in Grau malt, dann ist eine
  Gestalt des Lebens alt geworden, und mit Grau in Grau lässt
  sie sich nicht verjüngen, sondern nur erkennen; die Eule der
  Minerva beginnt erst mit der einbrechenden Dämmerung
  ihren Flug«, so Georg Wilhelm Friedrich Hegel in den *Grund-
  linien der Philosophie des Rechts* (1821). Die *Nikomachische Ethik*
  des Aristoteles ist das beeindruckendste Dokument dieser
  Art, es setzt der untergehenden *polis*-Kultur der griechischen
  Klassik ein Denkmal, ohne ihre Gefährdung auch nur ein
  Mal zur Sprache zu bringen, im Gegensatz zu der Jahrzehnte
  früher verfassten *Politeia* des Platon. Beide Texte behalten
  auch über 2000 Jahre später, in der zweiten Formierungs-
  phase europäischer Demokratie und ihrer aktuellen Krise,
  ihre Faszination.

4 Rede vor dem Unterhaus am 11. November 1947.

5 Vgl. meine *Humanistischen Reflexionen*, Berlin: Suhrkamp 2016.

6 Nach meinem Studium der Philosophie und Physik, mit
  den Nebenfächern Mathematik und Politikwissenschaft, entwickelte sich meine berufliche Biografie recht kurvenreich,
  zwischen Philosophie, politischer Theorie und politischer
  Praxis changierend: Im Jahr des Erscheinens dieses Buches
  werde ich emeritiert, nach insgesamt 18 Jahren Berufstätig-
  keit in der Philosophie, zehn Jahren in der Politikwissen-
  schaft, fünf Jahren in der Kulturpolitik und zwei Jahren im
  Bereich der Ethik in den Biowissenschaften. Über all diese
  Jahre hat mich die Frage, was praktische (und theoretische)
  Vernunft ausmacht, nie losgelassen. Sie bildet den roten
  Faden und prägt auch die vorliegende Schrift (vgl. auch *Eine
  Theorie praktischer Vernunft*, Berlin: De Gruyter 2020), eine
  Art *summa* meiner Rationalitätstheorie.

7 Insofern weist es eine Ähnlichkeit mit einem anderen Buch
  von mir auf, das ich über die Migrationsthematik verfasst
  habe: *Über Grenzen denken. Eine Ethik der Migration*, Hamburg:
  Edition Körber 2017.

8 Samuel P. Huntington unterscheidet drei Demokratisie-
  rungswellen: Die erste beginnt 1828 mit den Vereinigten
  Staaten und endet mit der Machtergreifung Mussolinis in
  1928. Die zweite beginnt 1943 mit der Niederlage Mussolinis
  und endet mit der Unabhängigkeit Jamaikas in 1962. Die

dritte Welle lässt Huntington mit dem Umsturz in Portugal 1974 beginnen, die sukzessive ganz Südeuropa und nach 1990 auch Osteuropa erfasste. Die dritte Welle umfasst auch einige Staaten Afrikas (vgl. Samuel P. Huntington: *The Third Wave. Democratization in the Late Twentieth Century*, Norman / London: University of Oklahoma Press 1991).

9   Larry Diamond: »Facing Up to the Democratic Recession«, *Journal of Democracy*, 1 (2015), S. 141–155.

10 Zu diesem Ruhm kommen diese bspw. durch Eric Voegelin, der den Mangel an ziviler, demokratischer Kultur in Deutschland beschreibt – explizit in Abgrenzung zu den USA und GB: »German constitutional history is distinct from that of other Western nation-states […].There are no established, respected traditions which, for example, made it impossible even for a Roosevelt to fill the Supreme Court with justices in 1937 to bring about decisions more favorable to his New Deal legislation. Germany lacks institutions capable of arousing emotions of such depth because its constitutional history has been brief, only since 1871, and it has experienced those powerful disturbances with which you are familiar.« in: Eric Voegelin: »Freedom and Responsibility in Economy and Democracy«, *The Collected Works of Eric Voegelin, Volume 11: Published Essays, 1953–1965*, hrsg. von Ellis Sandoz Missouri: University of Missouri Press 2000, S. 71.

11 Möglicherweise markiert ja der Sieg des CHP-Kandidaten in der letzten – auf Wunsch des Staatspräsidenten wiederholten – Kommunalwahl in Istanbul eine Trendwende, wie vor Jahrzehnten der Aufstieg Erdogans in Istanbul begonnen hat.

12 Am 10. Mai 1958 in Hamburg auf einer Tagung des PEN Deutschland hielt Erich Kästner eine denkwürdige Rede anlässlich des 25. Jahrestages der Bücherverbrennung. In dieser Rede sagte Erich Kästner: »Die Ereignisse von 1933 bis 1945 hätten spätestens 1928 bekämpft werden müssen. Später war es zu spät. Man darf nicht warten, bis der Freiheitskampf Landesverrat genannt wird. Man darf nicht warten, bis aus dem Schneeball eine Lawine geworden ist. Man muss den rollenden Schneeball zertreten. Die Lawine hält keiner mehr auf …«

13 In den Jahren 2016 bis 2019 habe ich eine interdisziplinäre Arbeitsgruppe der Berlin-Brandenburgischen Akademie der Wissenschaften geleitet, die sich mit der Thematik »Internationale Gerechtigkeit und institutionelle Verantwortung« auseinandersetzte. Die ersten fünf Kapitel stützen sich auf Texte von mir, die in diesem Zusammenhang entstanden sind (vgl. »Liberale Weltordnung; eine Bestandsaufnahme in kosmopolitischer Perspektive«, *Deutsches Jahrbuch Philosophie 10. Internationale Gerechtigkeit und demokratische Legitimation*, hrsg. von Julian Nida-Rümelin, Detlef von Daniels und Christine Bratu, Hamburg: Felix Meiner Verlag 2019, S. 133–168 sowie »Einführung«, *Internationale Gerechtigkeit und Institutionelle Verantwortung*, hrsg. von Julian Nida-Rümelin, Detlef von Daniels und Nicole Wloka, Berlin: De Gruyter 2019, S. 1–6. »Verantwortung für internationale Gerechtigkeit: Die globale Herausforderung«, *Internationale Gerechtigkeit und Institutionelle Verantwortung*, hrsg. von Julian Nida-Rümelin, Detlef von Daniels und Nicole Wloka, Berlin: De Gruyter 2019, S. 21–42.

14 In der US-Terminologie wird zwischen *libertarian, liberal, radical* und *(neo-)conservative*, als den vier Hauptströmungen des politischen Denkens und der politischen Praxis unterschieden. In der europäischen Debatte ist die Unterscheidung zwischen liberal und libertär noch wenig gebräuchlich. Die Bezeichnung »neoliberal« ist nahe am amerikanischen *libertarian*. Der europäische politische Liberalismus wird wegen seiner Wirtschaftsnähe eher rechts von der politischen Mitte verortet, während der US-amerikanische Liberalismus als links gilt und ihm von libertärer und konservativer Seite *big government*, also die unmäßige Ausweitung der Staatstätigkeit für Bildung und Soziales, vorgeworfen wird. Tatsächlich sind die amerikanischen Liberalen durchgängig Egalitaristen und verlangen staatliche Maßnahmen, um (Chancen-)Gleichheit zu realisieren, das Wirken der Politiker aus der Kennedy-Familie ist dafür paradigmatisch. Ihre über Jahrzehnte einflussreichsten theoretischen Köpfe sind John Rawls und Ronald Dworkin. *Radicals* dagegen setzen sich vom amerikanischen und europäischen Linksliberalismus ab, zu dem unterdessen auch Jürgen

Habermas und die deliberative Demokratietheorie (Seyla Benhabib) gezählt wird, und setzen auf radikale Alternativen. Das Spektrum der Positionen ist breit, es reicht vom orthodoxen Marxismus (antagonistisches Politikverständnis) über unterschiedliche Sozialismus-Varianten bis zu feministischen (Sally Haslanger), multikulturalistischen (Tariq Modood) und agonistischen (Chantal Mouffe) Politikkonzeptionen.

15 Hier kommt – unausgesprochen – ein Wittgenstein'scher und Davidson'scher Zug in die Analyse, dessen philosophische Grundlagen ich an anderer Stelle dargestellt habe: *Philosophie und Lebensform*, Frankfurt a. M.: Suhrkamp 2009, Teil I und *Humanistische Reflexionen*, Berlin: Suhrkamp 2016, Teil 4 »Humanistische Semantik«, S. 279–330.

16 Vgl. *PEGIDA. Entwicklung, Zusammensetzung und Deutung einer Empörbewegung*, hrsg. von Hans Vorländer, Maik Herold und Steven Schäller, Wiesbaden: Springer 2016.

17 Vgl. Nina Rehfeld: »Wie können Prognosen so sehr daneben liegen?«, *Frankfurter Allgemeine Zeitung*, 9.11.2016, online verfügbar: https://www.faz.net/aktuell/feuilleton/medien/us-wahlprognosen-gescheitert-trump-sieg-ueberrascht-alle-14520351.html (28.10.2019).

18 Der *Rust Belt* ist die älteste und größte Industrieregion der USA. Sie erstreckt sich an den großen Seen entlang, von Chicago bis nach Boston, New York City und Washington, D. C.

19 Folgt man den Angaben aus der Nachwahlbefragung der US-Wahl 2016, so konnte Donald Trump wider Erwarten auch bei weißen Frauen allgemein (53 %) und vor allem bei weißen Frauen ohne Collegeabschluss (62 %) mehr Stimmen sammeln als seine Konkurrentin Hillary Clinton. Vgl. Patrick Stotz: »Trump-Wähler – Es waren nicht nur alte, weiße Männer«, *Der Spiegel*, 12.11.2016, online verfügbar: https://www.spiegel.de/politik/ausland/donald-trump-und-seine-waehler-es-waren-nicht-nur-alte-weisse-maenner-a-1120865.html (28.10.2019).

20 Gosta Esping-Andersen: *The Three Worlds of Welfare Capitalism*, Princeton 1991.

21 Francis Fukuyama: *The End of History and the Last Man*, New York: Free Press 1992.

22 Peter Joachim Opitz: *Die Vereinten Nationen: Geschichte, Struktur, Perspektiven*, Stuttgart: utb 2002.

23 Vgl. Julian Nida-Rümelin: *Die Menschenrechte sind universell – Ihre Geltung aus philosophischer und praktischer Perspektive*, Komplett-Media (23. Mai 2009).

24 MENA-Region: Middle East and North Africa; gemeint ist die überwiegend arabisch und muslimisch geprägte Region im Mittleren Osten und Nordafrika.

25 John Maynard Keynes: *The General Theory of Employment, Interest and Money*, London: 1936.

26 Als François Mitterrand (1916–1996) 1981 die Präsidentschaft antrat, befand sich Frankreich in einer Wirtschaftskrise mit steigender Arbeitslosigkeit sowie einer verhältnismäßig hohen Inflation. Den wirtschaftspolitischen Fokus richtete er auf den Konsum, indem er Mindestlöhne festsetzte, Rentenerhöhungen und Familienbeihilfen festlegte. Mitterrand verstaatlichte Schlüsselindustrien und Banken und verkürzte die zulässige Arbeitszeit. Diese Form des Links-Keynesianismus ließ sich jedoch nicht lange durchhalten. François Mitterrand war von 1981 bis 1995 über zwei siebenjährige Amtszeiten französisches Staatsoberhaupt.

27 Vgl. Werner Weidenfeld: *Die Europäische Union*, Stuttgart: utb 2011.

28 Der *Washington-Konsens* ist ein Wirtschaftsprogramm, das im Jahre 1990 durch den US-Ökonom John Williams während einer Konferenz geprägt wurde und die Privatisierung, Deregulierung und wirtschaftliche Liberalisierung Lateinamerikas zum Ziel hatte. Gefördert wurde das Programm u. a. vom Internationalen Währungsfonds, der Weltbank und dem US-amerikanischen Finanzministerium. Der *Washington-Konsens* sollte helfen, die Wirtschaftskrise, in der sich Lateinamerika befand, zu überwinden.

29 Joseph Stiglitz: *Globalization and Its Discontents*, New York: Allen Lane/Penguin Books 2002; dt. u. d. T.: *Die Schatten der Globalisierung*, Berlin: Siedler 2002.

30 Deutschland verdankt seine robuste ökonomische Ausstattung unter anderem den Agenda-Reformen und seinem System beruflicher Bildung, das die Jugendarbeitslosigkeit niedrig hält und der mittelständischen gewerblichen Wirt-

schaft eine gewisse Stabilität verleiht, die allerdings durch ein Übermaß an Akademisierung unterdessen zunehmend bedroht ist. Vgl. Julian Nida-Rümelin und Timo Greger: »Akademisierungswahn und Perspektiven beruflicher Bildung in einer digitalisierten Arbeitswelt«, *Wirtschaftspolitische Blätter*, 66, 2/19 (2019).

31 Zahlreiche Daten zur Entwicklung der Einkommensungleichheit in den USA liefert das PEW Research Center. Vgl.: https://www.pewsocialtrends.org/2018/07/12/income-inequality-in-the-u-s-is-rising-most-rapidly-among-asians/.

32 Vgl. Ulrich Walwei, »Agenda 2010 und Arbeitsmarkt: Eine Bilanz«, *Politik und Zeitgeschichte*, 67, 26 (2017).

33 Vgl. Grafiken 1 und 2 im Anhang, Seite 294, zu den Gini-Koeffizienten der G7-Länder seit 1994. Noch deutlicher wird dieser Einbruch ab 2005, wenn man die Bruttoeinkommensungleichheit der Beschäftigten mit der der Gesamtbevölkerung vergleicht. Während die erstere lediglich stagniert, so ist für die zweite sogar ein merklicher Rückgang zu messen, was sich auf den starken Rückgang der Arbeitslosigkeit seit 2005 zurückführen lässt. Vgl. Grafik 2 und Andreas Peichl und Marc Stöckli: »Ungleichheit und Umverteilung in Deutschland: Trends und Handlungsoptionen«, *ifo Schnelldienst*, 15 (2018), S. 18–22.

34 Die Staatsquote bezeichnet das Verhältnis der Staatsausgaben zum Bruttoinlandsprodukt. In Deutschland stieg sie von 1960 mit 30,2 % kontinuierlich an, bis sie 1995 mit 54,7 % ihren Höhepunkt erlangte. Seit den 2000er Jahren schwanken die Staatsausgaben zwischen 44,7 % (2000), 47,6 % (2009) und 44,3 % in 2013 (vgl. »Entwicklung der Staatsquote«, *Bundesfinanzministerium*, online verfügbar: https://www.bundesfinanzministerium.de/Content/DE/Monatsberichte/2015/09/Inhalte/Kapitel-5-Statistiken/5-1-12-entwicklung-der-staatsquote.html [28.10.2019]).

35 Vgl. Gesamtausgaben der Staaten in Prozent des BIP in Grafik 3 im Anhang, Seite 295.

36 So waren unter den migrationsstärksten Ländern zwischen 2010 und 2017 der Südsudan, die Zentralafrikanische Republik, São Tomé und Príncipe, Eritrea, Namibia, Ruanda, Botswana, Sudan und Burundi zu finden. Die Länder der

Subsahara wurden nur durch den syrischen Migrations-
strom überboten (vgl. Phillip Connor: »International
Migration from Sub-Saharan Africa has grown dramatically
since 2010«, *Pew Research Center*, 28.02.2018, online verfügbar: https://www.pewresearch.org/fact-tank/2018/02/28/
international-migration-from-sub-saharan-africa-has-grown-
dramatically-since-2010/ (29.10.2019).

37 Kosmopolitismus wird meist, vor allem von Seiten linker,
»radikaler« Kritik, als ein zentrales Merkmal des modernen
Liberalismus angesehen, und in der Literatur ist die Entge-
gensetzung von Liberalismus/Kosmopolitismus/Universalis-
mus vs. Kommunitarismus/Nationalismus/Partikularismus
weit verbreitet. Hier geht aber gedanklich und begrifflich
zu viel durcheinander. Kosmopolitische Positionen gibt
es in ganz unterschiedlicher Form: solche, die auf die
Ausweitung des globalen Marktes setzen und daher den
Verlust staatlicher Gestaltungskraft befürworten, die in
den internationalen Angelegenheiten auf private Schiedsge-
richte setzen und von einer über den Nationalstaat hinaus
ausgeweiteten Staatlichkeit nichts halten; solche, die auf
das Entstehen einer globalen Zivilgesellschaft setzen mit
pluralen und hybriden Identitäten, wie Ulrich Beck (*Der
kosmopolitische Blick oder: Krieg ist Frieden*, Frankfurt a.M.:
Suhrkamp 2004, Edition Zweite Moderne), und solche, die
auf eine kosmopolitisch verfasste Staatlichkeit hoffen, wie
Daniele Archibugi und David Held (*Cosmopolitan Democracy:
An Agenda for a New World Order*, Cambridge: Polity 1995).
Die Gegnerschaft von links (Wolfgang Streeck: *Gekaufte Zeit:
Die vertagte Krise des demokratischen Kapitalismus*, Frankfurt
a.M.: Suhrkamp 2015, Chantal Mouffe: *Über das Politische:
Wider die kosmopolitische Illusion*, Frankfurt a.M.: Suhrkamp)
wirft gerne alles in einen Topf und identifiziert Kosmopo-
litismus mit Neoliberalismus, also mit der erstgenannten
Position.

38 David Goodhart: *The Road to Somewhere: The Populist
Revolt and the Future of Politics*, London: Hurst & Company
2017.

39 Immanuel Kant: *Zum ewigen Frieden. Ein philosophischer
Entwurf* [1795].

40 Vgl. Volker Gerhardt: *Partizipation. Das Prinzip der Politik*, München: C. H. Beck 2007.

41 Vgl. Ulrike Guérot: *Warum Europa eine Republik werden muss! Eine politische Utopie*, Bonn: J. H. W. Dietz 2016.

42 Ganz irreführend ist die Charakterisierung von Demokratie als ein institutionelles System, das den Volkswillen jeweils in politische Entscheidungen übersetzt: »A set of binding institutions is democratic to the extent that it actually serves to translate popular views into public policy.« (Yascha Mounk: *The People vs. Democracy. Why our Freedom Is in Danger and How to Save it*, Cambridge 2018, S. 273) Aber auch Joseph Schumpeter, der Antipode zu dieser populistischen Verzerrung, irrt, wenn er Demokratie lediglich über die Verfahren definiert, mit denen politische Ämter vergeben werden, nämlich auf der Grundlage eines Kampfes um Wählerstimmen (vgl. Joseph Schumpeter: *Kapitalismus, Sozialismus und Demokratie* [1942]). Die Verfahren sind demokratisch, wenn sie legitim sind, und sie sind legitim, wenn sie Ausdruck kollektiver Autonomie sind (Kap. 10), aber sie sind nicht erst dann legitim, wenn sie dafür sorgen, dass der jeweilige Volkswille Politik wird, denn möglicherweise und vernünftigerweise wünscht sich das Volk dieses nicht, sondern es sorgt dafür, dass Sachkompetenz und Vorkehrungen gegen Freiheitsverluste (Kap. 11), Repräsentation und Gewaltenteilung, die Übersetzung des jeweiligen Volkswillens in Politik moderieren, beschränken, ja im Extremfalle, man denke an die Rolle von Verfassungsgerichten, blockieren. Die Selbstbeschränkung der Demokratie ist Volkswille in einer entwickelten Zivilkultur.

43 So wurde Donald Trump 2016 zwar von 63 % der 44- bis 64-Jährigen sowie von 58 % der weißen, mindestens 65 Jahre alten Männern gewählt. Er konnte allerdings auch bei weißen Frauen allgemein (53 %) und vor allem bei weißen Frauen ohne Collegeabschluss (62 %) mehr Stimmen sammeln als seine Konkurrentin Hillary Clinton. Ebenso konnte er strukturschwache Regionen des *Rust Belt* für sich gewinnen (vgl. Sascha Venohr und Michael Stürzenhofecker: »Zwölf kleine Überraschungen«, *Zeit online*, 10.11.2016, online verfügbar: https://www.zeit.de/politik/

ausland/2016-11/us-praesidentschaftswahlen-ergebnisse-
ueberraschung [28.10.2019]).

44 Die Arbeitslosenquote in den USA fiel im September 2019
von 3,7 % auf 3,5 %. Dies ist der niedrigste Wert seit 50 Jahren (vgl. »The Employment Situation – September 2019«,
Bureau of Labor Statistics, U.S. Department of Labor, 04.10.2019,
online verfügbar: https://www.bls.gov/news.release/pdf/
empsit.pdf [30.10.2019]).

45 Bei der Bundestagswahl 2017 erzielte die SPD mit 20,5 %
das schlechteste Ergebnis (vgl. »WahlREPORT Bundestagswahl«, *Infratest Dimap*, 24.09.2017, online verfügbar: https://
www.infratest-dimap.de/umfragen-analysen/bundesweit/
wahlreport-deutschland/2017/ (30.10.2019). Im Vergleich
hierzu hatten die Sozialdemokraten zu Beginn der 1970er
Jahre noch über 45 % und erzielten auch in den 2000er
Jahren noch Ergebnisse von mehr als 40 %. In der Bundestagswahl 2017 verlor die SPD jedoch 470 000 Stimmen an
die AfD, 400 000 Stimmen an die Grünen, 430 000 an die
FDP und 380 000 Stimmen an Die Linke (vgl. Götz Bonsen:
»Wählerwanderung: Wie sich die Parteien gegenseitig die
Stimmen abluchsten«, *shz*, 25.09.2017, online verfügbar:
https://www.shz.de/deutschland-welt/bundestagswahl/
waehlerwanderung-wie-sich-die-parteien-gegenseitig-die-
stimmen-abluchsten-id17921181.html [28.10.2019]). In Italien
ist die Situation vergleichbar: Ehemalige Kommunisten, Sozialisten und linke Christdemokraten gehören zur heutigen
Partito Democratico (PD). Die Partei erreichte bei der Europawahl noch einen Stimmenanteil von 40 %. 2019 erzielte sie
nur noch 22,6 %. In Frankreich in den Jahren 2012 bis 2017
regierte die Partei unter Präsident François Hollande mit
absoluter Mehrheit. Bei der Europawahl 2019 erreichte sie
nur 6 %. In den Niederlanden stellte die sozialdemokratische
Partij van de Arbeid (PvdA) seit dem Zweiten Weltkrieg vier
Mal den Ministerpräsidenten. Bei der Parlamentswahl 2017
stürzte ihr Wähleranteil von 24,8 % (2012) auf 5,7 % ab. Daher
war ihr Ergebnis bei der Europawahl mit 19 % eine echte
Überraschung (vgl. Peter Blunschi, Christoph Bernet und
Lea Senn: »So steht es um die Sozialdemokraten in Europa«,
Watson, 05.06.2019, online verfügbar: https://www.watson.

de/international/spd/588363589-spd-diese-karte-zeigt-den-zustand-der-sozialdemokratie-in-europa [21.10.2019]).

46 Nach einer Studie von 2016, die von *infratest dimap* im Auftrag von *Die Welt am Sonntag* durchgeführt wurde, sprachen sich 40 % der Deutschen mit Migrationshintergrund für weniger Flüchtlinge aus, 24 % sogar gegen eine weitere Aufnahme (vgl. Phillip Woldin: »Warum Migranten gegenüber Flüchtlingen skeptisch sind, *Die Welt*, 22.02.2016, online verfügbar: https://www.welt.de/regionales/hamburg/article 152471065/Warum-Migranten-gegenueber-Fluechtlingen-skeptisch-sind.html (29.10.2019).

47 Grafik 4 im Anhang, Seite 296 veranschaulicht die Milieus der Wahlberechtigten und deren Trennung in Modernisierungsskeptiker und Modernisierungsbefürworter.

48 In ihrem offenen Schreiben »It's Time to Tax Us More« befürworten viele Prominente, darunter George Soros, Chris Hughes (ein Facebook-Mitbegründer), die Erbin Abigail Disney sowie Liesel Pritzker Simmons und Ian Simmons (Mitbegründer der Investmentorganisation Blue Haven), den Vorschlag von Elisabeth Warren, Demokratin und eventuelle Präsidentschaftskandidatin, eine Superreichensteuer einzuführen (vgl. Alexander Preker: »Besteuert uns stärker«, *Spiegel online*, 24.06.2019, online verfügbar: https://www.spiegel.de/wirtschaft/soziales/reichensteuer-us-milliardaere-schreiben-an-politik-besteuert-uns-staerker-a-1274119.html (28.10.2019), Patricia Cohen: »A Message From the Billionaire's Club: Tax Us«, *The New York Times*, 24.06.2019, online verfügbar: https://www.nytimes.com/2019/06/24/business/economy/wealth-tax-letter.html (28.10.2019), Louise J. Bowditch, Robert S. Bowditch, Abigail Disney, Sean Eldridge, Stephen R. English, Agnes Gund, Catherine Gund, Nick Hanauer, Arnold Hiatt, Chris Hughes, Molly Munger, Regan Pritzker, Justin Rosenstein, Stephen M. Silberstein, Ian T. Simmons, Liesel Pritzker Simmons, Alexander Soros, George Soros, Hansjörg Wyss et al.: »An Open Letter to the 2020 Presidential Candidates: It's Time to Tax Us More«, 24.06.2019, online verfügbar: https://medium.com/@letterforawealthtax/an-open-letter-to-the-2020-presidential-candidates-its-time-to-tax-us-more-6eb3a548b2fe (28.10.2019).

49 Jean-Jacques Rousseau: *Du contrat social ou Principes du droit politique* [1762].

50 Vgl. für eine umfassendere Darstellung: Lucian Kern und Julian Nida-Rümelin: *Logik kollektiver Entscheidungen*, Berlin/New York: De Gruyter 2015.

51 Jean Antoine Nicolas de Caritat de Condorcet: *Essai sur l'application de l'analyse à la probabilité des décisions rendues à la pluralité des voix*, Paris 1785.

52 Kenneth Arrow: *Social Choice and Individual Values*, New York 1951.

53 Vgl. Lucian Kern und Julian Nida-Rümelin: *Logik kollektiver Entscheidungen*, Berlin/New York: De Gruyter 2015, Kap. 3 (S. 35–39), dort haben wir auch einen – vollständigen – Beweis des Theorems entwickelt.

54 Beispielsweise ist das Volksgesetzgebungsverfahren auf Landesebene in Bayern dreistufig konzipiert:

1. Zunächst muss ein Antrag auf Zulassung des Volksbegehrens gestellt werden, der von mindestens 25 000 Stimmberechtigten unterzeichnet sein muss. Dieser Antrag wird daraufhin zunächst vom Bayerischen Staatsministerium des Inneren sowohl formell als auch materiell auf die Zulassungsvoraussetzungen hin geprüft (z. B. muss ein Volksbegehren auf ein formelles Parlamentsgesetz hin gerichtet sein und darf nicht auf eine Rechtsverordnung abzielen, da das Volksbegehren einen legislativen – und nicht exekutiven – Akt darstellt).

2. Im Falle einer Zulassung des Antrags beginnt das eigentliche Volksbegehren, bei welchem sich mindestens 10 % der Stimmberechtigten in Bayern innerhalb von zwei Wochen in die vorgesehenen amtlichen Listen als Unterstützer eintragen müssen.

3. Im Falle einer ausreichenden Unterstützung des Volksbegehrens hat der Landtag zunächst die Möglichkeit, den Gesetzentwurf wortgleich anzunehmen oder abzulehnen. Bei Nichtannahme des Gesetzentwurfs folgt schließlich der Volksentscheid, bei dem alle Bürger über den Gesetzentwurf des Volksbegehrens mit Ja oder Nein abstimmen können.

55 Art. 63 GG.

56 Die Kandidatinnen und Kandidaten für den Dekan einer Fakultät müssen in Bayern von der Hochschulleitung genehmigt werden. Diskussionen sind nicht vorgesehen, selbst bei der Wahl des Universitätspräsidenten darf in den Fakultäten nicht über unterschiedliche Programme diskutiert werden. Der dann letztlich entscheidende Hochschulrat seinerseits ist so zusammengesetzt, dass er dem jeweils amtierenden Präsidenten nur in seltenen Ausnahmefällen die Wiederwahl verweigern wird, da die Hälfte seiner Mitglieder auf Vorschlag dieses Präsidenten erfolgt und die andere Hälfte aus Senatsmitgliedern der betreffenden Universität zusammengesetzt ist (vgl. Bayerisches Hochschulgesetz, Art. 21 und 28).

57 Vgl. Gordon Tullock: »The General Irrelevance of the General Impossibility Theorem«, *The Quarterly Journal of Economics,* 81 (1967) S. 256–270.

58 Vgl. Andreu Mas-Collel und Hugo Sonnenschein: »General Possibility Theorems for Group Decisions«, *Review of Economic Studies,* 39 (1972).

59 Vgl. Lucian Kern und Julian Nida-Rümelin: *Logik kollektiver Entscheidungen*, Berlin / New York: De Gruyter 2015, Kap. 4 »Abschwächungen kollektiver Rationalität«.

60 Der Frauenanteil in Parlamenten liegt in Japan bei 9,3 %, in den USA bei 19,4 %, in Deutschland bei 31 % und in Schweden bei 43 % (vgl. Worldbank: »World Development Indicators«, online verfügbar: https://databank.worldbank.org/reports.aspx?source=2&series=SG.GEN.PARL. ZS&country= [28.10.2019]). Ruanda hat als einziges Land aufgrund seiner Geschichte mit 61 % Frauenanteil mehr Frauen als Männer im Parlament (vgl. »Anteil der Frauen in Parlamenten«, *2030 watch*, online verfügbar: https://www.2030-watch.de/indicator/okf-frauen-parlamente/ [28.10.2019]).

61 Von den 709 Abgeordneten sind 99 Juristen, gefolgt von 55 Beamten aus der Verwaltung (vgl. *Kürschners Volkshandbuch Deutscher Bundestag. 19. Wahlperiode (2017 – 2021)*, Stand: 02.07.2019, online verfügbar: »Abgeordnete in Zahlen«, Deutscher Bundestag, https://www.bundestag.de/abgeordnete/biografien/mdb_zahlen_19#url=L2FiZ2VvcmRuZXRlL2Jpb

dyYWZpZW4vbWRiX3phaGxlbl8xOS9CZXJ1ZmUtNTI5NDky
&mod=mod529494 [30.10.2019]).

62 Frieder Vogelmann: »Flüssige Betriebssysteme. Liquid
democracy als demokratische Machttechnologie«, *Aus Politik
und Zeitgeschichte*, 48 (2012), S. 40–46, online verfügbar:
https://www.frieder-vogelmann.net/public/pdf/2012-fluessig.
pdf (11.11.2019), Sebastian Buck: »Liquid Democracy – eine
Realisierung deliberativer Hoffnungen? Zum Selbstverständnis der Piratenpartei«, *Zeitschrift für Parlamentsfragen*, Vol. 43,
No. 3 (2012) S. 626–635 und Julian Nida-Rümelin: *Digitaler
Humanismus. Eine Ethik für das Zeitalter der Künstlichen Intelligenz*, München: Piper 2018.

63 Das Projekt gemeinsam mit der Körber-Stiftung und der
Cognostics AG zielt darauf ab, Bürger wieder mehr in die
Lösungsprozesse regionaler politischer Probleme mit-
einzubeziehen und sie mithilfe digitaler Plattformen zu
unterstützen. Dafür wird auf den positiven Erfahrungen
und bisherigen Entwicklungen aus dem Projekt »Hamburg
besser Machen« (gemeinsam mit ZEIT:HAMBURG) aufgebaut,
um politische Entscheidungsprozesse noch effektiver und
attraktiver zu machen. Um dies zu erreichen, werden unter
anderem modernste Softwaretechnologien, wie *Machine
Learning, Natural Language Processing* und *Datenvisualisierung,*
benutzt. Die bestehende Plattform wird im Rahmen des
Projektes weiterentwickelt und in drei weiteren Städten
eingesetzt werden. Dabei werden unter anderem deliberative Komponenten ergänzt und die analoge Debatte besser
mit der digitalen verzahnt. Im Rahmen der konzeptionellen
Phase wird ebenso verstärkt normative Demokratietheorie
berücksichtigt, um die Plattform so zu gestalten, dass sie
zu einer maximal strukturierten und lösungsorientierten
Debattenkultur führt (online verfügbar: www.hamburg-
bessermachen.de [28.10.2019]).

64 Vgl. Chantal Mouffe: *Das demokratische Paradox*, Wien/Berlin:
Turia + Kant 2015.

65 Als historischer Vordenker spielt vor allem Carl Schmitt eine
zentrale Rolle: Carl Schmitt: *Die geistesgeschichtliche Lage des
heutigen Parlamentarismus* [1923], vgl. auch Armin Mohler: *Die
Konservative Revolution in Deutschland 1918–1932. Ein Handbuch*

[1989]. Als die zeitgenössischen Vertreter sind bspw. Götz
Kubitschek und Dieter Stein zu nennen. Götz Kubitscheck:
Unsere Zeit kommt. Im Gespräch mit Karlheinz Weißmann,
Schnellroda: Edition Antaios 2006; Dieter Stein: *Für eine
neue Nation. Nachdenken über Deutschland*, Berlin: Edition JF
2014.

66 Die sogenannte »Neue Rechte« ist von den »Identitären«
nicht immer trennscharf zu unterscheiden (vgl. hierzu die
Studien von Volker Weiß: *Deutschlands Neue Rechte. Angriff der
Eliten – Von Spengler bis Sarrazin*, Paderborn: Verlag Ferdinand
Schöningh 2011; Volker Weiß: *Die autoritäre Revolte. Die Neue
Rechte und der Untergang des Abendlandes*, Stuttgart: Klett-
Cotta 2017).

67 Vgl. Julian Nida-Rümelin: *Philosophie und Lebensform*, Frankfurt a. M.: Suhrkamp 2009, Teil 4 »Normativität des Politischen«.

68 Vgl. John Locke: *Two Treatises of Government* [1689]. Robert
Filmer: *Patriacha, or The Natural Power of Kings* [1680], Lockes
erster Treatise versucht Robert Filmer zu widerlegen, während er im zweiten seine eigene liberale politische Philosophie darlegt.

69 Vgl. Robert Nozick: *Anarchy, State and Utopia* [1974]
(dt. u. d. T.: *Anarchie, Staat, Utopie*, München: Olzog 2006).

70 Vgl. Aristoteles: *Politik*.

71 Vgl. Aristoteles: *Nikomachische Ethik*.

72 Fernando Pessoa: *Der anarchistische Bankier*, übers. von
Reinhold Werner, Berlin: Klaus Wagenbach 2006.

73 Egon Schwelb: »Neue Etappen der Fortentwicklung des
Völkerrechts durch die Vereinten Nationen«, *Archiv des
Völkerrechts*, 13-1 (1966), S. 1–52.

74 René Cassin (1887–1976), ein französischer Jude, war einer
der maßgeblichen Initiatoren der Allgemeinen Erklärung
der Menschenrechte der Vereinten Nationen. Er gehörte
1945 zu den Gründern der UNESCO und war von 1959 bis
1965 Vizepräsident des Europäischen Gerichtshofs für
Menschenrechte und ab 1968 dessen Präsident. 1968 erhielt
er den Friedensnobelpreis als Verfasser der Allgemeinen
Erklärung der Menschenrechte der Vereinten Nationen
von 1948. Die bürgerlichen und politischen Rechte sind

Menschenrechte. Diese sind Freiheitsrechte und verbieten dem Staat, in die individuelle Freiheit einzugreifen. 1966 verabschiedete die UNO-Generalversammlung die beiden Menschenrechtspakte über wirtschaftliche, soziale und kulturelle Rechte bzw. über bürgerliche und politische Rechte. Diese Rechte sind als Aufgabe des Staates zu verstehen, Maßnahmen zu ergreifen, um dies zu gewährleisten (vgl. Julian Nida-Rümelin: *Die Menschenrechte sind universell – Ihre Geltung aus philosophischer und praktischer Perspektive*, Komplett-Media Audio-Publ. [23. Mai 2009]).

75 John Stuart Mill: *On Liberty* [1859], in dt. u. d. T.: *On Liberty / Über die Freiheit: Engl. / Dt.*, übers. von Bruno Lemke, hrsg. von Bernd Gräfrath, Ditzingen: Reclam 2006 und ders.: *Utilitarianism* [1863], in dt. u. d. T.: *Der Utilitarismus*, übers. von Dieter Birnbacher, Stuttgart: Reclam 2006.

76 Jeremy Bentham: *An Introduction to the Principles of Morals and Legislation* [1789].

77 Boris Nikolajewitsch Jelzin (01.02.1931 – 23.04.2007) war von 1991 bis zu seinem Rücktritt 1999 Präsident der Russischen Teilrepublik (RSFSR). Er war an der Auflösung der Sowjetunion beteiligt. Unter seiner Regierung geriet Russland in eine tiefe Wirtschaftskrise, die 1988 Russland in die Zahlungsunfähigkeit führte. Jelzin nahm als erster russischer Präsident am G7-Gipfeltreffen am 8. Juli 1994 in Neapel teil. Sein Nachfolger ist Vladimir Putin.

78 Amartya Sen: *Collective Choice and Social Welfare*, San Francisco: Holden-Day 1970, Kap. 6 und 6*.

79 Vgl. Lucian Kern und Julian Nida-Rümelin: *Logik kollektiver Entscheidungen*, Berlin / New York: De Gruyter 2015, Kap. 11.

80 In diesem Punkt bin ich mir mit dem bedeutendsten libertären Philosophen seit John Locke, Robert Nozick (*Anarchie, Staat, Utopie*, München: Olzog 2006), einig.

81 Art. 14 GG; insbesondere der Absatz 3 trifft hier weitreichende Einschränkungen: »Eine Enteignung ist nur zum Wohle der Allgemeinheit zulässig. Sie darf nur durch Gesetz oder auf Grund eines Gesetzes erfolgen, das Art und Ausmaß der Entschädigung regelt. Die Entschädigung ist unter gerechter Abwägung der Interessen der Allgemeinheit und der Beteiligten zu bestimmen. Wegen der Höhe der

Entschädigung steht im Streitfalle der Rechtsweg vor den ordentlichen Gerichten offen.«

82 Es war die mittlere griechische und die späte römische Stoa, die die philosophischen Grundlagen dieser Anthropologie legte, das Christentum tritt einen Teil dieses stoizistischen Erbes an und transformiert es zu der Idee der Gleichheit vor Gott, nimmt aber das Autonomie-Ideal der Stoiker zurück. Selbst Luther, der Protestant, schreibt gegen den *liberum arbitrium*, den freien Willen, an und postuliert einen *liberum servum* des Christenmenschen (vgl. Martin Luther: »Von der Freiheit eines Christenmenschen« [1520], *Martin Luther, An den christlichen Adel deutscher Nation. Von der Freiheit eines Christenmenschen. Sendbrief vom Dolmetschen*, hrsg. von Ernst Kähler, Stuttgart: Reclam 2012). Die freie Selbstbestimmung ist den kirchlichen Autoritäten suspekt, da sie ihre Macht gefährdet und mit christlicher Demut unverträglich erscheint. Dies erklärt die späte Aussöhnung der katholischen Kirche mit Menschenrechten und Demokratie auf dem Zweiten Vatikanischen Konzil 1962–1965, die ihr zuvor als Verirrungen des Liberalismus galten. Trotz dieser weit zurückreichenden Historie von Freiheit und Gleichheit, die in anderen Kulturkreisen wie dem indischen und dem chinesischen in der Auseinandersetzung zwischen Hinduismus und Buddhismus bzw. Legalismus und Konfuzianismus seine Entsprechungen hat, setzen sich diese beiden Normen in den politischen Ordnungsvorstellungen erst in der Neuzeit allmählich durch.

83 Avishai Margalit hat in *Politik der Würde: Über Achtung und Verachtung* (Frankfurt a. M.: S. Fischer Verlag 1999) diese Rekonstruktion vorgeschlagen. Demnach besteht eine Politik der Würde darin, Vorkehrungen zu treffen, damit die Selbstachtung keiner menschlichen Person existenziell beschädigt wird. Ich halte diese Analyse für die nach wie vor beste in der zeitgenössischen philosophischen Literatur zur Würde-Thematik, auch wenn ich die kollektivistischen Elemente der Margalit'schen Theorie für problematisch halte (vgl. Julian Nida-Rümelin: *Über menschliche Freiheit*, Stuttgart: Reclam 2005, Kap. 4).

84 Judith Jarvis Thomson: »A Defense of Abortion«, *Philosophy &*

Public Affairs, 1/1 (1971), S. 47–66, Julian Nida-Rümelin: *Über Grenzen denken – Eine Ethik der Migration,* Hamburg: Edition Körber 2017 sowie Julian Nida-Rümelin: »A cosmopolitan legitimization of state borders«, *Philosophical Inquiry,* 42 1-2 (2018) und Julian Nida-Rümelin: »Globalization, Migration, and the Role of the State«, *Multiple Modernities and Good Governance,* hrsg. von Thomas Meyer und José Luís de Sales Marques, London/New York 2018, S. 151–160.

85 Cohen Natorp, später Leonard Nelson, in England die Fabian Society.

86 Vgl. Timo Greger: »Radikale Freiheit oder Leitkultur? Individuelle Freiheit, kollektive Selbstbestimmung und normativer Grundkonsens«, *Die Krise des demokratischen Rechtsstaats im 21. Jahrhundert,* hrsg. von Kristin Albrecht, Lando Kirchmair und Valerie Schwarzer, *Archiv für Rechts- und Sozialphilosophie – Beiheft* 2020.

87 Julian Nida-Rümelin: *Humanismus als Leitkultur. Ein Perspektivenwechsel,* München: C.H. Beck 2006.

88 Vgl. John Rawls: *Politischer Liberalismus,* Frankfurt a.M.: Suhrkamp 2016 und Jürgen Habermas: *Die Einbeziehung des Anderen,* Frankfurt a.M.: Suhrkamp 1996.

89 Vgl. Dolf Sternberger: *Schriften: X: Verfassungspatriotismus,* Berlin: Insel Verlag 1990, Jürgen Habermas: »Staatsbürgerschaft und nationale Identität«, *Faktizität und Geltung,* von Jürgen Habermas, Frankfurt a.M.: Suhrkamp 1992.

90 Kap. 22.

91 Kap. 9 und 10.

92 »Alle Staatsgewalt geht vom Volke aus. Sie wird vom Volke in Wahlen und Abstimmungen und durch besondere Organe der Gesetzgebung, der vollziehenden Gewalt und der Rechtsprechung ausgeübt«, GG Art. 20 Abs. 2, online verfügbar: https://www.bundestag.de/parlament/aufgaben/rechtsgrundlagen/grundgesetz/gg_02-245124 (28.10.2019).

93 Vgl. Chantal Mouffe: *Agonistik. Die Welt politisch denken,* Berlin: Suhrkamp 2014.

94 Judith Butler, die bedeutende Theoretikerin eines Differenz-Feminismus, wurde zuletzt vorgeworfen, ihre feministischen Ideale verraten zu haben, da sie – multikulturalistisch – für ein Verständnis anderer Kulturen und deren

Bestimmung des Geschlechterverhältnisses argumentiere, ja politische Bündnisse mit terroristischen und islamistischen Organisationen wie der Hizbollah befürworte. Sie hätte damit die Ideale jeder aufklärerischen Politik, die auf individuelle Autonomie und politische Vernunft setze, verraten. Diese Kritik verkennt, dass schon die Gender-Theorie Butlers sich in ihrer Logozentrismus-Kritik, der Kritik des verantwortlichen Subjekts und der Möglichkeit geteilter Vernunft, von den humanistischen Grundlagen demokratischer Politik entfernt hat, lange bevor die Postmoderne, in Italien von Berlusconi und in den USA von Trump, in rechtsgewirkten Medienpopulismus (Maurizio Ferraris) überführt wurde.

95 Sally Haslanger kritisiert die philosophische Gerechtigkeitstheorie, etwa von John Rawls, dafür, dass sie sich nicht zum Sprachrohr der sozialen Bewegungen mache, es sei die Aufgabe der *academics*, den *survivors* eine Stimme zu geben, und nicht – distanziert –, Kriterien gerechter Politik zu entwickeln. So argumentierte sie auf dem *World Congress Philosophy*, abgehalten im August 2018 in Peking, auf einer Podiumsdiskussion am 17.08.2018, an der außer ihr und mir auch der thailändische Philosoph Chaiwat Satha-Anand teilnahm. Ich hielt Haslanger vor, damit die Philosophie zu *ancilla politicarum* zu machen und sie ihres kritischen Potenzials zu berauben. Zudem stehe die Identifikation mit sozialen Bewegungen immer in der Gefahr, faschistisch zu werden, also dem Primat der politischen Tat zu folgen.

96 Ich habe vor dieser islamistischen Agenda der AKP frühzeitig (2006!) gewarnt und bin bis hinauf zum früheren Bundeskanzler Gerhard Schröder mit diesen Warnungen auf völliges Unverständnis gestoßen, auch bei sogenannten Türkei-Kennern in der Politik.

97 Elif Özmen: »Zwischen Konsens und Dissens. Zeitgenössische politikphilosophische Perspektiven auf die Demokratie«, *Zukunft der Demokratie. Ende einer Illusion oder Aufbruch zu neuen Formen?*, hrsg. von Michael Reder und Mara-Daria Cojocaru, Stuttgart: Kohlhammer Verlag 2014, S. 125–137.

98 Die Nichtexistenz manipulationsfreier (vernünftiger) Aggregationsregeln wurde von Alan Gibbard in »Manipulation of Voting Schemes: A General Result« (*Econometrica*, 41 [1973])

bewiesen, zwei Jahre später wird dieser Befund von dem Ökonomen Mark Satterthwaite vervollständigt, wonach es auch keine strategiefreien (vernünftigen) Aggregationsregeln gibt, weswegen man meist vom Gibbard-Satterthwaite-Theorem spricht. Wie auch bei früheren Gelegenheiten (Kap. 8 »Arrow-Theorem« und Kap. 12 »Sen-Paradoxon«) verzichte ich aber auch hier auf formale Präzisierung, um die Lektüre nicht zu erschweren. Eine präzise Darstellung findet sich in Lucian Kern und Julian Nida-Rümelin: *Logik kollektiver Entscheidungen*, Berlin / New York: De Gruyter 2015, Kap. 5. Die wichtigste Publikation Alan Gibbards ist die (meta)ethische Studie: *Wise Choices, Apt Feelings: A Theory of Normative Judgment*, Cambridge 1992.

99 Der Fachausdruck lautet *Pfadunabhängigkeit* für diese Eigenschaft (Definition in Lucian Kern und Julian Nida-Rümelin: *Logik kollektiver Entscheidungen*, Berlin / New York: De Gruyter 2015, Kap. 5). Der intuitive Gedanke ist, dass man die Alternativenmenge in Teilmengen zerlegt und über diese zunächst abstimmt und das Ergebnis der Entscheidungsfindung unabhängig davon ist, in welche Teilmengen die Alternativenmenge zerlegt wird und in welcher Reihenfolge über welche Teilmengen abgestimmt wird.

100 *Replikationen* werfen generell sehr grundlegende Probleme sozialen Handelns auf. Wenn ich die Bewertungen von Alternativen anderer Personen abhängig mache, wenn also meine Präferenzen von den Präferenzen anderer Personen abhängen, was der Normalfall ist, dann ergibt sich regelmäßig das Problem, wie mit der entstehenden Dynamik wechselseitiger Replikationen höherer Stufe umzugehen ist; vgl. die mathematische Analyse der Interdependenz-Problematik in Julian Nida-Rümelin, Thomas Schmidt und Axel Munk: »Interpersonal Dependency of Preferences«, *Theory and Decision* (1996), S. 257–280.

101 Unter strategischem Wählen wird bei Satterthwaite jeder Vorgang verstanden, bei dem das Ergebnis kollektiver Entscheidungsfindung für mindestens eine Person günstiger ist, wenn sie andere als ihre tatsächlichen Präferenzen in das Entscheidungsverfahren einspeist. Das entspricht keineswegs dem üblichen Sprachgebrauch. Im üblichen Sprach-

gebrauch versteht man in der Politik und der Politikwissenschaft unter strategischem Verhalten langfristig angelegtes, bestimmten Kriterien und Beurteilung entsprechendes Verhalten, während taktisches Verhalten die punktuelle Anpassung an Entscheidungssituationen charakterisiert. Gerade Letzteres ist aber hier gemeint.

102 Einen systematischen Überblick über die empirische Deliberationsforschung bieten Gary S. Schaal und Claudia Ritzi in »Empirische Deliberationsforschung«, MPIfG Working Paper 09/9 sowie 2013 André Bächtiger und Dominik Wyss: »Empirische Deliberationsforschung – eine systematische Übersicht« (vgl Polit. Wiss., 7 [2013] S. 155–181, DOi 10.1007/s12286-013-0153-x). Beide Studien kommen zum Schluss, dass deliberative Verfahren häufig zu positiven Resultaten führen, d. h. zu einem besser begründeten Austausch oder zu einem partizipativen Dialog. Allerdings wird auch betont, dass die empirische Forschung die komplexen Grundannahmen deliberativer Demokratietheorie nur schwer operationalisieren kann, weshalb Aussagen über Zusammenhänge oder gar Kausalitäten fast unmöglich sind.

103 Vgl. Immanuel Kant: *Grundlegung zur Metaphysik der Sitten* [1785], *Kritik der praktischen Vernunft* [1788].

104 Vgl. detaillierter dazu Julian Nida-Rümelin: *Über menschliche Freiheit*, Stuttgart: Reclam 2005.

105 Einen schönen Überblick hierzu bietet Angelika Krebs: *Gleichheit oder Gerechtigkeit*, Frankfurt a. M.: Suhrkamp 2000.

106 Einen einführenden Überblick bietet Axel Honneth: *Kommunitarismus – Eine Debatte über die moralischen Grundlagen moderner Gesellschaften*, Frankfurt a. M: Campus-Verlag 1993.

107 In Italien die Regierung aus *Lega*, einer ursprünglich separatistischen Bewegung des Nordens, die sich zuletzt einer immer deutlicher nationalistischen Rhetorik bediente, und die *Cinque Stelle*, gegründet von dem populären Komiker Beppe Grillo, dessen wirksamstes Instrument die beständige Verächtlichmachung der politisch Verantwortlichen war.

108 Vgl. Robert Nozick: *Anarchy, State, and Utopia*, Oxford: Basic Books 1974.

109 Das *Social Credit System* (SCS) Chinas ist ein umfangreiches

Überwachungssystem, welches das Verhalten der Bürgerinnen und Bürger bewertet. Jeder Chinese hat einen *Social Score*, der sich dem Verhalten entsprechend erhöht oder erniedrigt. Punkte sammeln kann man zum Beispiel durch ehrenamtliche Arbeit oder die Pflege von älteren Familienangehörigen. Als negativ eingestufte Handlungen, wie beispielsweise Verkehrsvergehen oder Proteste gegen Behörden und Obrigkeiten, führen hingegen zu einem Punkteverlust. Bürger mit einem hohen Score kommen in den Genuss von Privilegien in Form von Steuervergünstigungen, billigerem öffentlichen Nahverkehr, kürzeren Wartezeiten im Krankenhaus und weiteren Belohnungen.

110 Vgl. etwa Harry Frankfurt: »Quality and Respect«, *Social Research,* 64 (1997) S. 3–15. Zur neuen Egalitarismuskritik vgl. auch die Einführung von Angelika Krebs und die Beiträge von Harry Frankfurt, Joseph Raz, Derek Parfit, Avishai Margalit, Elisabeth Anderson und Michael Walzer in: *Gleichheit oder Gerechtigkeit: Texte der neuen Egalitarismuskritik,* hrsg. von Angelika Krebs, Frankfurt a. M.: Suhrkamp 2000.

111 Vgl. Alexis de Tocqueville: *L'Ancien régime et la révolution,* Paris [1856].

112 Vgl. Tariq Modood: *Essays on Secularism and Multiculturalism,* London: ECPR Press 2019.

113 Vgl. Bruce Ackerman: »Revolutionary Constitutions« sowie Joseph Raz: »Multiculturalism«, in: *Ratio Juris,* Vol. 11, No. 3 September (1998), S. 193–205.

114 Als »Volksdemokratien« definierten sich die sozialistischen Diktaturen des sowjetischen Herrschaftsbereiches, um sich von den vermeintlichen Pseudodemokratien des Westens abzugrenzen.

115 »Der neue Staat, den wir in Ungarn bauen, ist kein liberaler Staat, sondern ein illiberaler Staat«, sagte 2014 Victor Orbán, der ungarische Staatschef, in einer Grundsatzrede in Tusnadfürdö, Siebenbürgen (online verfügbar: https://pusztaranger.wordpress.com/2014/08/01/viktor-orbans-rede-auf-der-25-freien-sommeruniversitat-in-baile-tusnad-rumanien-am-26-juli-2014/ [31.10.2019]).

116 Peter Strawson: *Freedom and Resentment and Other Essays,* London: Routledge 2008.

117 Ausführlicher habe ich mich mit dieser Frage auseinandergesetzt in: *Über menschliche Freiheit*, Stuttgart: Reclam 2005, Kap. 5 »Warum Menschenwürde auf Freiheit beruht« (insbesondere: S. 131–140).

118 Ich habe die Argumente dieses und des vorausgegangenen Kapitels schon bei früheren Gelegenheiten präsentiert und hier teilweise auf einen Aufsatz von mir, »Eine Verteidigung von Freiheit und Gleichheit«, zuerst veröffentlicht in der *Zeitschrift für Politik,* 53 (2006) S. 3–26, zurückgegriffen. Interessanterweise sprach ich damals von drei (die libertäre, die kommunistische, die non-egalitäre), nicht von fünf Kritiken wie hier (zusätzlich die multikulturelle und die identitäre). Die Zeiten sind für den Bestand demokratischer Ordnungen herausfordernder geworden.

119 Vgl. Michael Walzer: *Spheres of Justice. A Defense of Pluralism and Equality*, New York 1983, in dt. u. d. T.: *Sphären der Gerechtigkeit. Ein Plädoyer für Pluralität und Gleichheit*, Frankfurt a. M.: Campus Bibliothek 1992.

120 Vgl. Martha Nussbaum: *Women and Human Development: The Capabilities Approach*, Cambridge 2000.

121 Vgl. Ronald Dworkin: »What is Equality? Part 1: Equality of Welfare«, *Philosophy and Public Affairs,* 10 (1981), S. 185–246 und ders.: »What is Equality? Part 2: Equality of Resources«, *Philosophy and Public Affairs,* 10 (1981), S. 283–385.

122 Zur Sozialleistungsquote 1960–2018 vgl. Grafik 5 im Anhang, Seite 297.

123 Vgl. Fußnote 32.

124 Vgl. Marcel Fratzscher, DWI Präsident: »Wohlstand für wenige«, *Frankfurter Allgemeine Zeitung,* 19.03.2016, online verfügbar: https://www.faz.net/aktuell/wirtschaft/arm-und-reich/fratzscher-mehr-steuern-sind-nicht-die-loesung-gegen-ungleichheit-14121273.html (11.11.2019).

125 So die Geschäftsführerin des Währungsfonds Kristalin Georgiewa (vgl. Martin Lanz: »Die neue IMF-Chefin warnt vor noch schwächerem Wirtschaftswachstum«, *NZZ,* 08.10.2019, online verfügbar: https://www.nzz.ch/wirtschaft/sperrfrist-dienstag-16-uhr-ch-zeit-die-neue-imf-chefin-warnt-vor-noch-schwaecherem-weltwirtschaftswachstum-ld.1514030 [11.11.2019]).

126 Grafik 6 im Anhang, Seite 297, untersucht den Anteil am
Gesamteinkommen des einkommensreichsten Prozents
der Bevölkerung in den USA und Westeuropas versus den
Anteil der einkommensschwächsten Hälfte von 1980 bis
2016.

127 Vgl. Fußnote 32.

128 Siehe Grafiken 7, 8 und 9 zur Entwicklung der Arbeitslosen-
zahlen sowie der Erwerbstätigen und sozialversicherungs-
pflichtigen Beschäftigten in Deutschland.

129 Maastricht-Kriterium: Alle Mitgliedsstaaten der EU haben sich 1992 darauf verpflichtet, bestimmte fiskalische
und monetäre Vorgabewerte einzuhalten: Der staatliche
Schuldenstand darf nicht mehr als 60 % des Bruttoinlandsprodukts betragen. Das jährliche Haushaltsdefizit darf nicht
mehr als 3 % des Bruttoinlandsprodukts betragen.

130 Vgl. John Rawls: *A Theory of Justice*, Cambridge / Mass. 1971.

131 Schätzungen zufolge verfügen 1 % der Weltbevölkerung über
die Hälfte des Weltvermögens, ca. 110 Billionen US-Dollar.
Das ist 65-mal so viel, wie der unteren Hälfte der Weltbevölkerung zukommt (siehe dazu Era Dabla-Norris et al.:
»Causes and Consequences of Income Inequality: A Global
Perspective«, *IMF Staff Discussion Notes*, SDN 15/13 [2015]
S. 15). 2017 leben um die 767 Millionen Menschen von
weniger als 1,90 US-Dollar pro Tag, online verfügbar: https://
www.un.org/Depts/german/millennium/SDG%20Bericht%20
2017.pdf (11.11.2019). – Mehr als 1,5 Milliarden Menschen
leben in mehrdimensionaler Armut. UNDP und Deutsche
Gesellschaft für die Vereinten Nationen zeigen in *Der Bericht
über die menschliche Entwicklung 2015. Arbeit und menschliche
Entwicklung* (2015) S. 88, dass 2015 11 % der Weltbevölkerung
(795 Millionen Menschen) unterernährt waren, während
1990 bis 1992 noch 19 % unterernährt waren (1011 Millionen Menschen) (vgl. WB: *World Development Indicators.
Nutrition and Growth*, online verfügbar: http://wdi.worldbank.
org/table/2.18 [23.10.2019]). Unterernährt bedeutet, dass die
Person ihren Minimum-Energiebedarf kontinuierlich nicht
decken kann. – Die Kindersterblichkeit von Kindern unter
5 Jahren fiel in den vergangenen 25 Jahren um 53 % von
91 Sterbefällen pro 1000 Lebendgeburten (1990) auf 43 pro

1000 (2015) (vgl. UNICEF/WB/WHO/UN: *Levels and Trends in Child Mortality. Report 2015* [2015], S. 1). Trotzdem sind 156 Millionen Kinder unter 5 Jahren Hunger und Umweltproblemen ausgesetzt (*child stunting*: Resultat chronischer Unterernährung und schlechter Umweltbedingungen), wovon 60 Millionen in Afrika und 59 Millionen in Südostasien leben [vgl. WHO: *World Health Statistics 2016. Monitoring Health for the SDGs*, S. 84]). 2015 sind 36 % der Sterbefälle von Kindern unter 5 Jahren auf Unterernährung zurückzuführen, und 80 % der Neugeborenen-Sterbefälle erklären sich aufgrund eines zu geringen Geburtsgewichts (vgl. UNICEF/WB/WHO/UN: *Levels and Trends in Child Mortality. Report 2015*, S. 8).

132 Die *Millennium Development Goals* sind jene acht Entwicklungsziele, die im Jahr 2000 von den Vereinten Nationen eingeführt wurden und die es bis 2015 zu erreichen galt. Alle 189 Nationen, die zu jenem Zeitpunkt Mitglieder der Vereinten Nationen waren, sowie 22 Institutionen verpflichteten sich, zur Erreichung dieser acht Ziele beizutragen: 1.) Abschaffung von Hunger und extremer Armut 2.) Sicherstellung einer Grundschulbildung 3.) Gleichstellung der Geschlechter und Stärkung der Rollen von Frauen 4.) Senkung der Kindersterblichkeit 5.) Verbesserung der Gesundheitsversorgung der Mütter 6.) Bekämpfung von HIV, Malaria und anderen schweren Krankheiten 7.) Ökologische Nachhaltigkeit und 8.) Entwicklung einer globalen Partnerschaft für Entwicklung (vgl. UN: *Millennium Development Goals And Beyond 2015*, online verfügbar: http://www.un.org/millenniumgoals/ [23.10.2019]). Im September 2015 wurden die MDG auf dem *Weltgipfel für nachhaltige Entwicklung 2015* von den 193 aktuellen Mitgliedsstaaten der UN durch die 17 *Sustainable Development Goals* ersetzt. Nach diesen soll nun bis 2030 weltweit Armut und Hunger verschwunden sein (vgl. »*Sustainable Development Goals*«, *UN*, online verfügbar: http://www.un.org/sustainabledevelopment/sustainable-development-goals/ [23.10.2019]).

133 Food and Agriculture Organization of the United Nations: *Achieving Zero Hunger – The Critical Role of Investments in Social Protection and Agriculture*, 2015.

134 Vgl. Julian Nida-Rümelin: *Über Grenzen denken. Eine Ethik der Migration*, Hamburg: Edition Körber 2017.

135 Einkommen, die nur 60 % des Medianeinkommens umfassen, definieren die Armutsrisikogrenze, 50 % des Medianeinkommens gilt als Armutsgrenze (vgl. »Berechnungen nationaler Armut«, *armut.de*, online verfügbar: http://www. armut.de/armut-in-deutschland_berechnung-der-armut.php [11.11.2019]).

136 Das Sekundäreinkommen zeigt, dass die Ungleichheit in Deutschland deutlich geringer ist als etwa in den USA, GB, Italien, China oder gar den südamerikanischen Ländern. Seit dem Inkrafttreten der Arbeitsmarkt-Reformen 2005 (Agenda 2010) wurde der Trend zu massiv wachsender Ungleichheit seit den späten 1980ern in Deutschland weitgehend gestoppt (vgl. »Gini-Koeffizient: Deutschland in guter Gesellschaft«, *iwd*, online verfügbar: https:// www.iwd.de/artikel/gini-koeffizient-deutschland-in-guter-gesellschaft-387788/ [11.11.2019]).

137 Zu den Einkommensunterschieden weltweit siehe Grafik 10 im Anhang, Seite 299. Miles Corak, »Income Inequality, Equality of Opportunity, and Intergenerational Mobility«, *IZA Discussion Paper*, No. 7520: 2013.

138 Thomas Spinnler: »Dotcom-Blase: Als die Blütenträume platzten«, *boerse.ARD.de*, 01.07.2019, online verfügbar: https://boerse.ard.de/boersenwissen/boersengeschichte-n/ dotcom-blase-neuer-markt-new-economy100.html (11.11.2019).

139 Vgl. »Soziale Ungleichheit und inklusives Wachstum im internationalen Vergleich«, *Analysen und Berichte, Monatsbericht des BMF Mai 2019*, online verfügbar: https://www. bundesfinanzministerium.de/Monatsberichte/2019/05/ Inhalte/Kapitel-3-Analysen/3-1-soziale-ungleichheit_pdf.pd f;jsessionid=6925DAE2D65B40199DB3EE2016C5F93F?__ blob=publicationFile&v=3 (11.11.2019).

140 Vgl. Julian Nida-Rümelin: *Der Akademisierungswahn: Zur Krise beruflicher und akademischer Bildung*, Hamburg: Edition Körber 2014 sowie das gemeinsam mit Klaus Zierer verfasste Gesprächsbuch *Bildung in Deutschland vor neuen Herausforderungen*, Baltmannsweiler: Schneider Verlag 2017.

141 Vgl. Nicolai Kwasniewski: »Wie Gehalt, Beruf und Wohnort die Wahlentscheidung prägen«, *Spiegel Online*, 19.07.2017, online verfügbar: https://www.spiegel.de/wirtschaft/soziales/ bundestagswahl-2017-wer-waehlt-cdu-csu-spd-fdp-gruene-linke-afd-a-1158543.html (11.11.2019).

142 Eine frühere Fassung dieses Kapitels erschien am 19. Dezember 2016 in der *Frankfurter Allgemeinen Zeitung* (S. 10).

143 Vgl. Amos Tversky, Daniel Kahnemann: *Choices, Values, and Frames*, Cambridge 2000.

144 Dieser kurze Exkurs verweist auf meine Theorie Struktureller Rationalität, die ich in einer Kurzfassung 2001 vorgelegt habe (Julian Nida-Rümelin: *Strukturelle Rationalität. Ein philosophischer Essay über praktische Vernunft*, Stuttgart: Reclam 2001) und die zuletzt in eine Theorie praktischer Vernunft weiter ausgearbeitet wurde (Berlin, New York: De Gruyter 2020). Dort finden sich auch weitere Überlegungen zu diesem Verhältnis von Einzelhandlung und umfassender Handlungsstruktur.

145 Gerhard Schröder wurde für beides getadelt: für seine »Kommissionitis«, die manche Kommentatoren vermuten ließ, dass die Diskursethik von Jürgen Habermas in die politische Praxis umgesetzt werden sollte (ich selbst habe daran mitgewirkt), und für seine Basta-Politik, die die Entscheidungen für die Agenda-Reformen als getroffen markierte und damit die weitere Debatte beenden sollte.

146 Mancur Olson: *Die Logik des kollektiven Handelns: Kollektivgüter und die Theorie der Gruppen*, Tübingen: Mohr Siebeck 2004; Anthony Downs: »Ökonomische Theorie der Demokratie«, *Einheit der Gesellschaftswissenschaften*, Band 8, hrsg. von Rudolf Wildenmann, Tübingen: Mohr Siebeck 1993.

147 Jürgen Habermas: *Einbeziehung des Anderen: Studien zur politischen Theorie*, Frankfurt a. M.: Suhrkamp 1996.

148 Julian Nida-Rümelin: *Digitaler Humanismus. Eine Ethik für das Zeitalter der Künstlichen Intelligenz*, München: Piper 2018, Kap. 13.

149 Vgl. Julian Nida-Rümelin, Timo Greger und Niina Zuber: »Digitalisierung und Demokratie. Ein neues Kapitel der Geschichte?«, *Aviso. Magazin für Kunst und Wissenschaft in Bayern*, 03 (2019).

150 Vgl. Felix Stalder: *Kultur der Digitalität*, Frankfurt a. M.: Suhrkamp 2017.

151 Vgl. Julian Nida-Rümelin: »Normatives Orientierungswissen«, *Philosophie und Lebensform*, Frankfurt a. M.: Suhrkamp 2006.

152 Vgl. *Moralischer Realismus? Zur kohärenten Metaethik Julian Nida-Rümelins*, hrsg. von Dietmar von der Pfordten, Paderborn: mentis 2015.

153 Vgl. Julian Nida-Rümelin: *Unaufgeregter Realismus. Eine philosophische Streitschrift*, Paderborn: mentis 2018.

154 In diesem Punkt stimme ich mit der berühmten Krisis-Schrift Edmund Husserls überein (vgl. *Die Krisis der europäischen Wissenschaften und die transzendentale Phänomenologie. Eine Einleitung in die phänomenologische Philosophie*, hrsg. von Elisabeth Ströker, Hamburg: Meiner 1996).

155 Vgl. Jürgen Mittelstrass: *Der Konstruktivismus in der Philosophie im Ausgang von Wilhelm Kamlah und Paul Lorenzen*, Paderborn: mentis 2008.

156 Vgl. Edmund Husserl: *Die Krisis der europäischen Wissenschaften und die transzendentale Phänomenologie. Eine Einleitung in die phänomenologische Philosophie*, hrsg. von Elisabeth Ströker, Hamburg: Meiner 1996.

157 Vgl. Ludwig Wittgenstein: *Über Gewissheit* [1969].

158 Man kann das als ein pragmatistisches Demokratieverständnis bezeichnen, vgl. John Dewey: *Democracy and Education. An Introduction to the Philosophy of Education*, New York 1916.

159 Vgl. Ken Clark und Martin Sefton: »The Sequential Prisoner's Dilemma: Evidence on Reciprocation«, *The Economic Journal*, 111, 468 (2011), S. 51–68; Russel Cooper, Douglas Dejong, Robert Forsythe und Thomas Ross: »Cooperation without Reputation: Experimental Evidence from Prisoner's Dilemma Games«, *Games and Economic Behavior*, 12 (1996), S. 187–218; Emmanuel Pothos, Gavin Perry, Philip Corr, Mervin Matthew und Jerome Busemeyer: »Understanding Cooperation in the Prisoner's Dilemma Game«, *Personality and Individual Differences*, 51, 3 (2011), S. 210–215; James Andreoni und John Miller: »Rational Cooperation in the Finitely Repeated Prisoner's Dilemma: Experimental Evidence«, *The Economic Journal*, 103, Nr. 418 (1993), S. 570–585; David Kreps, Paul

Milgrom, John Roberts und Robert Wilson: »Rational Cooperation in the Finitely Repeated Prisoners' Dilemma«, *Journal of Economic Theory*, 27, 2 (1982), S. 245–252; Ivan Barreda-Tarrazona, Ainhoa Jaramillo-Gutiérrez, Marina Pavan und Gerardo Sabater-Grande: »Individual Characteristics vs. Experience: An Experimental Study on Cooperation in Prisoner's Dilemma«, *Frontiers in Psychology*, 8 (2017), S. 1–13.

160 Ernst-Wolfgang Böckenförde: »Die Entstehung des Staates als Vorgang der Säkularisation«, ders., *Staat, Gesellschaft, Freiheit. Studien zur Staatstheorie und zum Verfassungsrecht*, Frankfurt a. M.: Suhrkamp 2016 [1967], S. 42–64.

161 Hier befinden wir uns in großer Nähe zu Jürgen Habermas' diskursethischem Programm. Vgl. Jürgen Habermas: »Diskursethik – Skizzen zu einem Begründungsprogramm«, in: ders.: *Moralbewusstsein und kommunikatives Handeln*, Frankfurt a. M.: Suhrkamp 1983.

162 In *Eine Theorie praktischer Vernunft* (Berlin: de Gruyter 2020) habe ich mich intensiver mit der ökonomischen und speziell der verhaltensökonomischen Analyse auseinandergesetzt, die immer wieder versucht, alle Rationalität auf die Optimierung eigener Interessen zurückzuführen, und damit regelmäßig scheitert (Kapitel IV »Phänomenologie struktureller Praxis«).

163 Vgl. Michael Tomasello: *Warum wir kooperieren*, Frankfurt a. M.: Suhrkamp 2010; Sebastian Kirschner: »Teilen bringt Vorteil«, *Max-Planck-Gesellschaft*, online verfügbar: https://www.mpg.de/7540919/F001_Fokus_018-025.pdf (30.10.2019).

164 Michael Walzer: *Spheres of Justice: a Defense of Pluralism and Equality*, New York: Basic Books 1984, dt. u. d. T.: *Sphären der Gerechtigkeit: Ein Plädoyer für Pluralität und Gleichheit*, Frankfurt a. M.: Campus 1992.

165 Vgl. Julian Nida-Rümelin: *Leitkultur des Humanismus*, München: C. H. Beck 2006.

166 Vgl. John Rawls: »The Law of Peoples«, *Critical Inquiry*, 20-1 (1993), S. 36–68.

167 Vgl. *Democracy Index 2018* und »Democracy Index 2018: Me too? Political participation, protest and democracy: A report by The Economist Intelligence Unit«, *The Economist*, online

verfügbar: http://pages.eiu.com/rs/753-RIQ-438/images/
Democracy_Index_2018.pdf (11.11.2019).

168 Die griechische Militärdiktatur (1967 bis 1974) wurde als
»Das Regime der Obristen« oder »Die Junta« bezeichnet.
Spaniens Militärdiktatur, der Franquismus, beherrschte
das Land von 1936/39 bis 1977, im Nachbarstaat Portugal
herrschte der Diktator Salazar von 1930 bis 1974. In Südamerika sah es nicht besser aus: In Chile putschte 1973 das
Militär, gefördert von den USA, und Augusto Pinochet blieb
bis 1990 an der Macht. Brasilien erlebte bis 1985 mehrere
Phasen der Militärdiktatur. Der argentinischen Militärdiktatur von 1976 bis 1983 fielen rund 30 000 Menschen
zum Opfer.

169 Pieter de Wilde, Ruud Koopmans, Wolfgang Merkel, Oliver
Strijbis und Michael Zürn: *The Struggle Over Borders, Cosmo-
politanism and Communitarianism*, Cambridge 2019; Wolfgang
Merkel:»Kosmopolitismus versus Kommunitarismus: Ein
neuer Konflikt in der Demokratie«, *Parties, Governments
and Elites*, hrsg. von Philipp Harfst, Ina Kubbe und Thomas
Poguntke, Wiesbaden: Springer VS 2017, S. 9–24.

170 2016 wurden in Deutschland von 695 733 Asylanträgen 25 %
aus Sachgründen, 12,6 % aus formellen Gründen abgelehnt,
2017 von 603 428 38,5 % und 18,1 % bzw. 2018 von 216 873
34,8 % und 30,2 %. Formelle Entscheidungen umfassen
Entscheidungen nach dem Dublin-Verfahren, das besagt,
dass derjenige Mitgliedsstaat für ein Asylverfahren zuständig ist, in welches der Asylsuchende zuerst eingereist ist.
Weitere Gründe sind Verfahrenseinstellungen aufgrund
von Antragsrücknahmen seitens der Antragstellenden
oder Entscheidungen im Folgeantragsverfahren, dass kein
weiteres Asylverfahren durchgeführt wird. In Deutschland
gibt es vier mögliche Schutztitel: Anerkennung als Asylbe-
werber, als Flüchtling, subsidiärer Schutz oder Schutz vor
einer Abschiebung. Wer keinen Schutzstatus bekommt,
gilt als ausreisepflichtig (vgl. Bundesamt für Migration und
Flüchtlinge, *Das Bundesamt in Zahlen 2018 – Asyl, Migration
und Integration*, 2018, S. 50–52). Das Ausländerzentralregister
(AZR) zu ausreisepflichtigen Personen ist teilweise fehlerhaft und überhöht (vgl. Bundestagsdrucksache 18/12725).

Ende 2017 verfügten 166 000 der 229 000 Ausreisepflichtigen, also mehr als 50 %, über eine Duldung, etwa wegen medizinischer Abschiebungshindernisse, wegen fehlender Reisedokumente oder weil Abschiebungen aufgrund der Lage im Herkunftsland nicht möglich oder zumutbar sind. 43 % der Duldungen wurden aus »sonstigen Gründen« erteilt, das kann z. B. bei Asylfolgeanträgen der Fall sein, wenn Kernfamilienangehörige nicht abgeschoben werden dürfen, oder zur Ermöglichung einer Ausbildung (Bundestagsdrucksache 19/633). 27 % der Ausreisepflichtigen haben keine Duldung, unter ihnen knapp 30 000 abgelehnte Asylsuchende: »die Bundesregierung geht davon aus, dass ›eine nicht unerhebliche Zahl‹ von ihnen, ohne Kenntnis der Ausländerbehörden aus Deutschland ausreist oder untertaucht« (Bundestagsdrucksache 18/6860, Antwort zu Frage 22), ihre Zahl dürfte in der Realität mithin kleiner sein, als es die Angaben des AZR vermuten lassen (vgl. Deutscher Bundestag, 19. Wahlperiode: Drucksache 19/8258 vom 12.03.2019, online verfügbar: https://dip21.bundestag. de/dip21/btd/19/082/1908258.pdf [30.10.2019]).

171 Das Diätenurteil des Bundesverfassungsgerichts aus dem Jahr 1975 kam zum Ergebnis, dass die Bundestagsabgeordneten transparent und »vor den Augen der Öffentlichkeit« über ihre finanzielle Vergütung als Abgeordnete entscheiden sollen. Trotz der Kritik, dass die Abgeordneten über die Höhe ihrer Diäten entscheiden, gilt dies heute noch.

172 Vgl. Max Weber: »Politik als Beruf«, *Geistige Arbeit als Beruf, Vier Vorträge vor dem Freistudentischen Bund. Zweiter Vortrag* (1919). Eine beeindruckende Rede Max Webers, die wichtige Elemente demokratischen Engagements beschreibt, aber gerade die Fehlentwicklung vorwegnimmt, die dann in den Jahrzehnten nach dem Zweiten Weltkrieg die politische Praxis in den europäischen Demokratien zunehmend prägt.

173 Kein politischer Text hat eine derart intensive Aufnahme und Diskussion erfahren wie die *Politeia* Platons, und kein anderer Text ist derart vielfältig und gegensätzlich interpretiert worden: als utopischer Entwurf, dem in der frühen Neuzeit weitere folgten, die bekanntesten Campanellas *Sonnenstadt* und Thomas Morus' *Utopia*, im 19. Jahrhundert

dann die Entwürfe der utopischen Sozialisten, besonders einflussreich Charles Fourier und Robert Owen, bis der nüchterne, ›wissenschaftliche‹, vermeintlich auf ehernen historischen und ökonomischen Gesetzen beruhende Marxismus dem linken Utopismus zumindest in der Theorie ein Ende bereitete, der erst mit der 68er-Bewegung wiederauflebte. Andere, unter ihnen Eric Voegelin, hielten die utopische Interpretation für ein Missverständnis und verorteten den Kern der platonischen und generell der ›klassischen‹ politischen Theorie in der Schau des Guten, theologisch aufgeladen im göttlichen Grund, bzw. im Verständnis der normativen Verfassung der sozialen und der natürlichen Welt. Karl Popper hat Platon als den bedeutendsten Theoretiker einer geschlossenen Gesellschaft interpretiert, der er seine liberale, offene Gesellschaft gegenüberstellte, die auf *piecemeal engineering*, auf inkrementellen Veränderungen, auf einer nüchternen, pragmatischen, reformistischen Praxis beruhen sollte (Karl Popper: *Die offene Gesellschaft und ihre Feinde,* Band 2: *Falsche Propheten: Hegel, Marx und die Folgen,* Heidelberg: J.C.B. Mohr 1992). Unmittelbar nach 9/11 sollte ich als Staatsminister eine Rede halten, die durch die Ereignisse mit Tausenden von Toten in New York obsolet geworden war. Ich entschied mich noch im Dienstwagen auf dem kurzen Weg zum Veranstaltungsort, als neues Thema das von Karl Popper wiederaufzugreifen: »Die offene Gesellschaft und ihre Feinde«. Die Rede ist dokumentiert in *Humanismus als Leitkultur* (München: C.H. Beck 2006). So, wie Popper Platon mit seiner einseitigen und mit der altgriechischen Politik wenig vertrauten Interpretation unrecht tat, so tat eine ganze Generation von Linksintellektuellen und neopositivistischen Wissenschaftstheoretikern Popper unrecht. Er wurde allzu rasch als irrelevant oder irregeleitet abgetan, auch in seiner politischen Philosophie. Wenn wir hier vom »platonischen Paradigma« sprechen, meinen wir die zentrale Rolle, die für Platons Verständnis von Politik die (philosophische und wissenschaftliche) Erkenntnis spielt, der Übergang von *doxa* zu *episteme*, als Grundlage einer gerechten Ordnung und einer gerechten Person, die strukturell analog verfasst sind: die *polis* als *makroanthropos* (als großer Mensch,

nicht als »großgeschriebener Mensch«, wie das gerne missverständlich übersetzt wird).

174 Man kann die *Nikomachische Ethik* des Aristoteles als Grün-
dungsdokument der Politikwissenschaft ansehen. Anders als
in Platons *Politeia* löst Aristoteles die Einheit der Philosophie in theoretische und praktische Wissenschaften auf
und weist diesen je eigene Methoden zu. Das Streben nach
mathematischer Präzision, das Wissenschaftsideal Platons,
ist für Aristoteles in den praktischen Wissenschaften Ethik,
Politik und Ökonomik unangebracht, da diese von Verän-
derlichem und Vielgestaltigem handeln. Den Gebildeten
erkenne man auch daran, dass er keine Genauigkeit fordere,
die dem Gegenstand nicht angemessen sei. Dieser Gegensatz zwischen platonischem und aristotelischem Verständnis zieht sich über Jahrhunderte bis in die Gegenwart. In
der vorliegenden Schrift haben wir von beiden Methoden
Gebrauch gemacht. *Collective Choice* beruht auf logischer
und mathematischer Analyse, während die pragmatischen
Einsichten in das Funktionieren einer Demokratie, auf die
wir immer wieder zurückgegriffen haben, in vielen Fällen
auf geteilten kulturellen Praktiken beruhen, die sich gegen
eine theoretische Rekonstruktion sperren.

175 *Demokratie als Kooperation* ist auch der Titel meiner ersten Buchpublikation zur politischen Philosophie (Frankfurt a. M.: Suhrkamp 1999).

176 Volker Gerhardt hat Partizipation generell als *Prinzip der
Politik* (München: C. H. Beck 2006) charakterisiert, womit die
Demokratie zur höchsten Form der Politik wird, in der sich
die Geschichte des Politischen vollendet.

177 Dieses populäre Missverständnis eint radikale und identitäre
Kritiker der liberalen Demokratie, ja prägt selbst die Rheto-
rik ihrer verunsicherten Verteidiger (vgl. Yascha Mounk: *The
People vs. Democracy. Why our Freedom is in Danger & How to
Save it*, Harvard University Press: Cambridge 2018, bes. Kap.
2 »Rights without Democracy«).

178 Dafür habe ich in *Demokratie und Wahrheit* (München:
C. H. Beck 2006) gegen ökonomistische und marxistische,
dekonstruktivistische und postmoderne Politikverständnisse
argumentiert. Das Buch kam zehn Jahre zu früh, heute ist

Wahrheit in aller Munde, große Tageszeitungen rühmen sich, dass für sie allein die Wahrheit zähle. Einst postmoderne Philosophen bekennen sich zu einem neuen Realismus, weil die Postmoderne zu einem rechtsgewirkten Medienpopulismus mutiert sei (Maurizio Ferraris). Die Renaissance der Wahrheit in Politik und Medien ist auffällig und erfreulich, wenn man sich auch des Eindrucks nicht ganz erwehren kann, dass die zahlreichen Appelle dazu dienen, das schlechte Gewissen zu beruhigen, ausgelöst durch den eigenen schludrigen und tendenziösen Umgang mit Fakten und die über viele Jahre hinweg dominante Sicht, Tatsachen gebe es nicht, sondern lediglich Sichtweisen und Interessenlagen (vgl. dazu auch meine philosophische Streitschrift: *Unaufgeregter Realismus*, Paderborn: Mentis 2018).

179 Richard Rorty ist der vermutlich prominenteste Intellektuelle, der diese Befriedungsstrategie verfolgte (vgl. Richard Rorty: *Contingency, Irony, and Solidarity*, Cambridge: Cambridge University Press 1989), mit der Folge, dass er keine Argumente mehr für die Demokratie vorbringen, sondern lediglich auf seine eigene kulturelle Prägung als Ostküsten-Intellektueller in den USA verweisen konnte.

180 Zugespitzt in der Kritik von Chantal Mouffe am deliberativen Demokratieverständnis von Jürgen Habermas: *Agonistik. Die Welt politisch denken*, Berlin: Suhrkamp 2014.

181 Vgl. Peter Bofinger, Jürgen Habermas und Julian Nida-Rümelin: »Einspruch gegen die Fassadendemokratie«, *Frankfurter Allgemeine Zeitung*, 03.08.2012, ist online verfügbar: https://www.faz.net/aktuell/feuilleton/debatten/europas-zukunft/kurswechsel-fuer-europa-einspruch-gegen-die-fassadendemokratie-11842820-p4.html (30.10.2019), und wurde in zwölf Sprachen übersetzt.

182 Ein philosophischer Dissens betrifft den Realismus. Ich verstehe meine Philosophie als umfassend realistisch, das heißt die ethische und ästhetische Dimension einbeziehend, aber nicht als szientistisch – es ist nicht die Wissenschaft, die uns sagt, was existiert (*Unaufgeregter Realismus. Eine philosophische Streitschrift*, Paderborn: mentis 2018). Ich teile auch nicht den (weichen) Naturalismus der meisten Philosophinnen diesseits und jenseits des Atlantiks – das menschliche

Wissen lässt sich nicht auf naturwissenschaftliche Fakten reduzieren, vgl. die Kontroversen in *Vernunft und Freiheit. Zur praktischen Philosophie von Julian Nida-Rümelin*, hrsg. von Dieter Sturma Berlin / New York: De Gruyter 2012.

183 Vgl. Julian Nida-Rümelin: *Philosophie und Lebensform*, Frankfurt a. M.: Suhrkamp 2009.

Grafiken

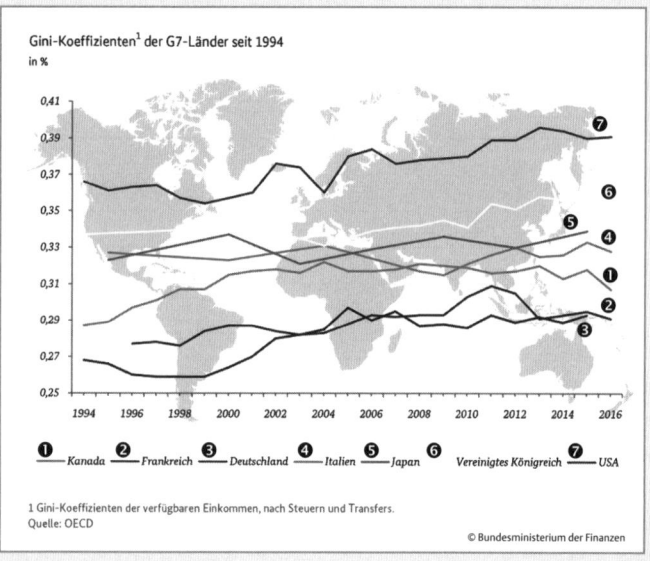

Gini-Koeffizienten[1] der G7-Länder seit 1994
in %

1 Gini-Koeffizienten der verfügbaren Einkommen, nach Steuern und Transfers.
Quelle: OECD

© Bundesministerium der Finanzen

Grafik 1

Entwicklung der Ungleichheit
Gini-Koeffizient

Gesamt   Arbeitsstunden > 0

Quelle: SOEP; Berechnungen des ifo Instituts.

© ifo Institut

Grafik 2

Land	Gesamtausgaben des Staates in Prozent des BIP									
	1995	2000	2005	2010	2014	2015	2016	2017	2018	2019
Deutschland	54,7	44,7	46,2	47,3	44,3	43,9	44,2	44,2	44	43,9
Belgien	52,4	49,1	51,6	53,3	55,2	53,8	53,2	52,4	51,8	51,4
Finnland	61,1	48	49,3	54,8	58,1	56,9	55,8	53,9	52,3	51
Frankreich	54,2	51,1	52,9	56,4	57,1	56,7	56,4	56	55,9	55,7
Griechenland	46	46,4	45,6	52,5	50,2	53,8	49,7	50,4	47,4	46,4
Irland	40,8	30,9	33,3	65,1	37,5	28,8	27,1	26,4	26	25,9
Italien	51,8	45,5	47,1	49,9	50,9	50,2	49,4	49,1	48,5	48,1
Niederlande	53,7	41,8	42,3	48,2	46,2	44,9	43,4	43,2	43,3	42,9
Österreich	55,9	51	51,2	52,8	52,3	51	50,7	49,8	49,2	48,7
Portugal	42,6	42,6	46,7	51,8	51,8	48,2	45	44,8	44,6	44,4
Slowakei	48,2	52	39,8	42,1	42	45,2	41,5	40,6	39,2	38,7
Slowenien	52,1	46,1	44,9	49,3	49,6	47,7	45,1	43,6	42,5	41,8
Spanien	44,3	39,2	38,3	45,6	44,8	43,8	42,2	41,1	40,4	39,9
Dänemark	58,5	52,7	51,2	56,7	55,3	54,8	53,5	53	52,4	51,9
Schweden	63,5	53,4	52,4	50,8	51,1	49,6	49,5	48,8	48,2	47,9
Tschechien	52,9	41	42,3	43,5	42,2	41,7	39,4	39,2	39,5	39,5
Ungarn	55,1	47,1	49,3	49,2	49,5	50,2	46,7	47,5	47,2	46,6
Vereinigtes Königreich	38,6	35,4	41,4	47,8	43,2	42,4	41,5	41	40,3	39,9
Euroraum	52,7	45,7	46,7	50,5	49,2	48,3	47,6	47,2	46,8	46,5
EU-28	–	–	45,8	49,8	48	47	46,3	46	45,5	45,2
USA	37,2	33,7	36,4	42,9	38	37,6	–	–	–	–
Japan	34,9	37,5	35,5	39,7	40,2	39,4	39,5	39,7	39,4	38,8

Quelle: EU-Kommission »Statistischer Anhang der Europäischen Wirtschaft« (Stand: November 2017)

Grafik 3

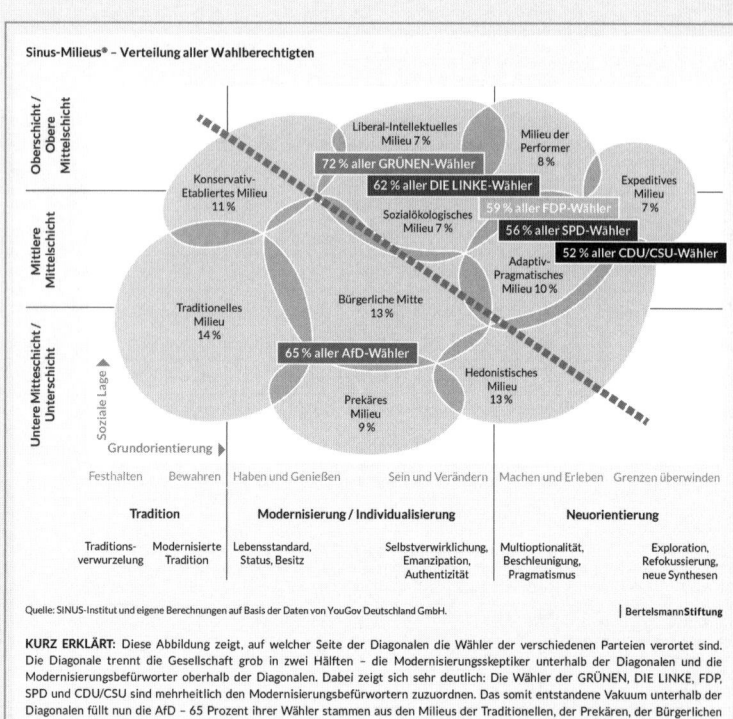

Sinus-Milieus® – Verteilung aller Wahlberechtigten

Liberal-Intellektuelles Milieu 7 %

Milieu der Performer 8 %

Konservativ-Etabliertes Milieu 11 %

72 % aller GRÜNEN-Wähler

62 % aller DIE LINKE-Wähler

Expeditives Milieu 7 %

Sozialökologisches Milieu 7 %

59 % aller FDP-Wähler

56 % aller SPD-Wähler

Adaptiv-Pragmatisches Milieu 10 %

52 % aller CDU/CSU-Wähler

Traditionelles Milieu 14 %

Bürgerliche Mitte 13 %

65 % aller AfD-Wähler

Hedonistisches Milieu 13 %

Prekäres Milieu 9 %

Soziale Lage

Oberschicht / Obere Mittelschicht

Mittlere Mittelschicht

Untere Mitteschicht / Unterschicht

Grundorientierung ▶

| Festhalten | Bewahren | Haben und Genießen | Sein und Verändern | Machen und Erleben | Grenzen überwinden |

| **Tradition** | **Modernisierung / Individualisierung** | **Neuorientierung** |

| Traditions-verwurzelung | Modernisierte Tradition | Lebensstandard, Status, Besitz | Selbstverwirklichung, Emanzipation, Authentizität | Multioptionalität, Beschleunigung, Pragmatismus | Exploration, Refokussierung, neue Synthesen |

Quelle: SINUS-Institut und eigene Berechnungen auf Basis der Daten von YouGov Deutschland GmbH. | BertelsmannStiftung

KURZ ERKLÄRT: Diese Abbildung zeigt, auf welcher Seite der Diagonalen die Wähler der verschiedenen Parteien verortet sind. Die Diagonale trennt die Gesellschaft grob in zwei Hälften – die Modernisierungsskeptiker unterhalb der Diagonalen und die Modernisierungsbefürworter oberhalb der Diagonalen. Dabei zeigt sich sehr deutlich: Die Wähler der GRÜNEN, DIE LINKE, FDP, SPD und CDU/CSU sind mehrheitlich den Modernisierungsbefürwortern zuzuordnen. Das somit entstandene Vakuum unterhalb der Diagonalen füllt nun die AfD – 65 Prozent ihrer Wähler stammen aus den Milieus der Traditionellen, der Prekären, der Bürgerlichen Mitte, dem konsumorientierten Teil der Hedonisten sowie der Hälfte der Konservativ-Etablierten. Der jeweilige Wähleranteil wurde auf Basis einer aus Umfragedaten und Stimmbezirksanalysen geschätzten Wahlbeteiligung sowie der Parteiergebnisse in den verschiedenen Milieus berechnet.

Grafik 4

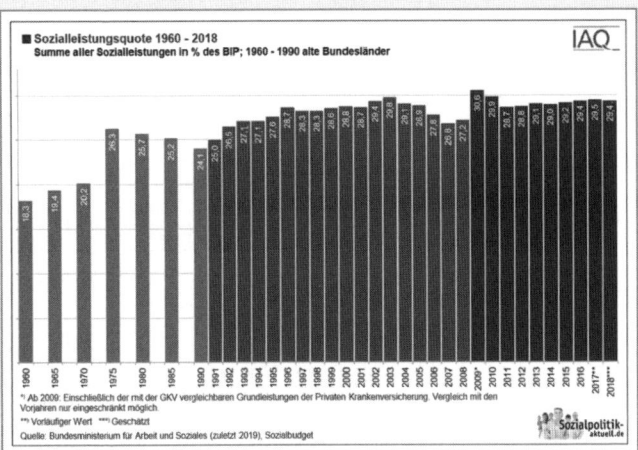

Grafik 5

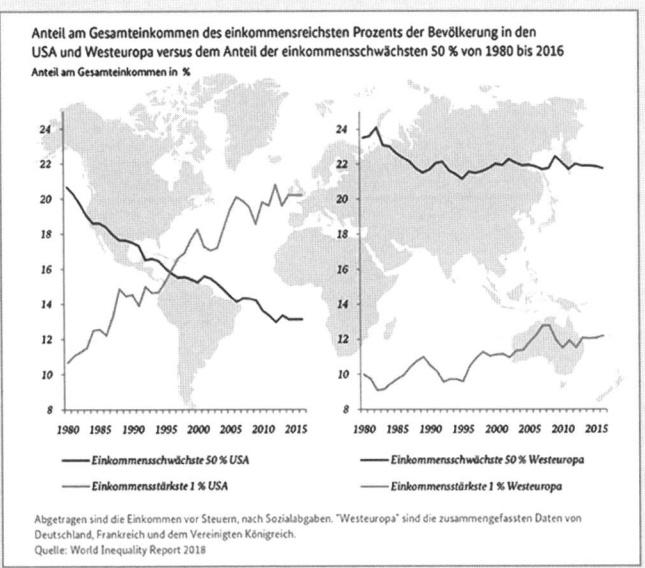

Grafik 6

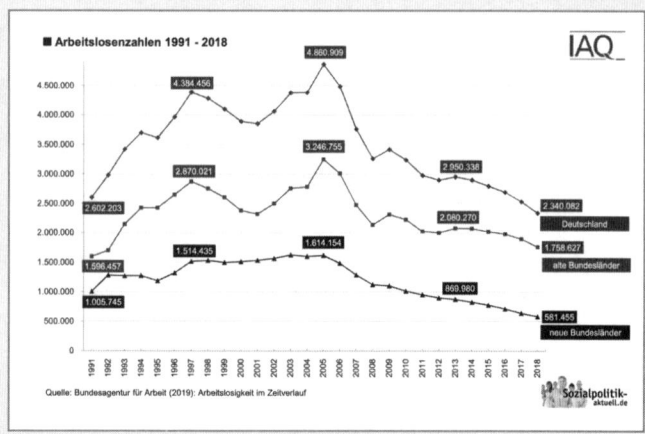

Grafik 7

Grafik 8

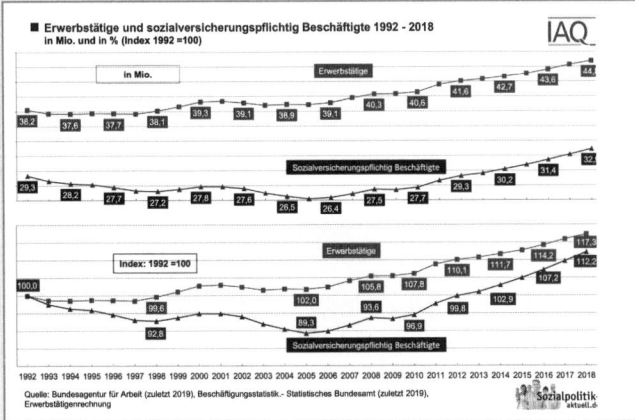

Grafik 9

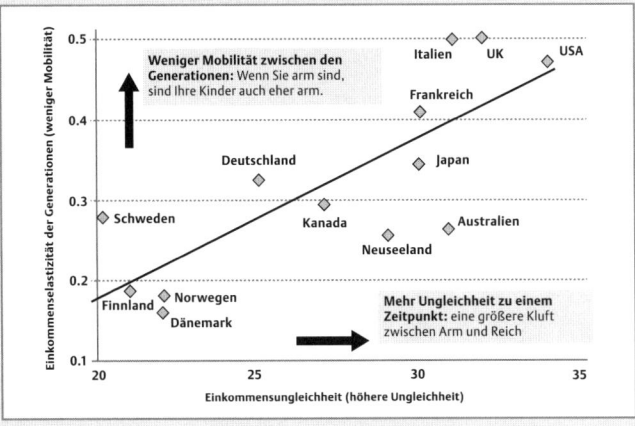

Grafik 10

Gesellschaft besser machen

Mehr Bäume.
Weniger CO₂.

www.cpibooks.de/klimaneutral

MIX
Papier aus verantwor-
tungsvollen Quellen
FSC® C083411